¡Arriba!

Nuevos enfoques para ti

Schülerband 1

C.C.Buchner

¡Arriba!

Nuevos enfoques para ti

Herausgegeben von Melanie Hohmann und Sabine Wolf-Zappek

Schülerband 1

Bearbeitet von Nuria Alcalde Mato, Susanne Bravo, Johanna Fey, Anastasia Geringer, Martha Gómez Santos, Nadine Gudat, Melanie Hohmann, Katja Lück, Anna Christina Csenar, Sabine Wolf-Zappek und Meike Wünn unter beratender Mitarbeit von Belén Muñoz López

Dieser Titel ist auch als digitale Ausgabe unter www.ccbuchner.de erhältlich.

1. Auflage, 3. Druck 2019
Alle Drucke dieser Auflage sind, weil untereinander unverändert, nebeneinander benutzbar.

Dieses Werk folgt der reformierten Rechtschreibung und Zeichensetzung. Ausnahmen bilden Texte, bei denen künstlerische, philologische oder lizenzrechtliche Gründe einer Änderung entgegenstehen.

Die Mediencodes enthalten ausschließlich optionale Unterrichtsmaterialien. An keiner Stelle im Schülerbuch dürfen Eintragungen vorgenommen werden. Auf verschiedenen Seiten dieses Buches finden sich Verweise (Links) auf Internetadressen.
Haftungshinweis: Trotz sorgfältiger inhaltlicher Kontrolle wird die Haftung für die Inhalte externer Seiten ausgeschlossen.

Layout und Satz: tiff.any GmbH, Berlin
Illustrationen: Katja Rau, Berglen
Druck und Bindung: Brüder Glöckler GmbH, Wöllersdorf

www.ccbuchner.de

ISBN 978-3-661-**80021**-9

Hola, somos Carmen y Gerald.
Somos los padres de Sofia y Daniel.

Hola chicos, ¿qué tal?
Me llamo Sofia, soy de Alemania.
Tengo 12 años.
Él es mi hermano Daniel. También tiene 12 años. Somos mellizos.
¡Hasta luego!

Hola, ¿qué tal?

Wir sind die Familie Dörfler. Ich bin Daniel und meine Zwillingsschwester heißt Sofia. Wir sind 12 Jahre alt und kommen eigentlich aus Düsseldorf, aber wir ziehen jetzt nach Sevilla. Unsere Mutter Carmen ist nämlich Spanierin. Sie macht irgendetwas mit IT 😊 und arbeitet meistens zuhause. Und unser Papa Gerald ist Pilot … cool, oder? Unser Hund Speedy ist schon ganz aufgeregt. Wir auch, denn perfekt ist unser Spanisch noch nicht, obwohl wir mit Mama oft Spanisch sprechen und auch schon bei unseren spanischen Großeltern zu Besuch waren.

Kennst Du schon ein paar spanische Wörter? Welche denn? Falls nicht, kein Problem, wir lernen jetzt nämlich zusammen! In unserer alten Klasse fangen unsere deutschen Freunde nun auch mit Spanisch an, und wir haben versprochen, dass wir sie über einen Blog immer auf dem Laufenden halten. Wie ist wohl die neue Wohnung? Und die spanische Schule? Hoffentlich finden wir bald neue Freunde! Es wird spannend!

Also: **¡Hasta luego!**

1 ¿Y tú?

a. Düsseldorf ist auch die europäische Partnerstadt von Sevilla. Findet heraus, ob eure Gemeinde eine spanische Partnergemeinde hat. Wenn ja, sucht sie auf der Karte und markiert sie. Markiert auch Sevilla! `80021-01`

b. Wart ihr schon im Urlaub in Spanien? Oder vielleicht in Lateinamerika? Wenn ja, sucht zusammen die Orte auf der Karte und markiert sie.

c. Tragt die Ergebnisse zusammen und berichtet der Klasse von euren Erlebnissen.

Hola, me llamo Speedy, soy el perro de la familia Dörfler.

2 Palabras españolas.

a. Überlege, welche spanischen Wörter du schon kennst. `+ayuda` p. 168

b. Sammelt alle eure Wörter an der Tafel. Eure Lehrerin/euer Lehrer hilft euch natürlich bei der Schreibweise.

c. `+ideas` Finde für die gefundenen Wörter deutsche Überbegriffe. Zeichne eine Tabelle oder eine Mindmap und denke dir Bilder für die Überbegriffe aus.

Índice

Zeichenerklärungen

Kompetenzen

	Hier trainierst du das freie Sprechen.
	Das ist eine Hörverstehensaufgabe.
	Hier übst du das Schreiben eines Textes.
	Hier trainierst du das Lesen.
	Dies ist eine Mediationsaufgabe, bei der du zwischen Deutsch und Spanisch vermittelst.
	Das ist eine audiovisuelle Aufgabe.

	Hier kannst du selbst neue Zusammenhänge entdecken.
	Hier erfährst du Spannendes über die Kultur der spanischsprachigen Welt.
	Hier helfen wir dir mit Tipps zum Spanischen und Verweisen auf Sprachen, die du schon kennst.
DVD	Diesen Film findest du auf der DVD.
CD	Diesen Text/Diese Übung findest du auf der CD.
80021-14	Wenn du den Mediencode auf *www.ccbuchner.de/medien* eingibst, findest du dort die Filme, Karten, Lieder oder Bilder, die du für diese Aufgabe brauchst.
MK	Hier schulst du deinen Umgang mit Medien.
	Partnerarbeit
	Gruppenarbeit

Verweise

+ayuda p.168	Hier findest du eine Hilfe zum Bearbeiten der Aufgabe – wenn eine Seitenzahl angegeben ist, im Anhang.
+ideas p.185	Und hier kannst du noch etwas mehr tun.
M 2.4	Der Methodenanhang hilft dir beim Lösen der Aufgabe.
G 4.5	Hier kannst du im grammatischen Beiheft nachschlagen, wenn du Hilfe brauchst.
Ch 4	In den Chuletas findest du eine Zusammenfassung dessen, was du in dem jeweiligen Kapitel gelernt hast.

Vocabulario

	Symbol für Wortfamilie
mucho cada	Schwarz gedruckte Wörter sind Lernwortschatz. Grau gedruckte Wörter musst du nur verstehen

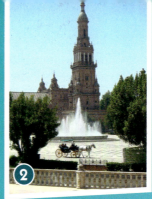

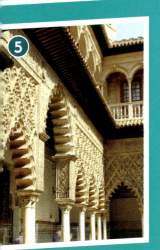

¡Bienvenidos a Sevilla!

Capítulo

1

Sevilla es …

1 el parque y la universidad
2 la Plaza de España
3 el flamenco
4 la catedral María de la Sede
5 el Alcázar
6 el Puente de Triana
7 el río Guadalquivir
8 la Torre del Oro

¿Qué pasa aquí?

Daniel y Sofia llegan a Sevilla y conocen la ciudad. Daniel und Sofia kommen in Sevilla an und lernen die Stadt kennen.

Pronto vas a saber

- saludar y empezar una conversación | andere begrüßen und ein Gespräch beginnen.
- presentarte | dich vorstellen.
- deletrear tu nombre | deinen Namen buchstabieren.
- decir cómo estás | sagen, wie es dir geht.
- pronunciar bien el español | Spanisch so aussprechen, dass dich Spanier und Lateinamerikaner gut verstehen können.
- escribir en español | spanische Wörter richtig schreiben.

A Sevilla es …

📄 Sevilla en taxi `80021-02`

el Puente de Triana

CD 1·2

Sofia: Sind wir bald da? Ich hab Hunger …

Mutter: Ya, Sofia, ya …

Vater: Gleich, es ist nicht mehr weit. Wir wohnen direkt in der Altstadt, in Triana. Schaut mal, da ist schon die Brücke, el Puente de Triana.

Taxista: Hola chicos, me llamo Juan.

Daniel: Hola, buenos días Juan. Yo soy Daniel.

Taxista: Y tú, ¿cómo te llamas?

Sofia: Me llamo Sofia Dörfler.

Taxista: ¿Cómo? No entiendo, ¿Sofia qué?

Sofia: D-ö-r-f-l-e-r.

Taxista: Dorfler … ¿Qué tal, Sofia?

Sofia: Muy bien.

Taxista: Sois alemanes, ¿verdad?

Daniel: Sí, somos de Alemania, de Düsseldorf.

Taxista: Para mí, Alemania es el fútbol, el Bayern Múnich … ¿Qué es España para ti, Daniel?

Daniel: Para mí, España es el sol, los helados y la playa … y también el fútbol, el Barça.

Taxista: Claro, eres turista, jaja. Para mí, España es la familia, la música, el flamenco, los amigos, el mar … y también las tapas. Vale, aquí es. ¡Adiós chicos, hasta la vista!

Sofia: ¡Adiós, Juan!

Der Taxifahrer muss bei meinem Nachnamen nachfragen. Wenn du im Unterricht etwas nicht verstehst, kannst du das auch so ausdrücken:
¿Cómo? No entiendo.

1 ¿De qué se trata?

CD
1·2

Escucha. Höre den Dialog an und versuche so viel wie möglich zu verstehen. `80021-02`
Beantworte dann diese Fragen. `M` `I 1.1`
1. Wo sind die Personen?
2. Wer spricht?
3. Was machen sie?
4. Worüber reden sie?

2 Hola, ¿qué tal?

a. Pregunta a tu compañero/a. Frage deinen Partner, wie es ihm/ihr heute geht.

b. Habla con tus compañeros/as.
Sprich nacheinander mit drei
verschiedenen Mitschülern/
Mitschülerinnen.
Frage jeden nach seinem/ihrem
Namen und frage anschließend,
wie es ihm/ihr geht.

Hola, ¿cómo te llamas?

Me llamo …, ¿y tú?

…

3 ¿De dónde eres?

CD
1·3

a. **Escucha.** Höre gut zu, woher Javier, Valeria,
Yesenia und Orlando kommen. `+ayuda` p. 168
Suche die Städte in dem jeweiligen
Land auf der Karte und markiere sie.

Modelo: Javier es de …

b. Fragt euch gegenseitig, woher ihr kommt.
Wenn ihr nicht aus Deutschland kommt,
fragt eure Lehrerin/euren Lehrer, wie das
Land auf Spanisch heißt.

¿De dónde eres?

Soy de …

Soy de Alemania, de … ¿Y tú?

4 El alfabeto

a. Escucha y repite. Höre gut zu und wiederhole die Buchstaben und Wörter.

CD
1·4

A A	amigo	**Jota** J	jirafa	**Ere** R	ratón
Be B	bicicleta	**Ka** K	koala	**Erre** R	perro
Ce C	cabra cebra	**Ele** L	libro	**Ese** S	sol
Ch	chocolate	**Elle**	llama	**Te** T	toro
De D	delfín	**Eme** M	moto	**U** U	unicornio
E E	elefante	**Ene** N	naranja	**Uve** V	vaca
Efe F	fútbol	**Eñe** Ñ	España	**Uve doble** W	windsurf
Ge G	gato Giralda	**O** O	oso	**Equis** X	taxi
Hache H	helado	**Pe** P	pato	**I griega** Y	yate
I I	isla	**Cu** Q	esquí	**Zeta** Z	mellizos

b. Mira la tabla. Schau dir die Tabelle zu a. noch einmal an.

1. Finde heraus, vor welchen Buchstaben das spanische *c* wie ein deutsches *k* ausgesprochen wird. Wann wird es gelispelt wie das *th,* das du aus dem Englischen kennst? Vergleiche:

> **c**abra • **c**ebra • bi**c**i**c**leta • cho**c**olate • **C**uba

2. Vergleiche und finde heraus, wann das spanische *g* wie ein deutsches *g* ausgesprochen wird.

> **g**ato • **g**enial • **G**iralda • ami**g**o • **G**uatemala

3. Welche Buchstaben des *alfabeto* gibt es im deutschen Alphabet nicht?

 c. Lee las palabras en voz alta. Lies die Wörter vor und überprüfe deine Aussprache mit der CD. **+ayuda** p.168

> Paella • Mallorca • Barcelona • gracias •
> ¿Qué tal? • centro • concierto •
> música • mañana • chicos

Denke an Englisch. Wie sprichst Du **cool** aus? Und **central**?
In Lateinamerika wird das **c** übrigens nicht gelispelt. Vielleicht spricht euer Lehrer/eure Lehrerin ja auch lateinamerikanisches Spanisch?

 d. Escucha y escribe las palabras. Höre zu und schreibe die Wörter auf.

CD 1·5

1   2   3   4   5   6

 e. Cantamos la canción del alfabeto. Wir singen zusammen. 80021-03

  5 ¿Qué hay en Sevilla?

DVD 2   **Mira el DVD y repite.** Schau dir auf der DVD an, was es in Sevilla alles gibt, und sprich die Wörter nach.

6 ¿Cómo se escribe?

> ö = o con puntitos
> ó = o con acento

a. Deletrea tu nombre. Buchstabiere deinen Namen.

 b. Deletrea tres palabras españolas. Buchstabiere deinem Mitschüler/deiner Mitschülerin drei spanische Wörter, die er oder sie aufschreiben muss.

 c. Pregunta y contesta. Frage und antworte und wechselt euch mit den Rollen ab.

¿Cómo te llamas?

Me llamo …

¿Cómo? No entiendo.

…

7 ¡Présentate!

Escribid un diálogo y presentaos. Schreibt gemeinsam einen Dialog und stellt euch vor.

 ## 8 Un caramelo para ti

Escucha la canción de los trabalenguas. Höre gut zu und versuche, die Zungenbrecher so schnell wie möglich nachzusprechen. Macht einen Wettbewerb in der Klasse, wer es am schnellsten fehlerfrei schafft. `80021-03` **+ideas** p. 185

> Pablito clavó un clavito.
> ¿Qué clavito clavó Pablito?

> Chango chiflador
> que chiflas a tu china changa.
> ¿Por qué chiflas a tu china changa,
> chango chiflador?

> Tres tristes tigres tragaban trigo en un trigal.

9 El blog de Daniel

a. Lee el blog de Daniel. Lies den Blogeintrag von Daniel und buchstabiere das neue Wort, das er gelernt hat.

b. Busca en internet. Suche im Internet Informationen zur Torre del Oro, zur Plaza de España und zur Catedral María de la Sede. Stelle eine der drei kurz auf Deutsch in der Klasse vor. +ideas p.185

¡Hola y bienvenidos!

Heute sind wir in Spanien angekommen, ich bin noch ziemlich müde von der Reise. Wir haben gleich ein Taxi genommen zu unserer neuen Wohnung in einem großen Mietshaus mitten in der Stadt, und der Taxifahrer, Juan, hat uns schon ein wenig die Stadt gezeigt. Er war wirklich nett und hat sich gefreut, dass wir schon ein bisschen Spanisch sprechen. Lustig, wie die Spanier unseren Nachnamen aussprechen: Dorfler. Im Spanischen gibt es nämlich kein „ö", aber dafür andere Buchstaben, z.B. das rrrrrrrrrrrrrrrrr oder das „enje". Übrigens konnte ich nach dem Flug erstmal nichts hören und war beim Hals-Nasen-Ohren-Arzt. Der heißt hier otorrinolaringólogo, das konnte ich mir erst gar nicht merken. Buchstabiere das mal!

Das ist die Internetseite, die Sofia und ich für unsere Freunde in Düsseldorf erstellt haben, hier werden wir über unsere Erlebnisse in Sevilla berichten.

Hier ist es wirklich super! Im Vorbeifahren haben wir schon die Giralda gesehen, den Turm kenne ich schon von Opas Postkarte mit den Wahrzeichen von Sevilla. Er sieht irgendwie arabisch aus. Mama hat uns erklärt, dass früher die Araber Spanien besetzt hatten. Das ist aber schon lange her, die letzten Araber wurden schon 1492 von den Spaniern besiegt.

So, jetzt schaue ich mir erstmal unser Haus genauer an.

Hasta luego, un abrazo,
Daniel

Übrigens, es gibt tolle Videos über Sevilla und unser Stadtviertel im Internet! Schau doch mal unter diesem Link: 80021-04

B Un paseo por Sevilla

Con los abuelos en Sevilla 80021-02

En el centro de Sevilla con los abuelos.

Sofia, Daniel, esta es la Giralda. Es la torre árabe de Sevilla.

Y este es el bar "Alfalfa".

¡Qué bonita, la Plaza de España!

Y este es el restaurante "El rinconcillo".

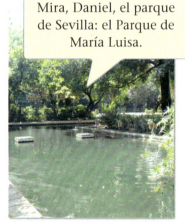

Mira, Daniel, el parque de Sevilla: el Parque de María Luisa.

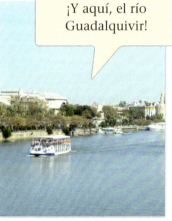

¡Y aquí, el río Guadalquivir!

Sí, y aquí, el café.

¡Mira, una heladería! Abuela, un helado, ¿vale? ¡De chocolate y vainilla, por favor!

¡Vale!, dos helados. ¡Vamos!

¡Sí, también uno para mí, por favor!

1 **¿Qué conoces?**

a. Schreibe die Wörter aus dem Text auf, die so ähnlich klingen und geschrieben werden wie Begriffe, die dir aus dem Deutschen oder anderen Sprachen bekannt sind.

b. ¿Qué conoces? Schaut euch zu zweit diese Fotos aus Sevilla an und überlegt euch, was die spanischen Wörter bedeuten, die darauf zu sehen sind. Was ist ähnlich zu einem deutschen Wort, wo gibt es Unterschiede? M I 2.4

2 **En la plaza con los helados**

a. ¿Cuáles son los artículos determinados? Wie heißen die bestimmten Artikel? Sucht die Substantive und die dazugehörigen Artikel in den Gesprächen im Taxi (S. 10) und auf dem Spaziergang mit den Großeltern (S. 16) und ordnet sie in die Tabelle ein. Wer findet am meisten?

♂		♀	
Singular	Plural	Singular	Plural
■	los helados	la plaza	■
■	■	■	■
■	■	■	■

b. +ideas Nicht nur in den Gesprächen sind Substantive zu finden, auch in den Übungen auf der Seite 18. Suche sie und ordne sie auch in deine Tabelle ein.

c. ¿El o la? Completa. Vervollständige mit dem männlichen oder weiblichen Artikel im Singular.

- ■ mascota
- ■ chico
- ■ libro
- ■ chica
- ■ guitarra
- ■ museo
- ■ biblioteca

¡Ojo! Die spanischen Substantive sind entweder männlich (maskulin) oder weiblich (feminin). Es gibt also kein Neutrum (deutsch „es", englisch „it"). Die männlichen Substantive enden im Spanischen sehr häufig auf **-o**, die weiblichen auf **-a**. Vorsicht beim Übersetzen, das Geschlecht des spanischen Substantivs entspricht oft nicht dem des deutschen: **el bar** – die Bar, **la plaza** – der Platz. G 3.1

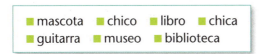

B   Un paseo por Sevilla

3   El parque y los parques

a. Mira la tabla y formula la regla. Schaue dir die Tabelle, die du in Aufgabe 2 erstellt hast, noch einmal genau an. Formuliere eine Regel zur Bildung des Plurals. **G** 3.2

b. Forma el plural. Bilde den Plural.

1. el taxi	2. el hotel	3. el museo	4. la biblioteca

c. ¿Qué es? Was ist das?

4   ¿Qué es España para ti?

> Para mí, España es Sevilla, la familia, los abuelos, la playa, el flamenco y los helados.

> Para mí, España es la familia, la música, el flamenco, los amigos, el mar … y también las tapas. ¿Y para ti?

a. Pregunta a tu compañero/a. Frage deinen Mitschüler/deine Mitschülerin. Für die Antwort kannst du die Substantive aus der Tabelle verwenden, die du für Aufgabe 2 erstellt hast (S. 17).

b. **+ideas** Ahora tú. ¿Qué es tu ciudad para ti? Stelle deine Stadt/dein Dorf vor. Wenn du ein Wort nicht kennst, frage deine Lehrerin/deinen Lehrer.

> ¿Qué es Frankfurt para ti?

> Para mí, Frankfurt es …

5 ¿Y tú?

a. Escribe la pregunta. Schreibe die richtige Frage zu jeder Antwort. **+ayuda** p. 168

1. –¿ ■ ? –Soy de España, de Sevilla.
2. –¿ ■ ? –Así así. ¿Y tú?
3. –¿ ■ ? –Me llamo Daniel.
4. –¿ ■ ? –Para mí, Sevilla es la playa, el flamenco y la Giralda.

b. Escribid un diálogo y presentadlo en clase.
Schreibt zu zweit einen Dialog und spielt ihn der Klasse vor.
Verwendet dabei die folgenden Bausteine.

¿Qué tal?

¿Y tú?

Me llamo …

Yo también, gracias.

Para mí, España es …

Soy de …

6 Un caramelo para ti

¡Vamos a pasear por Sevilla! Wir machen einen virtuellen Spaziergang durch Sevilla. Schaut euch das Video an **80021-04** und hebt die Hand, immer wenn ihr eine dieser Sehenswürdigkeiten seht:

- el río Guadalquivir
- la Giralda
- la Torre del Oro
- la Plaza de España

7 El blog de Sofia

a. Lee el blog de Sofia. **80021-07** Lies im Internet den Blogeintrag von Sofia. Was haben die Geschwister nach dem Spaziergang mit den Großeltern gemacht?

b. Mira el vídeo. Sieh dir das Video **80021-04** an und schreibe Sofia auf Deutsch eine kurze Mail, ob und wie dir Flamenco gefällt.

¡Hola!

Ihr fragt euch sicher schon, wie es uns hier geht, also heute waren wir mit Oma und Opa, los abuelos, in Sevilla unterwegs. Mama und Papa haben nämlich unsere ganzen Sachen ausgepackt und eingeräumt und meinten, ohne uns würde das viel schneller gehen 😊 … Allerdings fehlen uns noch fast alle Möbel, hoffentlich kommen sie bald aus Deutschland!

Sevilla ist wirklich toll! Ganz anders als Düsseldorf, mit vielen alten Häusern, vielen Cafés und Bars …

Los nuevos amigos

Capítulo

2

¿Qué ves aquí?

Mira la foto de la derecha. ¿Qué ves? Habla con tu compañero/a. ¿Cómo es en Alemania? Schau dir das Bild ganz rechts an. Was fällt dir auf? Sprich mit deinem Mitschüler/deiner Mitschülerin darüber, was in Deutschland anders ist.

¿Qué pasa aquí?

Daniel y Sofia conocen a unos chicos españoles en la calle.
Daniel und Sofia lernen spanische Jugendliche auf der Straße kennen.

Pronto vas a saber

- saludar y despedirte | zu jeder Tageszeit grüßen und dich verabschieden.
- presentar a otras personas | andere Personen vorstellen.
- hablar sobre tus hermanos | über deine Geschwister sprechen.
- hablar sobre tus mascotas | über deine Haustiere sprechen.
- hablar de la edad | über das Alter sprechen.
- contar hasta 20 | bis 20 zählen.
- decir qué idiomas hablas | erzählen, welche Sprachen du sprichst.

Tu reto

Un amigo de los mellizos te invita a una fiesta. Inventa un diálogo para presentarte y conocer a los invitados.
Ein neuer Freund der Zwillinge lädt dich zu einer Party ein. Denke dir einen Dialog aus, um dich vorzustellen und die anderen Gäste kennenzulernen.

Hier kannst du zeigen, was du alles in diesem Kapitel gelernt hast! Zu Beginn jeder Lektion werden wir dir nun eine besondere Herausforderung stellen und bereiten dich in der Lektion darauf vor. In den **chuletas** findest du eine Zusammenfassung, bevor du dich im **reto** Schritt für Schritt der Herausforderung stellst.

A Los nuevos chicos del barrio

¡Hola!, ¿eres nuevo aquí? `80021-02`

CD 1·7 En la calle Daniel habla con dos chicos españoles.

¡Hola!, me llamo Pablo.

¡Hola!, yo soy Daniel.

Eres nuevo aquí, ¿verdad?

Sí, soy nuevo aquí. Soy de Alemania, pero mi padre es piloto y trabaja ahora en Sevilla.

¡Qué guay! Hablas bien el español.

Claro, es que mi madre es española y en casa hablamos español con ella.

Ah, ¡qué chulo!

¡Mira!, este es mi amigo Nicolás.

¡Hola! ¿Qué tal?

¡Hola! Muy bien, gracias.

Pablo:	Yo tengo 12 años. Y tú, ¿cuántos años tienes, Daniel?
Daniel:	Yo también tengo 12. ¿Y tú, Nicolás?
Nicolás:	Yo tengo 11 años.
Pablo:	¿Tienes hermanos?
5 **Daniel:**	Sí, tengo una hermana melliza. Habla también un poco de español. ¿Y vosotros, tenéis hermanos?
Pablo:	Yo tengo dos hermanos, una hermana y un hermano. Tienen 15 y 17 años.
Daniel:	¿Y tú, Nicolás? ¿Tienes hermanos?
Nicolás:	Pues no, no tengo hermanos.
10 **La madre de Daniel:**	¡Daniel! ¡Cenamos!
Daniel:	Sí, Mamá, un momento, por favor.
Pablo:	Vale, ¿hasta mañana en el cole?
Daniel:	Sí, ¡hasta mañana entonces!
Nicolás:	¡Adiós!

1 ¿De qué se trata?

CD 1·7

Escucha a los chicos. ¿De qué hablan? **80021-02** Finde heraus, über welche dieser Themen die Jungen sprechen, und schreibe sie in der richtigen Reihenfolge in dein Heft.

> das Wetter • der Beruf von Daniels Vater • Fußball • ihr Alter • ihre Hobbys •
> die Schule • die Geschwister • Musik • die Haustiere • Sprachen

2 Hola y adiós …

a. ¿Cómo se saludan los chicos y cómo se despiden? Wie begrüßen und wie verabschieden sich die Kinder im Text? Schau auch im Gespräch mit dem Taxifahrer auf der S. 10 und in Sofias Sprechblase unten nach und erstelle eine Liste.

b. ¿Qué dicen? Wie grüßen sich wohl die Personen? Schreibt zu zweit kurze Dialoge zu den vier Bildern.

In Spanien begrüßt man sich zu jeder Tageszeit anders, genau wie in Deutschland. Morgens sagt man „**buenos días**", bis zum Mittagessen. Das ist ein bisschen später als bei uns, manchmal erst um 15 Uhr. Nachmittags bis ungefähr um 20 Uhr sagt man „**buenas tardes**", und die Begrüßung am Abend ist „**buenas noches**". Damit kann man sich abends auch verabschieden. Zur Begrüßung und Verabschiedung gibt es oft zwei Küsschen.

3   ¿Cuántos años tienes?

CD 1·8

a. ¿Sabes contar en español? Kannst du schon auf Spanisch zählen?
Escucha y repite. Höre zu und sprich die Zahlen nach.

1	uno
2	dos
3	tres
4	cuatro
5	cinco
6	seis
7	siete
8	ocho
9	nueve
10	diez

11	once
12	doce
13	trece
14	catorce
15	quince
16	dieciséis
17	diecisiete
18	dieciocho
19	diecinueve
20	veinte

CD 1·9

b. Escucha y escribe los números. Höre zu und schreibe die Ziffern auf.

1. ■ torres
2. ■ hermanos
3. ■ taxis
4. ■ heladerías
5. ■ chicas
6. ■ calles

 c. Pregunta y contesta. Fragt euch gegenseitig, wie alt ihr seid, und beantwortet die Frage.

 d. Lee otra vez el diálogo. Pregunta y contesta. Lest nochmals den Dialog und
fragt euch dann gegenseitig:

1. ¿Cuántos años tienen Daniel y Sofia?   – Tienen ■ años.
2. ¿Cuántos años tiene Pablo?   – Tiene ■ años.
3. ¿Cuántos años tiene Nicolás?   – Tiene ■ años.
4. ¿Cuántos años tienen los hermanos de Pablo?   – Tienen ■ y ■ años.

e. Escucha y escribe el nombre y la edad de las personas. Höre zu und schreibe den Namen
CD 1·10
und das Alter der Personen auf. **+ayuda** p. 168

4 Los hermanos

a. ¿Tienes hermanos? Suche im Text die passenden Antworten und vervollständige.

1. Wie antwortet Pablo?
2. Wie antwortet Nicolás?
3. Und du, wie antwortest du?

Sí, tengo hermanos … Wenn du über deine Geschwister sprechen möchtest, brauchst du den unbestimmten Artikel (ein / eine):
Un bei einem Bruder – **un hermano.**
Una bei einer Schwester – **una hermana.**
Wenn es mehrere sind, zählst du sie einfach auf:
Tengo dos / tres / … hermanos.

Wenn du wie Nicolás keine Geschwister hast, antwortest du auf diese Frage mit **No, no tengo hermanos.**
Mit dem ersten **no** verneinst du die Frage nach deinen Geschwistern, dann bedeutet es „nein". Mit dem zweiten **no** sagst du, dass du **keine** Geschwister hast.

b. Completa con el artículo indeterminado. Ergänze den unbestimmten Artikel. +ayuda p.169

1. Daniel tiene ■ hermana melliza. Los dos tienen ■ perro, se llama Speedy.
2. Abuelo, ■ helado, por favor! – ■ momento, Daniel …
3. Pablo tiene dos hermanos: ■ hermano y ■ hermana.

c. Pregunta y contesta. Frage fünf Klassenkameraden/Kameradinnen nach ihren Geschwistern und antworte ihnen.

¡Ojo! Wenn man im Spanischen von einer Gruppe mit männlichen und weiblichen Personen spricht, verwendet man die männliche Form, auch wenn nur eine männliche Person dabei ist!
Geschwister sind also Brüder – **los hermanos!**
10 chicas + 1 chico = ¿?

5 ¿Cuántos años tienes?

a. Escribe las formas verbales ordenadas en tu cuaderno. Ordne die Verbformen und vervollständige die Tabelle in deinem Heft.

Wenn du über dein Alter und deine Geschwister sprichst, verwendest du das Verb **tener**. Auf Spanisch „hat" man also ein Alter. Sprecht ihr eine Sprache, in der das auch so ist? Wie fragt man denn in den Sprachen, die in eurer Klasse gesprochen werden, nach dem Alter?

	tener
yo	■
tú	■
él / ella / usted	■
nosotros / as	tenemos
vosotros / as	tenéis
ellos / as / ustedes	■

tiene

tienes

tienen

tengo

b. Wie nennt man yo, tú, él/ella, nosotros/as, vosotros/as und ellos/ellas auf Deutsch? Auf Spanisch heißen sie pronombres personales.

c. Completa. Setze die richtige Verbform von tener ein. **+ayuda** p. 169

Yo ■ un hermano mellizo, Daniel. Daniel y yo ■ 12 años. Mi papá y mi mamá ■ 43 y 39 años. Mi familia ■ un perro, Speedy. Speedy ■ 3 años. ¿Y tú? ¿Cuántos años ■ ?

d. ¿Qué tienes? Pregunta a tu vecino/a y apunta las respuestas. Frage deinen Mitschüler/deine Mitschülerin und schreibe die Antworten auf.

Modelo: Thomas tiene 11 años. No tiene amigos españoles.

¿Tienes hermanos?

¿Tienes 12 años?

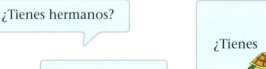

¿Tienes ?

¿Tienes amigos españoles?

¡Ojo! Du weißt schon, dass **no** „nein", „nicht" und auch „kein" bedeutet. Wenn du etwas verneinen möchtest, steht **no** immer **vor** dem konjugierten Verb. **G** 8

6 ¿Qué idiomas hablas?

Sofia y Daniel hablan un poco de español porque su mamá es de España. En Sevilla, en casa hablan español con su mamá y con su papá hablan alemán y también español.

a. ¿Y tú? ¿Qué idiomas hablas? Pregunta a tu compañero/a.

Hablo …
Hablo un poco de …
En casa hablo …
Con mi mamá hablo …
Con mi papá hablo …

alemán, inglés,
español, turco, ruso,
árabe, italiano,
francés, polaco,
checo, portugués, …

Vielleicht sprichst du auch noch eine andere Sprache? Das ist toll, denn dann hast du schon viel Übung mit anderen Sprachen und verstehst vielleicht schon besser, was auf Spanisch gesprochen wird. Findest du deine Sprache hier?
Wenn nicht, frage deine Lehrerin oder deinen Lehrer.

b. Ordena las formas del verbo hablar.
Ordne die Verbformen.

hablas • hablamos • hablo •
habláis • habla • hablan

 c. Ein anderes Verb aus dem Text, das auf -ar endet, ist trabajar.
Hast du eine Idee, was es bedeutet?

 7 Trabajamos con los verbos.

a. Hablar, trabajar und cenar gehören zu den Verben, die in der Grundform auf -ar enden. Wenn du sie konjugierst, sind die Endungen bei regelmäßiger Bildung immer dieselben. Wie lauten also die konjugierten Verbformen von trabajar? Schreibe sie in dein Heft und kontrolliere dann auf der Seite 32, ob du es richtig gemacht hast.

b. Completa con las formas de hablar, trabajar y cenar. **+ayuda** p. 169

1. Sofia y Daniel ■ un poco de español porque su mamá es de España.
2. El padre de Sofia y Daniel ■ en Sevilla. ■ muy bien el español.
3. La madre de Sofia y Daniel ■ en el centro de Sevilla.
4. Daniel, Sofia y los padres ■ en casa.
5. Pablo y Nicolás ■ español y un poco de inglés. Pablo también ■ un poco de francés.
6. ¿Y tú? ¿Ya ■ un poco de español?

 8 ¡Hola chicos!, me llamo …

Escribe un diálogo con tu compañero/a. Schreibt Dialoge. Stellt euch vor und sprecht über euer Alter, eure Geschwister und darüber, welche Sprachen ihr sprecht.

Nuestras mascotas

¿Tienes mascotas? `80021-02`

CD
1·11

Daniel:	¡Mira!, Sofia, estos son Pablo y Nicolás. Chicos, esta es mi hermana Sofia.
Sofia:	¡Hola chicos!, ¿qué tal?
5 **Pablo:**	¡Hola!, muy bien. Sofia, ¿eres la hermana melliza de Daniel?
Sofia:	Sí, somos mellizos. Y este es mi perro Speedy.
Nicolás:	¡Hola Speedy!
10 **Sofia:**	¿Vosotros también tenéis mascotas?
Pablo:	Sí, yo en casa tengo un perro, se llama Chulo y tiene 8 años. También tenemos peces.
15 **Nicolás:**	Yo tengo un gato y dos periquitos.
Sofia:	¡Qué bien!
Sofia:	Puaj Speedy, ¡noooooo!

 1 Las mascotas de los chicos

a. Relaciona las mascotas con los chicos y haz frases.
Ordne zu und bilde Sätze: Welches Kind hat welches Haustier?

b. ¿Tienes mascotas? Pregunta a tu compañero/a. Frage Deinen Nachbarn. Weitere Tiere findest du hier: +ideas p.185

2 Ser o no ser …

a. ¿Cómo se dice? Lest noch einmal die Gespräche der Zwillinge mit dem Taxifahrer (S. 10) und mit den neuen Freunden (S. 22). Überlegt gemeinsam und schreibt die Fragen und Sätze in euer Heft.

1. Wie fragt man, woher jemand kommt? Wie kann man auf die Frage antworten?
2. Wie fragt man, was Spanien für jemanden bedeutet? Wie antwortet man darauf?
3. Wie stellt man eine Person vor?

b. Ordena las formas del verbo ser y completa. Ordne die Formen des Verbs ser und vervollständige die Sätze. +ayuda Du findest alle Sätze in den Dialogen.

1. Me llamo Daniel y ■ de Alemania.
2. Sofia, ¿ ■ la hermana melliza de Daniel?
3. Para mí, España ■ el sol, los helados y la playa.
4. Nosotros ■ de Alemania.
5. Ah, vosotros ■ de Alemania.
6. Estos ■ Pablo y Nicolás.

es
somos
eres
sois
son
soy

3 ¡A jugar!

Schreibt zuerst zusammen alle Verbformen auf ein Blatt. Spielt zu dritt mit einem Würfel. Jede Zahl auf dem Würfel entspricht einer Verbform: Spieler A nennt eines der fünf Verben. B würfelt und konjugiert das Verb in der jeweiligen Form. C kontrolliert. Wechselt euch so lange ab, bis jemand 10 richtige Verbformen gebildet hat. Wer hat gewonnen?

tener
hablar
cenar
trabajar
ser

⚀ = yo   ⚃ = nosotros/as
⚁ = tú   ⚄ = vosotros/as
⚂ = él/ella/usted   ⚅ = ellos/as/ustedes

4 Los mellizos

Completa con las formas de los verbos. +ayuda p.169

Daniel y Sofia ■ de Düsseldorf. ■ 12 años y ■ mellizos. El padre de los mellizos ■ piloto, la madre también ■ en Sevilla. Sofia y Daniel ■ alemán, inglés y un poco de español. Ya ■ nuevos amigos en Sevilla, se llaman Pablo y Nicolás.

5   Los amigos

Escribe un texto. Schreibe einen kleinen Vorstellungstext mit allen Informationen aus den Texten und Übungen zu Pablo und Nicolás.
+ayuda p.169

6   ¿Quién es?

CD
1·12

Escucha. Höre die Sätze an. Von wem ist die Rede? Notiere die Namen.

7   Los compañeros

 a. Formula las preguntas y pregunta a tres compañeros. Apunta las respuestas. Bilde mit den Fragewörtern sinnvolle Fragen und befrage drei Mitschüler/innen. Schreibe ihre Antworten auf.   **+ayuda** p.170

> ¿De dónde?
> ¿Cómo?   ¿Qué?
> ¿Cuántos?

b. Con esta información presenta a los tres compañeros. Stelle nun mit deinen Notizen deine drei Mitschüler/innen vor.

     Modelo: Este es … / Esta es … / Estos son … / Estas son …

8   Este / Esta soy yo.

Escribe un texto y preséntate. Schreibe einen Text und stell dich vor. ¿Cómo te llamas? ¿De dónde eres? ¿Cuántos años tienes? ¿Tienes hermanos? ¿Tienes mascotas? ¿Cómo se llaman? ¿Qué idiomas hablas? ¿Tienes una foto de ti? Hast du auch ein Foto von dir? Wenn nicht, zeichne dich doch einfach.   **+ayuda** p.170   **+ideas** p.185

MK   9   El blog de Daniel

Lee el blog de Daniel y contesta. **80021-07** Lies Daniels Blogeintrag und beantworte diese Fragen.

1. Was wollen Sofia und er morgen nach der Schule machen?
2. Wann beginnt morgen ihr Unterricht?

10   Cenamos en casa de los Dörfler.

La familia Dörfler cena en su nueva casa.

a. Elige a quién representas y escribe tu papel en español. Wähle aus, wer du sein möchtest, und schreibe auf Spanisch auf, was er oder sie sagt. Sofias Rolle ist ein bisschen schwieriger. M I 5.1

Alumnos A y B

Alumnos C y D

> A: Der Vater möchte wissen, wie es den beiden in Sevilla geht.

> C: Sofia sagt, dass es ihr sehr gut geht und dass sie zwei Freunde in Sevilla haben.

> A: Der Vater möchte wissen, wie die Freunde heißen.

> D: Daniel sagt, dass sie Nicolás und Pablo heißen.

> B: Die Mutter möchte wissen, ob die Jungen Geschwister haben.

> D: Daniel sagt, dass Nicolás keine Geschwister hat und dass Pablo zwei Geschwister hat.
> C: Sofia sagt, dass Pablos Geschwister 15 und 17 Jahre alt sind.

> B: Die Mutter möchte wissen, ob sie auch Haustiere haben.

> D: Daniel sagt, dass Pablo einen Hund namens Chulo hat.
> C: Sofia sagt, dass Nicolás eine Katze und zwei Wellensittiche hat.

 b. Practica el diálogo con tu grupo. Übt den Dialog in der Gruppe.

 c. Presentad el diálogo en clase. Führt den Dialog in der Klasse auf.

11   Un caramelo para ti

 a. Lee los trabalenguas en voz alta lo más rápido posible. Lies die Zungenbrecher so schnell wie möglich laut vor und überprüfe deine Aussprache mithilfe der CD.

CD 1·13

> Poquito a poquito
> Paquito empaca
> poquitas copitas
> en pocos paquetes.

> Rápido ruedan
> las ruedas redondas
> del ferrocarril.

b. Aprende este poema de memoria. Lerne dieses Gedicht auswendig und trage es in der Klasse vor.

> En la granja de mi tía
> miau, miau maúlla mi gata.

1 Los temas de conversación

■ 1 Presentarse

Así saludas:	Así te presentas:	Así presentas a otra persona:	Así te despides:
¡Hola! ¡Buenos días!	Me llamo … Soy …	Este / Esta es … Estos / Estas son …	¡Adiós! ¡Hasta luego! ¡Hasta mañana!

■ 2 Hablar del origen

Así preguntas:	Así contestas:
¿De dónde eres?	Soy de …

ser	
yo	soy
tú	eres
él / ella / usted	es
nosotros / as	somos
vosotros / as	sois
ellos / ellas / ustedes	son

■ 3 Hablar de la edad

Así preguntas:	Así contestas:
¿Cuántos años tienes?	Tengo … años.

■ 4 Hablar de los hermanos y las mascotas

Así preguntas:	Así contestas:		
¿Tienes hermanos?	Sí, tengo …	un / a hermano / a • un perro. Se llama …	
¿Tienes mascotas?		dos hermanos • dos perros. Se llaman …	
	No, no tengo hermanos / mascotas.		

tener	
yo	tengo
tú	tienes
él / ella / usted	tiene
nosotros / as	tenemos
vosotros / as	tenéis
ellos / ellas / ustedes	tienen

■ 5 Hablar de los idiomas

Así preguntas:	Así contestas:
¿Qué idiomas hablas?	Hablo (un poco de) … En casa hablo … Con mi madre / mi padre hablo …

hablar	
yo	hablo
tú	hablas
él / ella / usted	habla
nosotros / as	hablamos
vosotros / as	habláis
ellos / ellas / ustedes	hablan

alemán • inglés • español • turco • ruso •
árabe • italiano • francés • polaco • checo •
portugués • …

Tu reto, paso por paso

Hier kannst du zeigen, was du schon alles kannst! Zu Beginn jedes Kapitels stellen wir dir nun eine besondere Herausforderung und bereiten dich in dem Kapitel darauf vor. Auf dieser reto-Seite am Ende der Lektion geben wir dir dann Tipps, wie Du die Herausforderung Schritt für Schritt (paso por paso) meistern kannst.
Außerdem helfen dir die chuletas auf der linken Seite.

Tu reto

Pablo te invita a una fiesta. Inventa un diálogo para presentarte y conocer a los invitados.
In diesem Kapitel hast du Pablo kennengelernt, den neuen Freund der Zwillinge.
Er lädt dich zu einer Party ein. Denke dir einen Dialog aus, um dich vorzustellen und die anderen Gäste kennenzulernen.

Paso uno: Überlege, wie du die Gäste begrüßen und wie du ein Gespräch beenden kannst.

Paso dos: Erstelle eine Liste mit allen Informationen, die du schon auf Spanisch mit anderen austauschen kannst.

Paso tres: Schreibe alle Fragen auf, die du schon auf Spanisch stellen kannst, um an die Informationen zu kommen.

Paso cuatro: Überlege dir, welche Informationen dir besonders wichtig sind, wenn du jemanden kennenlernen möchtest, und strukturiere so den Dialog.

Paso cinco: Mache eine Liste mit den Gästen, die auf Pablos Fiesta sein könnten und die du gerne kennenlernen möchtest. Mache dir zu den Namen Notizen: Was könnten diese Gäste über sich sagen?

Paso seis: Beginne nun mit dem Schreiben. Denke dabei daran, dass du nicht nur fragst, sondern auch selbst Fragen gestellt bekommst.

¡Tú sí puedes!

+ Autocontrol

Hier kannst du selbst überprüfen, ob du den Stoff des Kapitels gut beherrschst: .
Wenn du eine kleine Pause zum Wiederholen brauchst, ist das auch nicht schlimm.
¡Tómate tu tiempo!

colegio Huerta Sta. Ana

¡Vamos al cole!

Capítulo

3

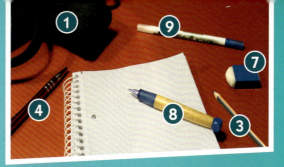

¿Qué necesitamos?

CD 1·14

a. La madre lee la carta de Alicia. Escucha las palabras y repite.

CD 1·15

b. ¿Qué cosas tiene Sofia? ¿Qué cosas tiene Daniel? Höre den Dialog an und schreibe nur die entsprechenden Nummern in dein Heft. **+ayuda** p.170

c. **+ideas** Mira la lista de Alicia. ¿Qué necesita Daniel y qué necesita Sofia?

¿Qué pasa aquí?

Hoy es el primer día de clase de Sofia y Daniel. La profesora los presenta a la clase y en el recreo dan una vuelta por el colegio con los nuevos compañeros. Heute ist Sofias und Daniels erster Schultag. Die Lehrerin stellt sie der Klasse vor, in der Pause zeigen ihre neuen Mitschüler ihnen die Schule.

Pronto vas a saber

- nombrar las cosas de la clase y las salas del colegio | Gegenstände im Klassenraum und Räume im Schulgebäude benennen.
- seguir las instrucciones de tu profesor/a | auf die Anweisungen deines Lehrers/deiner Lehrerin reagieren.
- decir dónde está una cosa | sagen, wo sich etwas befindet.

Revisas

- la negación | wie du Aussagen verneinst.
- la conjugación de los verbos en -ar | die regelmäßigen Verben auf -ar.
- cómo presentarte | wie du dich vorstellst.

Tu reto

Imagínate que tienes un nuevo compañero de España. Haz un folleto en español sobre tu colegio, con muchas fotos y los nombres de cada cosa. Stell dir vor, du bekommst einen neuen spanischen Mitschüler. Fertige einen Flyer für ihn an, in dem du deine Schule vorstellst. Mache dazu Fotos und beschrifte sie.

Sofia und Daniel haben von ihrer Lehrerin Alicia eine Checkliste bekommen, damit sie wissen, welche Materialien sie in die Schule mitbringen sollen.

Mamá: ¿Tenéis las cosas para mañana? La pluma, el estuche, los lápices.

Sofia: Mmm … a ver, Daniel, miramos la lista.

¡Bienvenidos al colegio Huerta Santa Ana! Para el primer día necesitáis:

1. una mochila
2. un estuche
3. un lápiz
4. un boli
5. un libro
6. un cuaderno
7. una goma de borrar
8. una pluma
9. un borratintas

¡Hasta pronto!
Alicia

A El primer día de clase

📘 **Bienvenidos al colegio** `80021-02`

DVD
4
CD
1 · 16

Hoy es el primer día de clase para Daniel y Sofia. El colegio está en Gines, cerca de Triana, y en la clase hay 22 alumnos. Ya están en el aula y hablan.
La profesora Alicia Muñoz entra con Daniel y Sofia.

Profesora:	¡Silencio!, por favor … ¡Buenos días!
Clase:	¡Buenos días!, Alicia.
Profesora:	Tenemos dos nuevos alumnos en la clase: esta es Sofia y este es Daniel. Son de Alemania. ¡Bienvenidos al colegio Huerta Santa Ana!
Miriam:	¿Cuántos años tenéis?
Paloma:	¿Dónde vivís?
Álvaro:	¿Sois mellizos?
Sofia:	¿Perdón? … no entiendo …
Profesora:	Chicos, ¡silencio!, otra vez y más despacio, por favor.
María:	¿Dónde vivís? Y ¿cuántos años tenéis?
Sofia:	¡Ah vale! Tengo doce años y Daniel también, somos mellizos.
Daniel:	Vivimos en Triana, la calle se llama San Jacinto.
Laura:	Alicia … tengo una pregunta. ¿Cómo se dice bienvenidos en alemán?
Daniel:	Bienvenidos en alemán es *Herzlich Willkommen*.
Laura:	… Herz … ¿cómo?
Daniel:	¿Escribimos la palabra en la pizarra?
Profesora:	Sí, por favor. Laura, ¿lees la palabra?
Laura:	Ah … herzlich willkommen.
Sofia y **Daniel:**	¡Gracias!
Profesora:	Bien. Empezamos. Revisamos los deberes y después leemos el texto en la página 14.

40 **Pablo:** Profe, no tengo los deberes.

Lupe: Y yo no tengo el libro. Está en casa.

Álvaro: ¡Ay Lupe!, nunca tienes tu libro.

Profesora: Chicos, por favor …

45 **Sofia:** Perdón, no tengo boli.

Laura: Aquí tienes.

Sofia: Gracias. Uy, ¡qué calor!

Álvaro: Sofia, en España no bebemos en clase. ¿Abrimos la ventana?

> Fällt euch etwas auf? Ich habe mich jedenfalls ziemlich gewundert! Schaut mal in unserem Blog nach ;-)

  1 ¿Sí o no?

Contesta las preguntas y corrige si es necesario. Beantworte die Fragen und berichtige sie, falls notwendig. **+ayuda** p.170

Modelo:

¿Daniel y Sofia tienen 13 años?

No, no tienen 13 años, tienen 12 años.

1. ¿El colegio se llama Huerta Santa María?
2. ¿El colegio está en Triana?
3. ¿Hay 22 alumnos en el aula?
4. ¿La profesora se llama Alicia González?
5. ¿Sofia y Daniel viven en Triana?
6. ¿Bienvenidos es Guten Tag?
7. ¿Pablo tiene los deberes?
8. ¿Los alumnos en España beben en clase?

  2 Hablar en el aula

Con tu compañero/a, lee el texto y relaciona las frases. ¿Qué dices en español si …?
Was sagst du auf Spanisch, …

1. … wenn du eine Frage hast?
2. … wenn jemand langsamer sprechen soll?
3. … wenn du wissen möchtest, wie ein Wort auf Deutsch heißt?
4. … wenn du keine Hausaufgaben hast?
5. … wenn du etwas zu Hause vergessen hast?
6. … wenn du etwas nicht verstehst und es wiederholt werden soll?
7. … wenn du dich bedankst?

A. ¿Cómo se dice … en alemán?
B. Tengo una pregunta.
C. No tengo los deberes.
D. Más despacio, por favor.
E. Gracias.
F. Está en casa.
G. ¿Cómo? No entiendo. Otra vez, por favor.

3 ¿Qué hay en el aula de Daniel y Sofia?

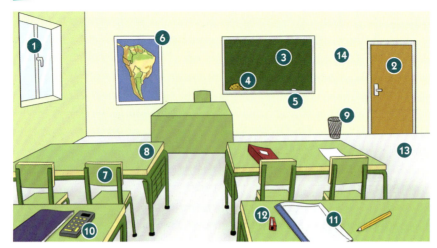

1. la ventana
2. la puerta
3. la pizarra
4. la esponja
5. la tiza
6. el mapa
7. la silla
8. la mesa
9. la papelera
10. la calculadora
11. la carpeta
12. el sacapuntas
13. el suelo
14. la pared

CD
1·17

a. Escucha y repite las palabras. Höre zu und sprich die Wörter nach.

b. Memoriza las palabras y escríbelas en tu cuaderno. Merke dir in drei Minuten so viele Wörter wie möglich und schreibe sie dann bei geschlossenem Buch in dein Heft. **+ideas** p. 185

hay („es gibt", „es ist", „es sind") steht vor dem unbestimmten Artikel, vor Mengenangaben, Zahlen und Substantiven.
En la pared hay un mapa de Latinoamérica. En el aula hay 22 alumnos. ¿Hay preguntas?

c. Cerrad el libro, preguntad y contestad:

> ¿Cómo se dice … en español / en alemán?

> ¿Qué hay en la pared?

> ¿Qué hay en la mesa de … ?

> ¿Qué hay en el suelo?

d. Caminad en parejas por la clase y preguntad por las cosas que véis. Lauft zu zweit durch die Klasse und fragt euch gegenseitig nach den Gegenständen, die ihr seht.

> ¿Qué es esto?

> Es un / una …

e. Lee las frases y busca las palabras correctas. Lies und ergänze die Sätze.

1. Los alumnos están en . entra.

2. Daniel escribe Herzlich Willkommen con en .

3. Los alumnos revisan los deberes en . Lupe no tiene . Está en .

4. Sofia no tiene en su .

5. Uy, ¡qué calor! Los alumnos abren .

4 Las actividades en clase

- Los alumnos abren los libros en la página 6.
- Sofia lee el libro.
- Alicia y los alumnos revisan los deberes.
- Daniel escucha a la profesora.
- Laura y Álvaro trabajan en pareja.
- Lupe escribe en la pizarra.
- Daniel pregunta a la profesora.

a. Du kennst schon die Verben mit der Endung -ar. Completa en tu cuaderno. **+ayuda** p.170

> Hoy escribo en español. Es mi primer día en el colegio, y trabaj■ mucho en clase. Daniel y yo escuch■ con mucha atención a Alicia. Laura nunca escuch■, siempre habl■ con Álvaro. Nosotros revis■ los deberes, después trabaj■ en pareja. ¿Vosotros también trabaj■ mucho en clase? ¿Bebéis en clase? Aquí los alumnos no beben en clase.

b. Außer den Verben auf -ar gibt es im Spanischen noch Verben mit den Endungen -er und -ir. Busca los verbos conjugados en el texto de la lección y escribe las formas en una tabla en tu cuaderno. Suche die Verbformen im Lesetext (S. 36–37) und in den Sätzen von Aufgabe 4 und trage sie in eine Konjugationstabelle in deinem Heft ein.

	escribir	abrir	beber	leer
yo	■	■	■	■
tú	■	■	■	■
él / ella / usted	■	■	■	■
nosotros / as	■	■	■	■
vosotros / as	■	■	■	■
ellos / as / ustedes	■	■	■	■

c. En parejas, completad la tabla. Vervollständigt eure Tabelle mit den fehlenden Endungen.

-imos • -o • -éis • -es •
-emos • -e • -ís • -en

d. Comparad. Vergleicht die Formen der Verben auf -er und -ir. Welche unterscheiden sich und welche sind gleich? **+ayuda** p.171 **G** 5.1.1

e. Forma frases. Ordne die Bausteine und bilde sinnvolle Sätze. Achte auf die richtige Verbform.

Sofia	escribir	el libro de geografía.
La profesora	abrir	un texto en español.
Yo	leer	la ventana.
Daniel y Álvaro	vivir	en Alemania.
Tú	hablar	en Triana.
Vosotras	trabajar	mucho.
Mi amigo	preguntar	a Alicia.
Nosotros		con Laura y Lupe.

f. **+ideas** Überlege dir mit den Verben aus e. noch weitere Sätze.

■ 5 Las instrucciones de los profes

En su primer día en clase, Sofia y Daniel escuchan las instrucciones de los profes y reaccionan.

a. Relaciona las instrucciones de los profesores con las situaciones. Welche Anweisung des Lehrers / der Lehrerin gehört zu welchem Bild?

1. ¡Abrid el libro en la página 13!
2. ¡Escuchad bien!
3. ¡Cerrad el libro!
4. ¡Escribid en el cuaderno!
5. ¡Repetid a coro!
6. ¡Repetid la frase!
7. ¡Leed el texto!
8. ¡Sacad el libro!
9. ¡Haced el ejercicio número 6!
10. ¡Trabajad en pareja / en grupo!

 b. Escucha y reacciona. Räume alle Sachen vom Tisch und folge dann den Anweisungen von Alicia, die du hörst.

CD
1-18

 ■ 6 ¿Perdón? ¡Otra vez, por favor!

Daniel y Sofia están en clase de Educación Física. Conocen a otro compañero de clase y se presentan. Con el ruido no lo entienden bien. Die Zwillinge sind im Sportunterricht und lernen einen Klassenkameraden kennen. Weil es sehr laut ist, verstehen sie ihn nicht gleich.

a. En grupos de tres alumnos, escribid el diálogo de los chicos en español.

b. Presentad el diálogo en clase.

c. **+ideas** Si terminas antes, aprende el diálogo de memoria. Wenn du früher fertig bist, lerne deine Rolle auswendig und trage sie dann der Klasse vor.

Alumnos A y B: Daniel y Sofia

A: Daniel begrüßt den Jungen und fragt, wie er heißt.

B: Sofia sagt, dass sie nicht verstanden hat, und bittet um Wiederholung.

B: Sofia sagt, dass sie Sofia und Daniel Dörfler heißen und 12 Jahre alt sind.

A: Daniel buchstabiert den Nachnamen und sagt, dass sie aus Deutschland sind.

B: Sofia sagt, dass man auf Deutsch … sagt.

B: Sofia wiederholt sie.

A y B: Sofia und Daniel verabschieden sich.

Alumno C: Carlos Luis Seguro

C: Carlos sagt seinen Namen und fragt nach Daniels und Sofias Namen.

C: Carlos wiederholt seinen Namen und fragt, wie alt die beiden sind.

C: Carlos versteht den Nachnamen nicht und fragt, wie er geschrieben wird.

C: Carlos wiederholt den Nachnamen, sagt, dass sie gut Spanisch sprechen und fragt, wie man „Bienvenidos" sagt.

C: Carlos hat Sofia nicht verstanden und bittet darum, die deutschen Wörter langsamer zu wiederholen.

C: Carlos bedankt sich, wiederholt die deutschen Wörter und verabschiedet sich.

 7 **Juego de rol**

Nun seid ihr an der Reihe! Löst eine der folgenden Aufgaben:

 a. En grupos de seis, presentad el diálogo en clase. Spielt gemeinsam den Lektionstext (S. 36); achtet auf eure Mimik, Gestik und die Aussprache. Lernt den Text auswendig und spielt euren Dialog der Klasse vor.

  b. Escribid un diálogo y presentadlo en clase. Schreibt einen eigenen Dialog und stellt diesen der Klasse vor. Erfindet selbst eine Situation oder orientiert euch an diesen Ideen:

- Der Lehrer möchte mit dem Unterricht beginnen, doch alle Schüler reden.
- Ein Schüler bittet den Lehrer oder einen Mitschüler/eine Mitschülerin, langsamer zu reden, da er nichts versteht.
- Einige Schüler haben verschiedene Arbeitsmaterialien nicht dabei.

B En el recreo

📄 Una vuelta por el instituto `80021-02`

En el recreo Sofia y Daniel dan una vuelta por el instituto con Paloma, Álvaro y Miriam, los nuevos compañeros.

Álvaro: ¡Por fin!, el recreo. Tengo hambre …

Daniel: Yo también. ¿Hay una cafetería aquí?

5 **Paloma:** Pues sí, tenemos un comedor. ¡Vamos!

Sofia: Sí, pero esperamos a Miriam.

Miriam: Aquí estoy. Comemos y después damos una vuelta por el instituto, ¿vale?

Paloma: Mira, a la izquierda hay un aula de música.

10 ¿Escuchamos un momento al grupo?

Daniel: Guau, ¿tenéis un grupo musical en el colegio?

Paloma: Sí, hay dos, y también cantamos mucho. Y cada año grabamos vídeos del colegio.

Álvaro: Sí, hay vídeos del colegio en internet. Y

15 también tenemos un blog.

Sofia: Ah, ¿sí? ¡Daniel y yo también tenemos un blog!

Álvaro: Ya estamos. A la derecha está el comedor.

Daniel: ¡Qué guay! ¿Hay bocadillos?

Miriam: Sí, mira, hay bocadillos de tortilla, bollos y

20 buñuelos.

Daniel: Guay, para mí un bocadillo de tortilla y después un buñuelo. Ah, y un bollo de chocolate.

Sofia: Daniel, por favor … Oye, Miriam, ¿usáis los móviles aquí en el insti?

25 **Miriam:** No, qué va.

Sofia: Ah, como en nuestro cole en Düsseldorf … Oye, ¿dónde están los ordenadores?

Álvaro: Hay un aula de informática … Mira, aquí está.

Paloma: Y a la izquierda hay un laboratorio.

30 **Sofia:** ¡Qué guay!, ¿aquí hay clases de flamenco?

Paloma: Sí, en el gimnasio. ¡Mira!, a la derecha hay un patio. Al final del patio está el gimnasio.

Daniel: ¿Y qué más hay aquí en el cole?

Álvaro: A ver, hay una biblioteca. Está al lado del gimnasio.

35 **Miriam:** Sofia. ¿Qué buscas?

Sofia: Tengo que ir al baño. ¿Dónde está?

Miriam: Aquí hay uno. El baño de los alumnos está al lado del comedor.

1 ¿Qué hay?

a. ¿Qué hay en el colegio? Busca en el texto los nombres de las aulas que ves en las fotos.
Suche im Text die spanischen Bezeichnungen für die Räume, die du auf den Fotos siehst.
+ayuda p. 171

Caja de herramientas

A: En la foto número 1 hay un / una …
B: No, no es correcto. Hay un / una … Es el / la …
B: Sí, es correcto.

b. ¿Qué hay en el comedor? Mira la foto y escribe qué hay hoy para comer en el comedor. Bilde Sätze: Was gibt es heute in der Schulcafeteria?

Hoy:
pizza   paella
bocadillos
de tortilla
buñuelos
bollos

c. ¿Qué hay en tu colegio? Bilde Sätze und sag auch etwas über die vier Dinge auf den Fotos.

el campo de fútbol

el trampolín

la mesa de ping-pong

el salón de actos

2 Un plano del colegio

CD 1·19

Escucha y completa el plano del colegio. Höre zu und trage die spanischen Namen der Räume und Einrichtungen der Schule in den Plan ein. 80021-01 +ideas p. 186

3   ¿Qué hay? ¿Dónde está?

a. Mira el plano y pregunta a tu compañero/a. Schaut euch den Plan
an und fragt euch gegenseitig. **+ideas** p. 186

> ¿Dónde está …?

> Está a la izquierda del …
> Está a la derecha de la …

> ¿Hay un/una …?

> Sí, hay …
> No, no hay …

> ¡Ojo!
> de + el = **del**

b. **+ideas** Adivinanzas. Pregunta a tu compañero/a.
Überlege dir Rätsel für deine Mitschüler/innen.
Modelo: Está a la izquierda del/de la … ¿Qué es?

4   Un mapa mental

Haz un mapa mental. In diesem Kapitel hast
du viele neue Wörter zum Thema Schule gelernt.
Erstelle ein Wörternetz in deinem Heft.

las aulas   las personas

el colegio

las actividades   en el aula

5   En mi colegio hay …

Vamos a jugar. Spielt das Spiel „Ich packe meinen Koffer" mit den Räumen und Dingen, die
es in einer Schule gibt. Versucht möglichst alle neuen Vokabeln zu verwenden.

6   ¿Dónde estáis?

Después de la clase Sofia lee un mensaje de su mamá.

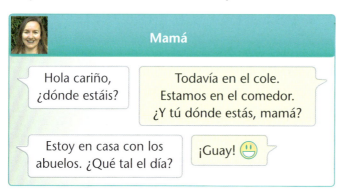

Mamá

> Hola cariño,
> ¿dónde estáis?

> Todavía en el cole.
> Estamos en el comedor.
> ¿Y tú dónde estás, mamá?

> Estoy en casa con los
> abuelos. ¿Qué tal el día?

> ¡Guay! 😃

a. Busca las formas del verbo estar en los mensajes y en el texto de la página 42 y completa la tabla. Such die Formen des Verbs estar in diesen Textnachrichten und im Lesetext auf der Seite 42 und vervollständige die Tabelle in deinem Heft.

	estar
yo	∎
tú	∎
él / ella / usted	∎
nosotros / as	∎
vosotros / as	∎
ellos / as / ustedes	∎

b. Pregunta a tu compañero/a. ¿Dónde está/n …?

Sofia   Álvaro   María y Nicolás   el estuche   Alicia

∎ 7 ¿Cuántos / as hay?

a. ¿Qué palabra falta? Completa las frases de los diálogos.

> 1. En el colegio ∎ un aula de informática.
> 2. ¿Cuántas aulas de música ∎?
> 3. A la derecha ∎ un comedor.
> 4. ¿∎ bocadillos?

b. Recuerda: ¿Cuándo usas la palabra? Erinnerst du dich, wann du das Wort benutzt? Mira la página 38.

c. Mira la imagen y pregunta a tu compañero/a. ¿Cuántos / as … hay? `G 4.2` `Ch 2`

8 ¿Dónde está? ¿Qué hay?

a. Mira las frases. Wann wird hay, wann estar verwendet? Formuliere eine Regel.

+ayuda p.171 **G** 5.1.2a **Ch** 2

1. Sofia y Daniel están en el colegio.
2. El colegio Huerta Santa Ana está cerca de casa.
3. En la biblioteca hay muchos libros.
4. ¿Hay un aula de informática?
5. Hay tres aulas de informática.
6. ¿Hay bocadillos aquí?

b. Completa con hay o la forma correcta de estar.

+ayuda p.171

1. El colegio ■ en Gines.
2. En el colegio ■ un aula de música.
3. La madre ■ en casa.
4. La casa ■ en Triana.
5. ¿ ■ ordenadores aquí?
6. Laura y Lupe ■ en el patio.

Ehrlich gesagt verwechseln wir immer noch manchmal **hay** und **estar**. Könnt ihr euch vorstellen, warum?

9 ¡Qué lío!

a. Wem gehört was in der Klasse? Bilde Sätze und benutze die Präpositionen.

Modelo: el boli / Sofia. ▶ Aquí hay un boli. Es el boli de Sofia.

1. el libro / el profesor
2. la tiza / la profesora
3. la mochila / Daniel
4. los cuadernos / los chicos
5. el borratintas / Álvaro
6. la pluma / Lupe
7. los estuches / las chicas

de • de la • del •
de las • de los

b. ¿Pero dónde está …? Hoy el profesor está muy despistado y busca muchas cosas. Mira los ejemplos. ¿Qué te llama la atención? Habla con tu compañero/a y comparad los resultados.

Heute ist der Lehrer sehr zerstreut und sucht viele Sachen. Was fällt dir auf? Sprich mit deinem Mitschüler/deiner Mitschülerin und vergleicht eure Eindrücke. **G** 7

1. El profe busca la pluma.
2. El profe busca a Álvaro y a María.
3. El profe busca el estuche.
4. El profe busca las mochilas.
5. El profe busca al alumno.
6. El profe busca a los alumnos.

¡Ojo!
a + el = al

10 ¿Cómo se pronuncia …?

Álvaro hat für Daniel einige neue spanische Wörter aufgeschrieben. Jetzt überlegt Daniel zu Hause, wie sie ausgesprochen werden. Seine Mutter liest sie ihm vor.

CD 1·20

a. Escucha y repite las palabras.

b. Wie wird das spanische ch ausgesprochen?
   Kennst du ein deutsches Wort mit diesem Laut?
   Gibt es Gemeinsamkeiten bei der Aussprache?

CD 1·21

c. Trabalenguas. Lee el trabalenguas en voz alta lo más rápido posible. Lies den Zungenbrecher so schnell wie möglich laut vor und überprüfe deine Aussprache mithilfe der CD.

el estuche
la mochila
la chuleta
el empollón ☺
el bollo
las galletas de chocolate
el yogur

> Chicas y chicos chocan,
> chocan los chicos,
> las chicas chocan,
> chocan chicos y chicas.

11 ¿Cómo se escribe …?

En clase los mellizos escriben muchas palabras en su cuaderno. Pero los acentos en español … ¡Qué lío! G 9

CD 1·22

a. Escucha y repite las palabras. Después escríbelas en tu cuaderno y subraya la sílaba acentuada. Sprich die Wörter nach, schreibe sie in dein Heft und unterstreiche die Silbe, die betont wird.

b. Completa la regla. Wo liegt die Betonung?

>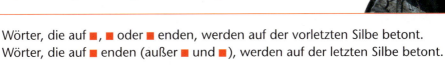
> Wörter, die auf ■, ■ oder ■ enden, werden auf der vorletzten Silbe betont.
> Wörter, die auf ■ enden (außer ■ und ■), werden auf der letzten Silbe betont.

CD 1·23

c. Ahora escucha estas palabras y repite. Después, escríbelas correctamente en tu cuaderno. Sprich die Wörter nach und schreibe sie dann in dein Heft. Du kannst mit dem Diccionario (ab S. 230) überprüfen, ob du sie richtig geschrieben und auch die Akzente richtig gesetzt hast.

d. Mira tu lista y completa la regla. Schau dir deine Wörterliste aus c. jetzt noch einmal an. Auf welcher Silbe werden diese Wörter betont?

> Alle Ausnahmen werden auf der Silbe betont, die einen ■ trägt.

12 Ahora tú

CD
1·24

a. ¿Dónde está el acento? Escucha y escribe las palabras con los acentos en tu cuaderno.

b. ¿Llevan acento o no? Escucha y escribe las palabras en tu cuaderno.

CD
1·25

13 El horario de Daniel y Sofía

Schau dir den Stundenplan an. Welche Wörter kennst du schon? Welche Wörter kannst du dir aus anderen Sprachen ableiten? Erstelle eine Tabelle in deinem Heft. **+ideas** p.186

spanisches Wort	Wort in einer anderen Sprache	Übersetzung
inglés	engl.: English	■
■	■	■

14 Un caramelo para ti

a. Escuchad la canción. Hört euch in der Klasse folgendes Lied zunächst an 80021-04 . Welche Richtungsangaben kommen in dem Lied vor? Macht eine Liste.

b. ¡A bailar! Findet euch in Gruppen zusammen und entwickelt einen kleinen Tanz zu dem Lied. Achtet bei eurer Choreografie auf die Verwendung der Richtungsangaben.

15 **Una postal de papá**

Als Pilot ist Gerald Dörfler viel unterwegs. Aus den spannendsten Städten schickt er Daniel und Sofia eine Postkarte – neuerdings auch auf Spanisch. Lies die Postkarte und gestalte dann ein Plakat zu Buenos Aires. Suche dazu Folgendes im Internet und ergänze alles, was du sonst noch interessant findest:

- ein Foto der Skyline von Buenos Aires
- ein Foto und Informationen zum Tango
- ein Foto und ein Rezept für Empanadas

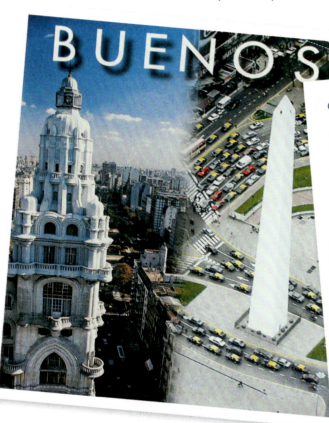

Queridos Sofia y Daniel:
¿Qué tal el primer día en clase? Os mando muchos saludos desde Buenos Aires, Argentina. Es una ciudad impresionante, con muchos rascacielos.
Beim Landeanflug auf den Aeropuerto Internacional de Ezeiza sieht man sehr gut, wie groß Buenos Aires ist. Im Vergleich zu den über 13.000.000 Einwohnern sind Sevilla und Düsseldorf winzig! Estoy en una milonga, así se llaman los bares de tango. Vorhin habe ich empanadas de carne gegessen, das sind mit Rindfleisch gefüllte Teigtaschen. Hmm, ¡qué rico!
Un abrazo, con cariño   Papá

16 **El blog de Sofia**

a. Lies Sofias Blogeintrag. `80021-07` Welche drei Dinge sind Sofia an ihrem ersten Schultag besonders aufgefallen?

b. Busca en la página web del colegio de los mellizos. Schau auf der Internetseite der Schule nach und beantworte diese Fragen.

1. ¿Hay wifi en el colegio?
2. ¿Cuántas salas de biblioteca hay?
3. ¿Cuántos vídeos del colegio hay en la página web?

2 Los temas de conversación

1 Hablar en clase

el / la profe	el / la alumno/a	las actividades en clase
Escribimos en el cuaderno.	Más despacio, por favor.	escribir, leer, escuchar,
Abrimos los libros.	Tengo una pregunta.	abrir, cerrar, sacar, hacer,
Leemos el texto.	No tengo los deberes.	repetir, revisar, trabajar,
Revisamos los deberes.	¿Cómo se dice … en alemán / en español?	preguntar, contestar

	leer	escribir
yo	leo	escribo
tú	lees	escribes
él / ella / usted	lee	escribe
nosotros / as	leemos	escribimos
vosotros / as	leéis	escribís
ellos / ellas / ustedes	leen	escriben

las instalaciones

el aula, la cafetería, el comedor, el laboratorio, el aula de informática, el aula de música, el gimnasio, el patio, la biblioteca, el baño, el campo de fútbol, el salón de actos, el trampolín, la mesa de ping-pong

2 Decir qué cosas hay en tu cole y dónde están

el verbo *haber*
Das Verb haber hat im Präsens nur eine Form: hay, die 3. Person Singular. Es bedeutet „es gibt".

el verbo *estar*
Das Verb estar wird immer verwendet, wenn man sagen möchte, wo sich jemand oder etwas befindet.

	estar
yo	estoy
tú	estás
él / ella / usted	está
nosotros / as	estamos
vosotros / as	estáis
ellos / ellas / ustedes	están

¿Hay o estar?

hay	estar
• vor Substantiven ohne Artikel: ¿Hay bocadillos?	• bei bestimmtem Artikel + Substantiv: El colegio está en Gines.
• vor unbestimmtem Artikel + Substantiv: En el instituto hay una biblioteca.	• bei Ortsangaben: Sofia está en el gimnasio.
• vor Mengenangaben: En el instituto hay muchos alumnos.	Nosotros estamos en el patio. Sevilla está en España.
• vor Zahl + Substantiv: Hay tres aulas de informática.	

3 Decir de quién es una cosa

Um zu sagen, wem etwas gehört, verwendest du die Präposition de (aus, von, über). Mit dem bestimmten Artikel el verschmilzt de zu del. Die übrigen Formen verschmelzen nicht.
Genau so ist es bei a, das mit el zu al verschmilzt.

de + el = del	de los
de la	de las

a + el = al	a los
a la	a las

Tu reto, paso por paso

Tu reto

Imagínate que tienes un/a nuevo/a compañero/a de España. Haz un folleto sobre tu colegio en español, con muchas fotos y descripciones. Stell dir vor, du bekommst einen neuen spanischen Mitschüler oder eine neue spanische Mitschülerin. Erstelle einen spanischsprachigen Flyer, in dem du ihr oder ihm deine Schule vorstellst. Mache dazu Fotos und beschrifte sie.

Paso uno: Mache dir Notizen, was du alles über deine Schule erzählen kannst.

Paso dos: Überlege dir, was du auf deinem Flyer mitteilen möchtest, und finde einen Titel für deinen Flyer. `+ayuda p.171`

Paso tres: Überlege, welche Vokabeln du zum Thema Schule kennst. Schlage dazu deine Mindmap zum Thema colegio auf.

Paso cuatro: Entscheide nun, was du vorstellen möchtest. Denke daran, dass du dem neuen Schüler / der neuen Schülerin Informationen geben möchtest, die für ihn / sie wichtig sind und die deine Schule von anderen unterscheiden.

Paso cinco: Fotografiere nun die Objekte und Personen, die in deinem Flyer vorkommen. Suche geeignete Fotos aus und finde für jedes einen Titel.

Paso seis: Schreibe nun kurze Texte zu den Fotos. Ordne alles übersichtlich auf deinem Flyer. Falls du noch Platz hast, kannst du für den neuen Schüler ein kleines Wörterbuch Spanisch-Deutsch mit den wichtigsten Vokabeln für den Schulalltag erarbeiten.

Paso siete: Überprüfe alles noch einmal.

¡Tú sí puedes!

Hier kannst du selbst überprüfen, ob du den Stoff des Kapitels gut beherrschst: `80021-09`. Wenn du eine kleine Pause zum Wiederholen brauchst, ist das auch nicht schlimm. **¡Tómate tu tiempo!**

+ Autocontrol

Bienvenidos al instituto Salzmannschule Schnepfenthal

El instituto Salzmannschule está en Schnepfenthal. Es un pueblo pequeño cerca de Waltershausen en Turingia.

El instituto Salzmannschule tiene mucha tradición. Pero también es un instituto moderno.

el aula histórica

la biblioteca

el aula de informática

Hay una biblioteca, un aula de informática, un gimnasio y varios laboratorios.

el laboratorio

Hablamos de nuestra familia

Capítulo

4

② ③ ⑦

⑥ ⑦

Un árbol genealógico

a. Mira las fotos y dibuja el árbol genealógico de los mellizos. Zeichne den Stammbaum der Zwillinge.

b. ¿Qué te llama la atención? Achte auf die Nachnamen der Mutter: Was fällt dir auf? Wie würden Daniel und Sofia in traditioneller spanischer Namensgebung heißen? Und wie würdest du in Spanien heißen?

¿Qué pasa aquí?

Daniel y Sofia hablan con los amigos sobre la familia y las mascotas. Lupe les cuenta cómo es su familia en México. Die Zwillinge sprechen mit ihren Freunden über ihre Familien und ihre Haustiere. Lupe erzählt von ihrer Familie in Mexiko.

Pronto vas a saber

- hablar sobre tu familia y tus mascotas | über deine Familie und deine Haustiere sprechen.
- describir el físico y el carácter | Aussehen und Charakter beschreiben.
- contar hasta 100 | bis 100 zählen.

Revisas

- ser y estar | die Konjugation von ser und estar.

Tu reto

Presenta a tu familia en clase con la ayuda de un cartel / una presentación / un vídeo. Muestra el árbol genealógico de tu familia y describe a tus familiares y a tus mascotas. Stelle deiner Klasse deine Familie und deine Haustiere vor. Gestalte dazu ein Plakat, eine Präsentation am Computer oder ein Video und zeige auch deinen Familienstammbaum.

---

① los abuelos españoles Montse Reyes Montesinos y Luis Carrera López

② los abuelos alemanes Lisa y Wilhelm Dörfler

③ la tía Clara Carrera Reyes

④ los papás Carmen Carrera Reyes y Gerald Dörfler

⑤ los primos españoles Raúl y Paco

⑥ los tíos Manfred y Tanja Dörfler

⑦ la prima alemana Claudia

más vocabulario

el / la novio/a Freund/in

el marido de la madre / la mujer del padre Stiefvater / Stiefmutter

el / la hermano/a por parte de la madre/del padre Halbbruder/schwester

el / la bisabuelo/a Uropa / Uroma

el / la nieto/a Enkel/in

el / la hijo/a Sohn / Tochter

A Somos una familia

📄 Mira, esta es mi familia `80021-02`

CD
1-26

Los amigos del instituto, Lupe, Álvaro y Laura, están en casa de la familia Dörfler.

Laura: A ver, ¿dónde está vuestra habitación?

Sofia: Yo tengo una habitación para mí y Daniel también tiene una, pero muchas de nuestras cosas están todavía en Alemania. Mira, esta es la habitación de Daniel.

Laura: ¡Qué grande y qué bonita …! Y las fotos, ¿de quiénes son?

Sofia: Son fotos de nuestra familia en la fiesta de cumpleaños de la abuela Lisa. Lisa es nuestra abuela alemana, la del centro, que tiene el pelo gris.

Daniel: Y al lado de la abuela Lisa está nuestro abuelo Wilhelm.

Álvaro: ¿Cómo se llama tu abuelo? ¿Wil…?

Sofia: Wilhelm, y en español es "Guillermo".

Álvaro: Ah, Guillermo, sí.

Lupe: ¿Y esta es toda la familia? ¡Qué poca gente sois! En los cumples en México hay muchas personas, claro, nuestras familias son muy grandes.

Daniel: Pues sí, son todos. Solo tenemos un tío alemán, Manfred. Es el rubio gordito de la izquierda. La mujer delgada y baja al lado de él es Tanja, su mujer. Son muy simpáticos y divertidos. Mi tío es tranquilo, pero mi tía es muy activa.

Laura: ¿Y la chica morena?

Sofia: Es su hija, nuestra prima Claudia. Es mi prima favorita … ¡Es genial!

Álvaro: ¡Qué guapa!

Sofia: Su novio es un amigo de mi cole en Düsseldorf.

Lupe: ¿Escuchas, Álvaro? Ya tiene novio. Oye, ¿dónde están vuestros otros primos? Yo tengo muchos, somos 22 primos. Jeje, dos equipos de fútbol …

Sofia: Guau, 22. Nosotros tenemos pocos primos: Claudia y los primos españoles, Raúl y Paco. Mira esta foto, son los chicos altos de la derecha. Son los hijos de la hermana de mi madre, la tía Clara. Con ellos somos cinco primos … ¿Tienes fotos de tu familia, Lupe?

Lupe: Aquí en el móvil tengo fotos. Mira, estos son los padres de mi mamá. Se llaman Rubén y Dulce.

Laura:	Dulce, ¡qué nombre bonito! Jeje, dulce como el helado.
Lupe:	Sí. Los dos son muy cariñosos. Pero están en México y no hablamos mucho. Solo hablo mucho por internet con mi tía Valeria y con su hijo pequeño, Sebastián. Tiene cinco años y es muy listo y muy divertido.
Daniel:	Nosotros también hablamos por internet con nuestra familia alemana.
Laura:	Y vuestra familia española, ¿vive en Sevilla?
Sofia:	No, viven todos en Málaga, pero mis abuelos están mucho con nosotros. Se llaman Montse y Luis.
Daniel:	Ay Speedy, tú también miras las fotos, ¿eh? ¡Eres genial!

1 La familia de los mellizos y la familia de Lupe

Haz una frase sobre cada persona. Bilde zu jeder dieser Personen einen Satz und erkläre, mit wem sie wie verwandt ist. **+ayuda** p.172

Modelo: Claudia es la hija de Tanja y Manfred.

> Claudia • Valeria • Wilhelm •
> Dulce • Tanja • Paco •
> Clara • Rubén • Manfred •
> Lisa • Raúl • Sebastián

2 ¿Quién es ella? ¿Quiénes son ellos?

a. Wann verwendet man quién, wann quiénes? Sprich mit deinem Mitschüler/deiner Mitschülerin. **G** 4.2 **Ch** 3

1.

> ¿Quién es la chica de la foto?

> Ella es mi prima Claudia.

2.

> ¿Quiénes son las personas de la foto?

> Son mis abuelos Montse y Luis.

b. Prepara cinco preguntas para tu compañero/a. Después pregunta y contesta.

Modelo: ¿Quién es la madre de Raúl? ¿ Quiénes son los abuelos de …?

3 ¿Cómo son?

a. Busca en el texto los adjetivos que describen a la familia de los mellizos y a la de Lupe. Rellena la tabla en tu cuaderno. Suche im Text die Adjektive, die die Familien von Lupe und den Zwillingen beschreiben, und befülle damit die Tabelle in deinem Heft. `+ayuda` `p. 172` `Ch` `3`

b. Mira los ejemplos del texto y habla con tu compañero/a. Schau dir die Adjektive im Text noch einmal an und formuliert zu zweit eine Regel: `+ayuda` `p. 172`

  1. ¿Qué posición tienen los adjetivos? Wo stehen die Adjektive im Satz?
  2. ¿Cómo se forman los adjetivos? Wie werden die Adjektive gebeugt? Woran werden sie angeglichen?

	♂	♀
¿Cómo es …?		
… Manfred	■	■
… Tanja	■	■
… Claudia	■	■
… Sebastián	■	■
… Speedy	■	■
¿Cómo son …?		
… Manfred y Tanja	■	■
… Rubén y Dulce	■	■
… Raúl y Paco	■	■
… las familias mexicanas	■	■

c. Suche im Text die Adjektive genial, grande, alemán. Was ist bei diesen Adjektiven anders? `G` `6.2`

d. Ahora mira las fotos y haz frases. Bilde Sätze zu den Personen auf den Fotos.
  `+ideas`   Busca en el diccionario más adjetivos. Verwende zu jeder Person ein weiteres Adjektiv, mit dem sie nicht schon im Text beschrieben wird.

  Modelo: Raúl y Paco son altos (y muy activos).

Lisa

Claudia

Sebastián

Speedy

Manfred y Tanja

Rubén y Dulce

Raúl y Paco

4 Lupe escribe un correo a su abuela Dulce

Completa en tu cuaderno el correo de Lupe con las formas correctas de los adjetivos. **+ayuda** p.172

Querida abuelita:

En el cole tengo dos ▪ *(nuevo/a)* amigos. Se llaman Sofia y Daniel. Son mellizos y son muy ▪ *(simpático/a)*. Sofia es mi compañera ▪ *(favorito/a)* en clase. ¡Es ▪ *(genial)*! Es ▪ *(guapo/a)*, y ella y su hermano son ▪ *(listo/a)* y muy ▪ *(divertido/a)*. Tienen un perro: Speedy es ▪ *(grande)*, ▪ *(cariñoso/a)* y un poco ▪ *(pesado/a)*.

Un abrazo,
Lupe

Mucho/a und **poco/a** werden wie Adjektive angeglichen.
Wenn du sagen möchtest, dass es sehr wenig von etwas gibt, dann kannst du **muy poco** sagen:
En las fiestas de la familia de los mellizos hay muy poca gente.
Mucho kann so jedoch nicht gesteigert werden!

5 Muchos primos – pocos primos

Lupe tiene muchos primos, son 22. Los mellizos tienen pocos primos, Claudia, Raúl y Paco. En las fiestas de su familia hay poca gente. Escribe el texto en tu cuaderno y completa con mucho/a/os/as y poco/a/os/as. **+ideas** p.186   **+ayuda** p.173

Los mellizos tienen much▪ fotografías de su familia en sus habitaciones. En las fotos hay poc▪ gente: Daniel y Sofia tienen solo tres tíos y tres primos; son poc▪. En la familia de Lupe hay much▪ gente: tiene much▪ tíos en México. En México hay much▪ familias grandes.

6 ¿Qué tal el pelo?

a. Beschreibe die Familienfotos von Lupe und den Zwillingen in Aufgabe 3 (S. 56) und sag etwas zu den Haaren der Personen. Dazu verwendest du:

Tiene el pelo rubio / castaño (braun) / negro (schwarz) / gris.
Tiene el pelo largo (lang) ≠ corto.
Tiene el pelo liso (glatt) ≠ rizado.

¡Ojo! Wenn du über die Haarfarben Blond oder Braun sprichst, hast du zwei Möglichkeiten:
Er / Sie ist blond. = **Es rubio/a.**
Er / Sie hat blonde Haare. = **Tiene el pelo rubio.**
Beachte, dass sich das Adjektiv hier auch bei weiblichen Personen auf **el pelo** bezieht!

CD
1-27

b. ¿Qué familia es? Escucha y relaciona las fotos con las familias según el modelo. Höre zu und ordne mit deinem Mitschüler/deiner Mitschülerin die Hörtexte dem jeweiligen Familienmitglied zu.

Modelo: – Creo que la familia … está en la foto número 1 porque hay … personas y …
– Sí, es correcto. / No, no es correcto porque …

7   ¡A describir!

a. Haz un mapa mental con los adjetivos para describir el aspecto físico y el carácter. Zeichne eine Mindmap mit den Adjektiven und Ausdrücken, mit denen du das Aussehen und den Charakter einer Person beschreiben kannst.

b. Escribe cinco preguntas sobre los amigos y las familias de los mellizos y de Lupe en tu cuaderno. Después formad grupos de cuatro personas. Preguntad y contestad. ¡A ver quién gana! Wer kann die meisten Fragen beantworten?

> ¿Quién es Sofia?

> ¿Quién es rubio?

> ¿Quiénes son simpáticos?

c. **+ideas** Describe a Carmen, a Luis y a Lupe. Usa los adjetivos para describir su aspecto físico y su carácter.

Carmen

Luis

Lupe

8   Mi familiar favorito

a. Contesta la pregunta de Álvaro, después pregunta a tu compañero/a y contesta.

> Mi familiar favorito es mi tío Amado porque es muy divertido y cariñoso. Siempre me llama compadre. ¿Y tú? ¿Quién es tu familiar favorito?

b. Presenta a tu familiar favorito en clase. **M** I 4.1
  +**ideas** p. 186

9   ¡A jugar! ¿Quién soy?

Formad grupos de cuatro personas. Uno/a de vosotros adopta el papel de un/a compañero/a de clase o de un/a profe. Los demás le preguntan según el ejemplo. Bildet Viergruppen. Überlege dir eine/n Mitschüler/in oder eine/n Lehrer/in, die anderen stellen dir Fragen, bis sie herausgefunden haben, wer du bist. Du darfst nur mit Ja oder Nein antworten! Spielt vier Male, damit jeder von euch einmal an der Reihe ist.

¿Eres un compañero?

¿Eres una profe?

¿Eres alto?

¿Tienes el pelo largo?

¿Eres profe de mates?

¿Eres tranquila?

10   Mi casa es tu casa

a. Busca los determinantes posesivos en la conversación de los amigos (pp. 54–55) y apúntalos con los sustantivos correspondientes en esta tabla. Vervollständige in deinem Heft diese Tabelle mit allen Possessivbegleitern und den zugehörigen Substantiven, die du im Text auf den S. 54–55 findest. Ergänze dann auch die fehlenden Formen.
  +**ayuda** p. 173

b. Formula una regla. +**ayuda** p. 173   **G** 4.4   +**ideas** p. 186

	Singular		Plural	
	♂	♀	♂	♀
yo	**mi** prima		■	
tú	■		■	
él / ella	■		■	
nosotros/as	■	■	■	■
vosotros/as	■	■	■	■
ellos/as		■		■

c. Completa el diálogo con los determinantes posesivos. +ayuda p. 173

Daniel y Sofia tienen muchas fotos de ■ vida en Alemania.
Daniel: ¡Mira!, aquí Lisa celebra ■ cumpleaños.
Álvaro: ¿Y estas dos mujeres son ■ *(ella)* amigas o son ■ *(vosotros)* tías?
Sofia: Estas son ■ *(ella)* amigas Leonie y Pia.
Laura: ¿Y quiénes son los chicos de esta otra foto, son ■ *(vosotros)* amigos?
Daniel   Sí, estos son ■ *(nosotros)* compañeros de clase de Düsseldorf.
         Aquí estamos todos en el campo de fútbol de ■ colegio con ■ profesora
         de educación física. Es muy simpática.
Lupe: ■ profesor de educación física es simpático también. Es ■ profesor favorito.

11 ¿Cuántos años tienen tus familiares?

CD
1-28

a. **Escucha y repite los números.** Höre zu und sprich die Zahlen nach.

10 diez   20 veinte   30 treinta   40 cuarenta   50 cincuenta

60 sesenta   70 setenta   80 ochenta   90 noventa   100 cien

b. **Mira los números 20–99 en las páginas del libro y encuentra la regla.** Schaue dir die
Seitenzahlen 20 bis 99 in diesem Buch an und formuliere eine Regel.

CD
1-29
c. **¿Cuántos años tienen? Toma el árbol genealógico de la familia Dörfler, escucha el texto y
agrega las edades.** Ergänze im Stammbaum der Familie Dörfler, den du zu Beginn des
Kapitels erstellt hast, das Alter der Familienmitglieder (S. 53).

12 El número de teléfono

CD
1-30
a. **Daniel tiene un móvil nuevo y necesita los números de sus amigos. Sofia los tiene en su
móvil. Escucha y apunta los números para Daniel.** Notiere für Daniel die
Telefonnummern, die Sofia ihm diktiert.

b. Schreibt euch abwechselnd die Telefonnummern der unten angegebenen Orte mit dem
Finger auf den Rücken und erratet, um welche Nummer es sich handelt. Schreibt die
Nummern auf und sprecht sie auf Spanisch nach:

Colegio Huerta Santa Ana: 9 54 71 72 89
Heladería Rayas: 9 54 22 17 46
Bar de Tapas Blanca Paloma: 9 54 33 37 88

13 Muy y mucho

Completa el texto en tu cuaderno con muy, mucho y muchos/as. Vervollständige den Text.

+ayuda p. 174

> La familia es ■ importante para Lupe. Tiene ■ tíos y tías, y todos son ■ simpáticos. Una
> de las tías de Lupe se llama Valeria, y Lupe habla ■ con ella por internet. En casa de Lupe,
> su habitación es ■ bonita pero también es pequeña. Pero siempre hay ■ personas en su
> casa. Con la familia celebra ■ fiestas ■ grandes.

14 Una postal de papá

Dieses Mal schreibt Gerald Dörfler aus Mexiko! Lies die Postkarte und bearbeite die
beiden Aufgaben.

1. Describe a los habitantes de Zinacantán que ves en la postal.

2. Busca en internet cuántos hijos tiene una familia mexicana normalmente.

Queridos Sofia y Daniel:
Un gran abrazo desde San Cristóbal de Las Casas, Chiapas, México. Estoy aquí con la familia de mi copiloto Gael. Wir sind in Tuxtla de Gutiérrez gelandet. Nach San Cristóbal muss man von dort 2000 Höhenmeter in 2 Stunden Fahrt überwinden! Wir haben natürlich die spannendere, kurvige Strecke genommen und sind auch durch viele pueblos indígenas gefahren. Las familias indígenas son grandes, algunas tienen 12 o más hijos. Imaginaos, 10 hermanos para mis mellizos :-) En la postal veis una fiesta en Zinacantán, con mucha gente. Nos vemos pronto. Os quiero mucho Papá

SAN CRISTÓBAL
TUXTLA

Sof
Ca
41
E

B Un amigo para Speedy

1 En una granja escuela

En parejas, mirad la página web de la Granja Escuela Los Sauces `80021-05` y contestad las preguntas. Schaut euch die Homepage an und beantwortet gemeinsam die Fragen. Benutzt dabei die folgenden Ausdrücke. `M` `I 2.`

> Creo que la respuesta a/b/c es correcta/falsa porque (no) hay …/ porque el texto habla de …

> No, no es correcto porque…/ Sí, es correcto.

Granja Escuela Los Sauces

Inicio
Actividades
Talleres
Mapa
Precios
Contacto

La granja escuela "los Sauces" es un espacio natural de más de once hectáreas, a tan sólo 5 minutos de Sevilla. Es un lugar de entretenimiento, pero también de aprendizaje, en el que podrá aprender a cultivar en nuestra huerta, elaborar pan, reconocer semillas, estar en contacto con los animales y disfrutar de una vida más sana y más natural.
No sólo consiste en pasar un día en el campo, sino que aprenderemos los valores de la vida al aire libre sin polución, sin estress, y siempre de una manera divertida.

Celebra tus reuniones familiares o de empresa en nuestras instalaciones.
Consúltanos

GALERÍA DE FOTOS

Taller de alfarería   Aula actividades   Huertos   Animales

granjaescuelalossauces@yahoo.es   Carretera Sevilla-Utrera Km.18   Granja Escuela los Sauces

1. ¿Qué es una granja escuela?
   a. Es un jardín zoológico.
   b. Es un lugar donde estás en contacto con los animales.
   c. Es un colegio para animales.

2. ¿Dónde está la granja?
   a. Está en el centro de Sevilla.
   b. Está a cinco minutos de Sevilla.
   c. Está en el colegio Huerta Santa Ana.

3. ¿Qué actividades hay en la Granja Escuela Los Sauces?
   a. Aprender a reconocer semillas.
   b. Trabajar en las huertas.
   c. Escuchar música.

Como el perro y el gato 80021-02

CD
1-31

La familia Dörfler pasa un día en la Granja Escuela Los Sauces con Speedy. Hay muchos animales diferentes como gallinas, cabras, cerdos, pavos y ovejas. Daniel y Sofia miran los animales. Speedy está muy alegre hoy …

Daniel: ¡Mira, Sofia! Los cerdos pequeños son muy dulces – son como tú, jaja.

5 **Sofia:** ¡Qué gracioso, Daniel! Y el pavo grande es como tú: ¡gordito y un poco loco!

Madre: Chicos, a veces sois como el perro y el gato.

Daniel: ¡Mira, Sofia! ¡Qué alegre está Speedy!

Sofia: Sí, con sus nuevos amigos está muy alegre. Pero en casa está solo y triste
10 porque no tiene amigos. Claro, nosotros estamos todo el día en el colegio. ¡Pobre Speedy!

Daniel: Sí, tienes razón, Speedy
15 necesita un nuevo amigo. ¿Por qué no buscamos un compañero para él, aquí en la granja?

Padre: Sí, pero aquí solo hay
20 gallinas, cabras y cerdos. Son animales de campo, no de ciudad.

Sofia: Tal vez también tienen gatos y perros. ¿Preguntamos?

25 **Padre:** Un gato para Speedy, ¡no! Y dos perros pesados en casa … tampoco. ¿Y un conejillo de Indias? Carmen, ¿qué tal la idea?

Madre: ¿Por qué no? Además, no es mucho trabajo.

Sofia: No, papá, los conejillos de Indias son aburridos. ¿Qué tal un conejo o un ratón? Son muy graciosos y la abuela tiene una jaula en casa.

30 **Daniel:** Pero Speedy necesita un amigo, y los animales pequeños para él no son compañeros interesantes.

Sofia: ¡Uf! ¡Qué complicado …!

> Auch hier in Spanien vertragen sich Hund und Katze manchmal nicht so gut, genau wie Sofia und ich ;-). Dazu gibt es auch ein lustiges Sprichwort: **Al perro y al gato no les pongas en el mismo plato.** +ideas p. 187

2 En la granja

a. Busca la respuesta correcta y escribe la frase completa en tu cuaderno.
Wähle die richtige Lösung und antworte in deinem Heft mit ganzen Sätzen. **+ayuda** p. 174

1. ¿Dónde está la Familia Dörfler?
   a. En casa.
   b. En un zoológico.
   c. En una granja.

2. ¿Cómo son los mellizos a veces?
   a. Como conejo y ratón.
   b. Como perro y gato.
   c. Como pavo y cerdo.

3. ¿Qué animales hay en la granja escuela?
   a. Cocodrilos y elefantes.
   b. Conejillos de Indias y ratones.
   c. Cabras, gallinas y cerdos.

4. ¿Cómo está Speedy a veces en casa?
   a. Complicado.
   b. Triste y solo.
   c. Loco.

5. ¿Cómo está Speedy en la granja?
   a. Alegre.
   b. Aburrido.
   c. Triste.

b. ¿Qué animales hay en el texto? Haz una lista y clasifica los animales en mascotas y animales de campo. Mache eine Liste mit den Tieren aus dem Text und ordne sie in Haustiere und Tiere, die auf dem Bauernhof leben.

c. Escribe en tu cuaderno el nombre del animal que escuchas.

CD
1·32

3 ¿Por qué? – Porque …

a. Busca las frases con ¿por qué? y porque y haz una lista. Suche im Text die Sätze mit ¿por qué? und porque und mache eine Liste. **+ayuda** p. 174

b. Completa la regla en tu cuaderno. Vervollständige die Regel in deinem Heft.

> *Por qué* schreibt man • . Das *qué* hat immer einen • auf dem *e. Por qué*
> heißt • . Ejemplo: • *Porque* schreibt man • . Das Wort hat keinen • .
> *Porque* heißt • und steht nie am Satzanfang. Ejemplo: • .

c. Contesta las preguntas sobre el texto.

Modelo: –¿Por qué está alegre Speedy? – Está alegre porque hay otros animales.

1. ¿Por qué está triste a veces Speedy?
2. ¿Por qué un conejillo de Indias no es una buena idea?
3. ¿Por qué no compran una gallina o una cabra?

d. ¡Ahora tú! Escribe tres preguntas con ¿por qué? en tu cuaderno y pregunta a tu compañero/a.

4   ¿Cómo es? ¿Cómo está?

a. Mira las imágenes y formula una regla sobre el uso de ser y estar + adjetivo. Formuliere eine Regel für den unterschiedlichen Gebrauch von ser + Adjektiv und estar + Adjektiv und sprich mit deinem Mitschüler darüber. Sucht zusammen weitere Beispiele im Text (S. 63) und überprüft eure Regeln. +ayuda p. 174   G 6.3

b. Preguntad y contestad. +ideas p. 187

–¿Cómo eres
normalmente?
–Soy …

–¿Cómo estás hoy?
–Hoy estoy …

- gracioso/a
- alegre
- simpático/a
- tranquilo/a
- pesado/a
- activo/a
- divertido/a
- cariñoso/a

¡Ojo! Erinnerst du dich noch an die Verbformen von **ser** und **estar**? Falls nicht, kannst du sie hier nachschauen:
G 5.1.2a

c. Completa las frases con ser y estar. Vergiss nicht, die Adjektive anzugleichen! +ayuda p. 175

1. Speedy siempre ■ alegre. Pero mira, en este momento ■ triste.
2. Álvaro tiene un conejo, Gonzo. Gonzo come mucho y a veces ■ un poco loco.
3. Los gatos de Laura ■ graciosos. Pero mira, hoy ■ muy tranquilos.
4. –¿Por qué tiene un perro Pablo? –Tiene un perro porque, para él, los perros ■ geniales.

d. +ideas La mamá de Daniel y Sofia quiere saber todo sobre los nuevos amigos de sus hijos. Haz frases sobre Álvaro, Laura, Lupe, Pablo y Nicolás. ¿Cómo es cada uno normalmente o siempre? ¿Y cómo está a veces, hoy o en este momento?

Modelo: Laura a veces está muy activa pero normalmente es tranquila.

5 ¿De dónde? ¿Dónde? Cómo?

En parejas, mirad las fotos, preguntad y contestad.

Modelo: –¿De dónde es la abuela española de los mellizos? –Es de Málaga.
   –¿Dónde está en este momento? –Está en casa de los mellizos.
   –¿Cómo es? –Es cariñosa y simpática, baja y delgada.
   –¿Cómo está? –Está muy bien.

6 Los animales de Juan y Lucía

CD
1·33

Escucha y apunta. ¿Qué animales tienen Juan y Lucía? ¿Cómo se llaman y cómo son?

7 Os presento mi mascota.

DVD
6

¿Quieres conocer las mascotas de Paloma, Daniel y Javier? En el DVD, los tres chicos de Sevilla presentan a sus mascotas. Mira y escucha, y haz una tabla con

* los nombres de sus mascotas
* cómo son las mascotas
* dónde viven
* sus actividades favoritas.

8 Mi mascota favorita

a. Completa la ficha. Fülle in deinem Heft den Steckbrief aus, entweder für dein eigenes Haustier oder für eines, das du gern haben würdest.

b. Presenta tu animal a tus compañeros. M | 4.1

c. Una discusión: mi mascota favorita. Welches ist dein Lieblingshaustier? Findet euch in kleinen Gruppen zusammen – jeder von euch sollte ein unterschiedliches Lieblingshaustier haben. Versuche jetzt, die anderen mit guten Argumenten von deinem Lieblingshaustier zu überzeugen. **+ayuda** p. 175

> **Mi ficha personal**
>
> Nombre: ■
> Edad: ■ años
> Carácter: ■
> Dirección: ■
> Teléfono: ■
> Foto / dibujo: ■

9 Preguntas y más preguntas

Bilde die passenden Fragen zu den Antworten. Du brauchst jedes Fragepronomen einmal. **+ayuda** p. 175

Modelo: Ella es Sofia. → ¿Quién es ella?

> ¿Cómo? • ¿Cuántos? •
> ¿De dónde? • ¿Por qué? •
> ¿Quién? • ¿Quiénes?

1. Este es Speedy, el perro de Sofia y Daniel.
2. Speedy es de Alemania, de Düsseldorf.
3. Mi gato tiene 8 años.
4. Mi mascota es muy grande y divertida.
5. Estos son Trébol y Cardo, mis conejos.
6. Chulo es la mascota favorita de Pablo porque es genial.

10 Un caramelo para ti ✏

Escribe un poema de solo once palabaras sobre tu mascota o sobre tu animal favorito. Usa los nuevos adjetivos. Mira el modelo. Schreibe ein Gedicht von nur elf Wörtern über dein Haustier oder dein Lieblingstier wie im Beispiel. Verwende die neuen Adjektive. **+ideas** p. 187

> Tortuga
> tranquila, simpática,
> eres mi mascota favorita.
> No comes mucho.
> ¡Amiga!

11 ¡Hola, soy Speedy, el perro!

a. ¿Qué cuenta tu mascota? Welche Geschichte könnte dein Haustier erzählen? Schreibe nach diesem Muster einen Text aus der Sicht deines Haustieres oder eines anderen Tieres.

> ¡Hola!, soy Speedy, el perro. Soy de Alemania pero vivo con la familia Dörfler en España, en Sevilla. Sevilla es muy bonita. Los padres de la familia son Carmen y Gerald, pero paso mucho tiempo con los mellizos, Daniel y Sofia.
> Buscamos un amigo para mí. Yo prefiero otro perro porque tengo problemas con los gatos, y los conejillos de Indias son pesados. Ahora necesito estudiar español porque aquí en España los perros no hacen "Wauwau" – ¡hacen "Guauguau"!

b. Escribe un correo a Speedy y dile qué amigo propones para él y por qué. Schreibe Speedy eine E-Mail und schlage ihm einen Freund vor. Usa estas expresiones:

> ¿Qué tal un / una … ?
> Los / Las … son … y …
> Además (no) necesitan …

12 ¿Cómo es?

DVD
7

a. ¿Cómo es la familia de Carla? Mira el DVD, después escribe una frase sobre cada uno de sus familiares. Schau dir die DVD an und lerne die Familie von Carla, einer Mitschülerin der Zwillinge, kennen. Beschreibe jedes ihrer Familienmitglieder mit nur einem Satz.

DVD
8

b. +ideas En el DVD, Ana, Paula y Patricia hablan sobre su mejor amigo / a. Elige a una y escribe un texto: ¿Cómo es el / la mejor amigo / a? ¿Por qué son mejores amigos? Schau dir auf der DVD an, was Ana, Paula und Patricia über ihren besten Freund / ihre beste Freundin erzählen. Wähle einen von ihnen und schreibe einen Text:
Wie ist er / sie? Warum ist er / sie der beste Freund / die beste Freundin? +ideas p. 187

13 Un correo electrónico de Lupe

a. Haces un intercambio con Lupe y recibes este correo electrónico en el que presenta a su familia. Du planst einen Schüleraustausch mit Lupe. Deine Mutter möchte alles über deine spanische Gastfamilie wissen: Beschreibe sie ihr mithilfe der Informationen aus Lupes E-Mail. **+ayuda** p. 175

¡Hola!

¡Hola! ¿Qué tal?

¡Muchos saludos desde Sevilla! Todos te esperamos aquí …

Mi madre se llama Belén y mi padre Alejandro. Tengo dos hermanos: Frida y Alejandro ("Ale"). Como mi padre, porque en México los chicos muchas veces tienen el nombre de su padre.

Mi familia es muy alegre y divertida. Mis padres tienen 49 años. Frida tiene 6 años y Ale tiene 15. Ale es un chico activo pero Frida es muy tranquila.

En nuestra casa también viven mi tío Manuel y mis dos primos. Manuel es el hermano de mi madre. Muchas veces comemos juntos … ¡Nuestra comida favorita son los tacos mexicanos! 😀 La familia es muy importante para nosotros.

¿Cómo es tu familia? ¿Tienes hermanos? ¿Quién vive en vuestra casa? ¿Y quién es tu familiar favorito?

Saludos … y ¡hasta pronto! Lupe

---

b. Contéstale a Lupe y preséntale tu familia. Antworte auf Lupes E-Mail und stelle dich und deine Familie vor. **+ayuda** p. 176

14 El blog de Sofia

a. Welche spanischsprachigen Frauennamen erwähnt Sofia in ihrem Blog? 80021-07 Notiere sie mit ihrer Bedeutung.

b. Busca estos nombres en un diccionario. Möchtest du noch mehr spanische Vornamen und ihre deutsche Bedeutung kennenlernen? Schlage diese Namen in einem Wörterbuch nach. **+ideas** p. 187

Nombres de chicas	Nombres de chicos
Alba	Amado
Concepción	Ángel
Dolores	Bautista
Marisol (= mar y sol)	Domingo
Mercedes (Pl. von merced)	Salvador
Paloma	Segundo
Rocío	

3 Los temas de conversación

1 Hablar de la familia y las mascotas

el carácter	el aspecto físico
aburrido/a • activo/a • alegre • cariñoso/a • chulo/a • complicado/a • divertido/a • dulce • genial • gracioso/a • interesante • listo/a • loco/a • pesado/a • simpático/a • tranquilo/a • triste	alto/a • bajo/a • bonito/a • delgado/a • gordito/a • grande • guapo/a • moreno/a • rubio/a

	♂	♀
Adjektive auf -o und -a	El gato es cariñoso. Los gatos son cariñosos.	La mascota es graciosa. Las mascotas son graciosas.
Adjektive auf -e	El perro es alegre. Los perros son alegres.	La mascota es alegre. Las mascotas son alegres.
Adjektive auf Konsonanten:	El canario es genial. Los canarios son geniales.	La mascota es genial. Las mascotas son geniales.

ser + Adjektiv	estar + Adjektiv	¡Ojo! Es gibt auch Adjektive, die mit ser und estar unterschiedliche Bedeutungen haben.
Speedy normalmente es gracioso. Chulo siempre es activo.	A veces Speedy está triste. Hoy Speedy está alegre. Ahora Chulo está tranquilo.	

2 Hablar de pertenencia

yo	mi libro	mis libros
tú	tu gato	tus gatos
él / ella / usted	su tío	sus tíos
nosotros/as	nuestro/a hermano/a	nuestros/as hermanos/as
vosotros/as	vuestro/a amigo/a	vuestros/as amigos/as
ellos / ellas / ustedes	su habitación	sus habitaciones

¡Ojo! Nur **nuestro/a** und **vuestro/a** werden der Anzahl und dem Geschlecht des Substantives angeglichen.

3 Preguntar por una o varias personas

Así preguntas:	Así contestas:
¿Quién es el chico de la foto? ¿Quiénes son Luis y Montse?	Es mi primo (= una persona). Son mis abuelos (= varias personas).

¡Ojo! Im Deutschen gibt es die Unterscheidung zwischen quién und quiénes nicht!

4 Preguntar por la causa y contestar

Así preguntas:	Así contestas:
¿Por qué está alegre Speedy?	Está alegre porque está con Daniel y Sofia.

¡Ojo! Vor **porque** steht kein Komma, und **porque** steht nie am Satzanfang!

Tu reto, paso por paso

Tu reto

Presenta a tu familia en clase con la ayuda de un cartel/una presentación/un vídeo.
Muestra el árbol genealógico de tu familia y utiliza toda la información para describir a
tus familiares, pero también a tus mascotas. Stelle deiner Klasse deine Familie vor.
Gestalte dazu ein Plakat, eine Präsentation am Computer oder ein Video. Verwende
deinen Familienstammbaum und Fotos oder Zeichnungen deiner Familienmitglieder.
Nutze alle Informationen zu ihrer Beschreibung: Name, Alter, Charakter und Aussehen.
Habt ihr auch Haustiere? Wenn ja, welche sind das? Wenn ihr kein Haustier habt, dann
beschreibe trotzdem dein Lieblingstier.

Paso uno: Skizziere zunächst den Stammbaum deiner Familie
und überlege, von wem du Fotos hast und wen du
zeichnen musst.

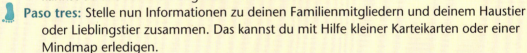

Paso dos: Mache dir Gedanken, in welcher Form du deine
Familie vorstellen möchtest. Hast du viele Fotos? Dann ist
vielleicht eine Collage die richtige Form. Wenn du digitalisierte Fotos
hast, könntest du auch eine Computer-Präsentation erstellen. Vielleicht
hast du aber auch Spaß daran, selbst kleine Videos zu drehen, dann
kannst du alle Familienmitglieder im Film vorstellen.

Paso tres: Stelle nun Informationen zu deinen Familienmitgliedern und deinem Haustier
oder Lieblingstier zusammen. Das kannst du mit Hilfe kleiner Karteikarten oder einer
Mindmap erledigen.

Paso cuatro: Nun kannst du loslegen! Beachte folgendes:
Film: Erstelle ein Drehbuch mit den Texten, um deine Familie vorzustellen, und den
Drehorten. Überlege auch, wie du den Familienstammbaum in das Video integrieren
kannst. Du könntest ihn z.B. schön zeichnen und dann abfilmen.
Computer-Präsentation (z.B. in Powerpoint oder Prezi): Verwende nicht zu viel Text und
gebrauche Bilder als Symbole für den Inhalt.
Collage: Finde aussagekräftige Fotos und überlege, wie du die Vorstellungstexte am
besten anordnest.

Paso cinco: Bereite vor, was du sagen möchtest. Schaue dir dafür deine Mindmaps und
die chuletas an und schreibe dir einen Stichwortzettel als Hilfe für deinen mündlichen
Vortrag M I 4.1 . Dieser sollte nur die notwendigsten Informationen enthalten.

Paso seis: Übe deinen Text. Achte dabei auf eine klare Darstellung, deutliche Aussprache,
Blickkontakt zu den Zuhörern, eine angemessene Lautstärke und den richtigen Redefluss.
Erzähle interessant und achte auch auf deine Körperhaltung sowie Mimik und Gestik.

+ Autocontrol

¡Tú sí puedes!

Hier kannst du selbst überprüfen, ob du den Stoff des Kapitels gut beherrschst: 80021-09 .
Wenn du eine kleine Pause zum Wiederholen brauchst, ist das auch nicht schlimm.
¡Tómate tu tiempo!

Quedamos con los amigos

Capítulo

5

¿Qué te gusta?

Habla con tu compañero/a como en el ejemplo. **Modelo:**

¿Qué te gusta hacer?

A mí, me gusta …

A mí, me gusta jugar al fútbol. ¿Y a ti?

A mí, no me gusta … ¿Y a ti?

1 quedar con amigos
2 chatear en internet
3 bailar
4 ver la tele
5 tocar la guitarra
6 jugar con la consola
7 nadar
8 jugar al fútbol
9 escuchar música

¿Qué pasa aquí?

Sofia presenta a María y Daniel. Daniel y Nicolás quedan por teléfono. In diesem Kapitel tauschen sich die Freunde über ihre Vorlieben aus. María und Daniel lernen sich kennen, und Daniel und Nicolás verabreden sich am Telefon.

Pronto vas a saber

- hablar sobre tus pasatiempos y gustos | über Hobbys und Vorlieben sprechen.
- proponer algo | etwas vorschlagen.
- aceptar o rechazar una propuesta | zustimmen oder ablehnen.
- quedar con un amigo por teléfono | dich am Telefon verabreden.
- la hora y los días de la semana | die Uhrzeiten und Wochentage benennen.

Revisas

- los números de 0 a 60 | die Zahlen von 0 bis 60.

Tu reto

Queréis ir al cine. Elegís una película y quedáis por teléfono. Ihr wollt ins Kino gehen. Ihr wählt einen Film aus und verabredet euch am Telefon.

más actividades
jugar al tenis /
  al balonmano /
  al baloncesto /
  al voleibol /
  al tenis de mesa
ir en monopatín
montar a caballo
hacer deporte
hacer ciclismo
tocar un instrumento
hablar por teléfono
ir al cine / a la bolera /
  al centro / de compras
jugar con el ordenador
jugar a las cartas
leer
descansar

A En el polideportivo

¿Qué te gusta? `80021-02`

CD
2·1

Sofia y María charlan en el polideportivo.

María: Mira, Sofia, ¿ves al chico guapo que juega al fútbol con Nicolás? Es nuevo en el cole, como tú.

Sofia: ¿Guapo? ¡Qué va! Es Daniel, mi hermano mellizo.

5 **María:** ¿Sois mellizos? ¡Qué chulo! Oye, juega muy bien.

Sofia: Sí, le gusta bastante jugar al fútbol, juega siempre con sus amigos. ¿Y a ti? ¿Te gusta el fútbol?

María: Sí … pero solo en la tele, jajaja. Bueno … nunca juego al fútbol, el deporte no me gusta nada.

10 **Sofia:** A mí sí, sobre todo el baloncesto, ¡es una pasada!

María: A mí me gusta la música. Toco el violín. Y tú, ¿tocas un instrumento?

Sofia: Sí, toco la guitarra.

María: También me gusta mucho escuchar música. Mi grupo favorito es La Oreja de Van Gogh, escucho muy a menudo sus canciones.

15 **Sofia:** A mí también me encantan las canciones de La Oreja de Van Gogh, pero su nueva canción no me gusta mucho.

María: A mí tampoco me gusta … es muy aburrida.

Sofia: ¡Daniel! ¡Cuidado! ¿Qué haces?

Daniel: ¡Perdón! ¡Lo siento mucho!

20 **María:** No pasa nada.

Sofia: Mira, María, este es mi hermano Daniel. Daniel, ella es María.

Nicolás: Hola chicas, ¿qué tal? ¿Jugamos?

Sofia: No, ahora no tengo ganas.

25 **Daniel:** María, ¿te gusta el fútbol?

María: Bueno … sí, bastante …

Sofia: Chicos, ¿qué hacéis después? ¿Vamos al cine?

Daniel: ¿Qué hacemos, Nicolás?

Nicolás: Bueno, yo me voy a casa. Tengo deberes … Pero,

30 ¿mañana, qué hacéis? ¿Quedamos?

Daniel: ¿Mañana? Mis padres y Sofia van al centro, y yo … a ver. Hablamos por teléfono, ¿vale?

Nicolás: ¡Vale! ¡Hasta mañana!

María y Sofia: ¡Adiós!

35 **Daniel:** Chicas, ¿vamos a la heladería?

María: Vale, vamos.

Sofia: Oye, María, ¿te gusta mi hermano, sí o no?

María: Nooo, ¡estás loca! ¡Qué va, es broma, chica!

1 ¿Qué pasa en el texto?

Lee el texto y anota si las frases son correctas o falsas.
Corrige en tu cuaderno las frases falsas. `+ideas` p.188

	correcto	falso
1. Los chicos están en un parque en Sevilla.	■	■
2. Las chicas charlan y los chicos juegan al fútbol.	■	■
3. A María le gusta mucho el fútbol.	■	■
4. Sofia toca el violín y María toca la guitarra.	■	■
5. A María le gusta la nueva canción de La Oreja de Van Gogh.	■	■
6. Nicolás, Sofia y María van a la heladería.	■	■

  2 Sobre gustos no hay nada escrito.

a. ¿Me gusta o me gustan? Relaciona y formula una regla.
Verbinde die Satzteile und überlege dir eine Regel. `+ayuda` p.176

(No) Me gusta	(No) Me gustan
el fútbol, …	■

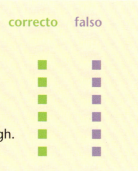

el fútbol • jugar al fúbol • el deporte •
los instrumentos • la música • escuchar
música • las canciones de La Oreja de Van
Gogh • la nueva canción de La Oreja de Van
Gogh • el hermano de Sofia

b. Completa las frases con la forma correcta del verbo gustar.

1. A María le ■ las canciones de Manu Chao.
2. A Daniel, Nicolás y Sofia les ■ el fútbol.
3. A nosotras nos ■ hacer deporte.
4. Y a vosotros, ¿os ■ los deportes?
5. Y a ti, ¿te ■ mis nuevos amigos?

c. Busca los pronombres en el texto y en el ejercicio b y forma frases. Bilde Sätze.
`G 5.1.2d` `Ch 4`

Modelo: A mí me gusta tocar la guitarra.

A mí A ellos/as	■ gusta tocar la guitarra.
A nosotros/as A María	■ gustan bastante las canciones de Melendi.
A él / ella / usted	■ gustan las películas de Pedro Almodóvar.
A vosotros/as A ti	■ gusta ir al cine.
A Sofia y a Nicolás	¿■ gusta ir a la bolera?
	■ gusta mucho descansar.

3 A mí me gusta, ¿y a ti?

a. Ordena las expresiones. Ordne die Ausdrücke des Textes auf S. 74 in deinem Heft auf einer Skala von „sehr mögen" bis „gar nicht mögen". **+ideas** p. 188

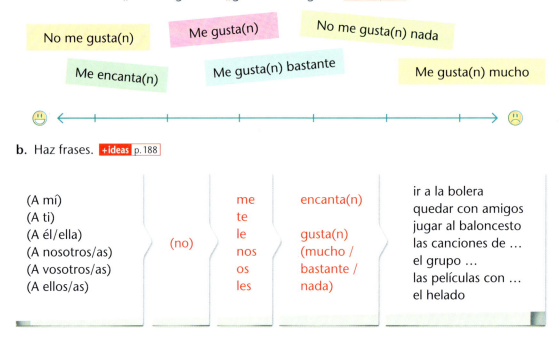

No me gusta(n)

Me gusta(n)

No me gusta(n) nada

Me encanta(n)

Me gusta(n) bastante

Me gusta(n) mucho

b. Haz frases. **+ideas** p. 188

(A mí)		me	encanta(n)	ir a la bolera
(A ti)		te		quedar con amigos
(A él/ella)		le	gusta(n)	jugar al baloncesto
(A nosotros/as)	(no)	nos	(mucho /	las canciones de …
(A vosotros/as)		os	bastante /	el grupo …
(A ellos/as)		les	nada)	las películas con …
				el helado

c. Completa las frases con **me, te, le, nos, os, les** y la forma correcta del verbo **gustar**.
+ayuda p. 176

1. ¿Qué ▪ gust▪ a Ana? – ▪ gust▪ el fútbol.
2. A ti ▪ gust▪ mucho hablar por teléfono, pero a mí ▪ gust▪ chatear.
3. A ella ▪ gust▪ los libros y no ▪ gust▪ nada la tele.
4. A mí no ▪ gust▪ nada el flamenco, pero el grupo "Chambao" sí ▪ gust▪.
5. A Daniel y a Álvaro ▪ gust▪ mucho chatear.
6. A nosotras ▪ gust▪ tocar la guitarra. ¿Y a vosotros, ▪ gust▪ también?
7. A Daniel ▪ gust▪ mucho quedar con amigos.
8. A él ▪ gust▪ bastante las canciones de Shakira.

4 Los gustos de las estrellas

James Rodríguez es un famoso futbolista colombiano, Shakira es una famosa cantante colombiana. Lee la información sobre sus gustos y pasatiempos y elige uno de estos ejercicios. Lies dir die Informationen über James Rodríguez und Shakira durch und wähle eine der folgenden Aufgaben:

a. ¿Qué les gusta a James Rodríguez o a Shakira? ¿Qué no les gusta? Presenta a tu compañero/a uno de ellos. Was mögen James Rodríguez und Shakira? Was mögen sie nicht? Stelle eine der beiden Personen deinem Nachbarn vor.

b. Presenta a tus compañeros/as otro famoso (cantante, actor / actriz, deportista, …). Puedes informarte en internet. Stelle deinen Mitschülern/deinen Mitschülerinnen eine andere berühmte Persönlichkeit vor (Sänger/in, Schauspieler/in, Sportler/in, …). Informiere dich im Internet. **+ideas** p. 188

¿Qué le gusta a … ?

James Rodríguez

- 🙂 la música salsa y reguetón
- 🙂 los carros
- 🙂 el desorden
- 🙂 el arroz con pollo
- 🙁 la cebolla
- 🙂 jugar a los videojuegos de fútbol con la consola

texto adaptado: www.planetacurioso.com

Shakira

- 🙂 los mariscos y el chocolate
- 🙂 el color negro
- 🙂 la música merengue y salsa
- 🙂 leer libros
- 🙁 maquillarse

texto adaptado: http://www.fanmusical.net/ Shakira/curiosidades.htm

5 Y a ti, ¿qué te gusta?

a. Apunta qué te gusta hacer y qué no te gusta hacer.

b. Habla con tu compañero/a sobre vuestros gustos y tomad apuntes en vuestro cuaderno. Sprich mit deinem Mitschüler/deiner Mitschülerin über eure Vorlieben und macht euch Notizen. Markiert eure gemeinsamen Vorlieben. **+ayuda** p. 177

Caja de herramientas

A mí me gusta mucho bailar. 🙂 = A mí también. 🙂
No me gusta nada el tenis. 🙁 = A mí tampoco. 🙁

mismos gustos

Me gusta bastante jugar al fútbol. 🙂 ≠ Pero a mí no. 🙁
No me gusta el fútbol. 🙁 ≠ Pero a mí sí. 🙂

gustos diferentes

c. Ahora formad grupos y presentad vuestros resultados en el grupo. Bildet Gruppen und sprecht zunächst über die Vorlieben, die ihr zu zweit ausgetauscht habt. **+ideas** p.189

Modelo: A Inés le gusta bailar, pero a mí no. No le gusta el tenis y a mí tampoco. A nosotros dos nos encanta no hacer nada.

d. Presentad los resultados de vuestro grupo en clase. ¿Qué les gusta a vuestros compañeros? ¿Y a vosotros/as?

Modelo: A Inés y Matthias les gusta mucho bailar. A nosostros/as también. También les gusta bastante jugar al fútbol. Pero a nosotros/as no.

6 ¿Qué haces?

a. Lee el texto otra vez y completa la conjugación de hacer. Lies noch einmal den Text und vervollständige die Konjugation von hacer in deinem Heft. Después conjuga los verbos salir y poner. **G** 5.1.2c **Ch** 4

	hacer	salir	poner
yo	hago	■	■
tú	■	■	■
él/ella	■	■	■
nosotros/as	■	■	■
vosotros/as	hacéis	■	■
ellos/as	■	■	■

b. ¿Recuerdas la conjugación del verbo tener? Busca ahora en el texto las formas de jugar y completa la tabla. Marca las formas que tienen un cambio de u a ue. Erinnerst du dich an die Konjugation des Verbs tener? **G** 5.1.2c Suche jetzt die Formen von jugar und markiere in deiner Tabelle, bei welchen Formen der Stammvokal u zu ue wird. **G** 5.1.2b **Ch** 4

	jugar
yo	■
tú	juegas
él/ella	■
nosotros/as	■
vosotros/as	jugáis
ellos/as	■

c. Completa con las formas de ir. **G** 5.1.2a **Ch** 4

	ir
yo	■
tú	vas
él/ella	■
nosotros/as	■
vosotros/as	vais
ellos/as	■

d. ¿Quién hace qué? Conjuga los verbos y haz frases. **+ayuda** p.177

Modelo: Daniel va a la bolera.

| Daniel
Sofia
María
Nicolás
… | jugar
ir
hacer
tocar | a la heladería
los deberes
un instrumento
al fútbol
al centro
deporte
a la bolera | el violín
al baloncesto
con la consola
al polideportivo
la guitarra
al cine
un bocadillo |

¡Ojo!
tocar ≠ jugar
tocar benutzt du
mit Instrumenten
(tocar la guitarra,
el violín, …),
jugar mit
Sportarten (jugar
al fútbol,
al baloncesto, …).

7 **Los pasatiempos favoritos de Nicolás**

a. Lee el e-mail de Nicolás. M I 2.2

> ¡Hola chicos!
>
> Me llamo Nicolás, tengo 11 años y vivo con mi familia en Sevilla.
> Me gusta mucho el fútbol. Después de las clases juego con mis
> compañeros. A menudo vamos a ver un partido de fútbol en el estadio
> de Sevilla. También me gusta mucho quedar con mis amigos.
> Normalmente vamos al centro, al cine o a la heladería. A veces
> chateo en internet con mis amigos o juego con mi consola. Pero
> nunca voy de compras, no me gusta nada. Tampoco me gusta
> hacer los deberes, pero mis padres siempre dicen: "¡Es muy
> importante!" Así que hago los deberes todos los días. ¿Y a ti? ¿Qué
> te gusta? ¿Qué haces normalmente en tu tiempo libre?

 b. ¿Qué significan las siguientes palabras y
frases? Im Text kommen einige neue
Wörter vor. Versuche sie mit Hilfe der
dir bekannten Strategien zu erschließen. M I 2.4

| 1. el partido | 3. mis padres dicen |
| 2. el estadio | 4. todos los días |

c. Ordena las expresiones de frecuencia.
Wie sagst du, wie häufig du etwas machst? Lies
noch einmal die E-Mail von Nicolás und ordne
die Ausdrücke auf der Häufigkeitsskala an:

> normalmente • a menudo •
> siempre • nunca • a veces •
> todos los días

nie ← | | | | | | | → immer

d. ¿Qué le gusta y qué no le gusta a Nicolás? ¿Qué hace en su tiempo libre? Describe sus
pasatiempos.

 e. Dein Freund / deine Freundin, der / die noch kein Spanisch lernt, möchte
gern etwas über Nicolás erfahren. Erzähle ihm / ihr, was du über Nicolás weißt.

 8 +ideas **Nuestro tiempo libre. Un cuestionario en clase.**

M II 2.3 +ideas p. 189

 9 **Cuatro chicos se presentan**

CD
2·2
Escucha los cuatro textos y haz una tabla: ¿Qué les gusta a Nuria, Manolo, Pepe y Pilar?
¿Qué no les gusta? M I 1.3

10 Amigos por correspondencia

Stelle dir vor, du suchst einen E-Mail-Freund. Auf der Seite `80021-05`
kannst du dich vorstellen und so spanischsprachige Freunde finden.
Wähle eine der folgenden Aufgaben:

a. Schreibe einen kurzen Text, in dem du dich vorstellst. Schreibe
auch über deine Freizeit und was du magst und nicht magst. Die rechte Spalte kann dir
dabei helfen.

b. `+ideas` Schreibe eine E-Mail an César, Gamaliel oder Florencia. Stelle dich vor, schreibe
über deine Freizeit und was du magst und nicht magst.

Nombre	País (Ciudad)	Idioma nativo	Idioma que aprende	Descripción
César	España (Madrid)	español	alemán inglés	¡¡Hola!!, soy César, soy de Madrid, y me encantaría hacer un tandem de alemán y de inglés. En estos momentos estoy haciendo un curso de alemán. Espero hablar pronto contigo.
Gamaliel	México (Monterrey)	español	alemán inglés italiano francés	Me llamo Gamaliel, soy mexicano, tengo 13 años y estudio francés y alemán. Hablo también un poco de italiano. ¡Me gustaría mucho aprender alemán más rápido! ¡Saludos desde México!
Florencia	Argentina (Playa Unión)	español	inglés alemán holandés	Hola, soy Florencia, tengo 12 años y vivo en Argentina. Me gustan el cine, los comics y la música. Me gustaría conocer a gente de otros países y poder aprender más sobre otras culturas e idiomas. Espero poder ayudarte con el español también.

http://www.mylanguageexchange.com/
penpals_spn.asp, 12.02.2014

11 A rapear

a. Escuchad este rap en el CD, luego cantadlo juntos.

CD
2·3

b. `+ideas` ¡Ahora vosotros! En parejas, escribid un rap
sobre vuestros pasatiempos favoritos.

> Me encanta el baloncesto,
> me gusta chatear y charlar,
> pero no me gusta nada
> nadar y descansar.
> El rap es divertido,
> me mola un montón,
> por eso vamos, chicos,
> a cantar en español.

¿A qué hora quedamos? `80021-02`

CD
2·4

Es viernes por la tarde. Daniel quiere quedar con Nicolás y le llama por teléfono.

))) Ring, ring (((

La madre:	¿Diga?
Daniel:	¡Hola!, ¿me puede poner con Nicolás, por favor?
La madre:	¿De parte de quién?
Daniel:	De Daniel … el amigo de Nicolás … de Alemania.
5 **La madre:**	¡Hola Daniel!, un momento. … ¡Nicolás! …
Nicolás:	¡Sí!
Daniel:	¡Hola Nicolás!, soy Daniel.
Nicolás:	¡Hola Daniel!, ¿qué tal?
Daniel:	Bien, chateo un poco con mis amigos alemanes, pero estoy un poco
10	aburrido y quiero jugar al fútbol. ¿Y tú qué haces? ¿Tienes ganas de jugar
	conmigo?
Nicolás:	Sí, ¡genial! ¿Cuándo quedamos?
Daniel:	Hoy, a las cinco y media.
Nicolás:	Pero, hoy no puedo. Es que están mis abuelos de visita.
15	¿Por qué no quedamos el domingo?
Daniel:	Vale, muy bien. ¿A qué hora?
Nicolás:	Pues, ¿qué tal a las seis?
Daniel:	Lo siento, a las seis no puedo, voy con mi familia al cine …
	¿Quieres ir también?
20 **Nicolás:**	Claro, muy bien. ¡Genial! ¿Qué peli ponen?
Daniel:	"La Universidad de los Monstruos", ¿te gusta?
Nicolás:	Me encanta. ¿A qué hora es la peli?
Daniel:	Ponen la peli a las cinco menos cuarto, pero si quieres podemos quedar a las
	cuatro y cuarto en tu casa.
25 **Nicolás:**	Vale, muy bien. Nos vemos el domingo a las cuatro y cuarto en mi casa.
	¡Adiós!
Daniel:	Muy bien, ¡adiós!

El domingo a las cuatro y cuarto Daniel y su familia van a casa de Nicolás. Daniel quiere tocar el timbre, pero …

Pero ¿qué pasa? No entiendo. ¿Dónde están los nombres?

Nicolás

Hola Nicolás, no encuentro tu nombre en el portero automático.

Vivimos en el 4 B a la izquierda. 😊

1 Hablamos por teléfono.

¿Cómo se dice en español? Schaue in den Text. Sage auf Spanisch, wie man … +ayuda p.177
- sich am Telefon meldet.
- sagt, wer dran ist.
- danach verlangt, mit einer Person zu sprechen.
- fragt, wer spricht.

2 ¿Dónde quedan?

Relaciona las frases. Was passiert im Text? Verbinde die Sätze.

1. Primero Daniel habla con	A. el domingo a las cuatro y cuarto.
2. Nicolás no puede quedar con Daniel	B. porque el nombre no está en el portero automático.
3. Daniel y Nicolás quieren	C. la peli „La universidad de los Monstruos".
4. Daniel y Nicolás quedan	D. la madre de Nicolás por teléfono.
5. A las cinco menos cuarto ponen	E. porque los abuelos están de visita.
6. Daniel escribe un mensaje a Nicolás	F. ir al cine.

3 Sí quiero, pero no puedo.

a. Lee el texto y completa la conjugación en tu cuaderno. ¿Qué te llama la atención?
Vervollständige die Konjugation in deinem Heft. Was fällt dir auf? Ch 4

b. Mira los verbos siguientes y conjúgalos en tu cuaderno. Schaue dir die folgenden zwei Verben an und konjugiere sie in deinem Heft.

	querer	poder
yo	■	■
tú	■	puedes
él / ella / usted	■	■
nosotros/as	queremos	■
vosotros/as	queréis	podéis
ellos/as / ustedes	quieren	pueden

entender: No **entiendo**. ¿Dónde están los nombres?

encontrar: No **encuentro** tu nombre en el portero automático.

¡Ojo! **Querer** und **poder** sind Modalverben. Wie im Deutschen und Englischen folgt darauf der Infinitiv.

c. Forma frases como en el ejemplo.

Modelo:
¿A qué hora podemos quedar?

Yo
Tú
Sofia
Nosotros
Vosotras
Daniel y Nicolás
¿Dónde
¿A qué hora

(no) encontrar
(no) poder
(no) querer
(no) entender

quedar.
jugar al baloncesto.
bailar flamenco.
el mensaje.
comer un helado.
hacer deporte.
los nombres.
el libro.

4 ¿Qué hora es?

CD
2·5

a. Nicolás está en la estación de Sevilla porque vienen sus abuelos de Toledo. Escucha los anuncios. ¿A qué hora llega qué tren? Escribe la hora y los minutos en tu cuaderno. ¿A qué hora llega el tren con los abuelos de Nicolás? Nicolás ist am Bahnhof in Sevilla, weil seine Großeltern aus Toledo kommen. Höre dir die Durchsagen an und schreibe die Uhrzeiten in dein Heft. Um wieviel Uhr kommt der Zug mit Nicolás' Großeltern an?

b. Lee otra vez el texto de la página 81. ¿Qué hora es? Escribe la hora en tu cuaderno.

c. Lee las frases en voz alta. ¿Cómo se dice la hora? Wie werden die Uhrzeiten ausgesprochen? Copia el reloj en tu cuaderno y formula una regla. Zeichne die Uhr in dein Heft, beschrifte sie und formuliere eine Regel. **G** 7.2

A las 10.00 de la mañana estoy en el colegio.

A las 10.30 de la noche estoy en casa.

A las 5.15 de la mañana estoy en la cama.

A las 5.45 de la tarde estoy en el polideportivo.

cuarto (2x)

en punto

media   y (2x)

menos

d. Primero escribe la hora en tu cuaderno. Después lee las frases con tu compañero/a. Schreibe zunächst die Uhrzeiten so in dein Heft, wie du sie aussprichst. Lies dann die Sätze abwechselnd mit deinem Partner und korrigiert euch gegenseitig.

Modelo: – ¿A qué hora es el concierto de Chambao? (20.00 h)
              – El concierto es a las ocho de la noche.

1. ¿Cuándo jugamos al baloncesto? (15.15 h)
2. ¿A qué hora vamos al cine? (19.45 h)
3. ¿A qué hora quedamos? (10.30 h)
4. ¿Cuándo es la excursión a Granada? (13.00 h)

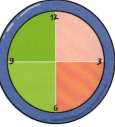

Deutsch: 14:30 Uhr
Español: 2.30 h

5 ¿Qué haces el jueves?

a. María y Daniel quieren quedar para pasear a Speedy, pero esta semana tienen que hacer muchas cosas. Mira sus agendas y ayuda a María y Daniel. Trabaja con tu compañero/a y haz preguntas como en el ejemplo.
Arbeitet zu zweit und helft María und Daniel, sich zu verabreden. Stellt Fragen wie im Beispiel. **+ideas** p. 189

Modelo: Daniel: ¿Qué haces el lunes?
María: A las cinco de la tarde tengo clase de violín. Pero ¿qué haces el ...?

La semana de Daniel

Lunes ————————

Martes ————————
16.15 h fútbol

Miércoles ————————
19.00 h chatear & escribir blog

Jueves ————————
16.15 h fútbol

Viernes ————————

Sábado ————————

Domingo ————————
21.30 h Telecinco: partido
Sevilla FC vs. Atlético Madrid

La semana de María

·················· **Lunes**
17.00 h clase de violín

·················· **Martes**

·················· **Miércoles**

·················· **Jueves**
17.00 h clase de violín

·················· **Viernes**
16.00 h montar en bici con las amigas

·················· **Sábado**
12.00 h hacer la compra con papá y mamá

·················· **Domingo**
14.30 h comer con los abuelos

b. ¿Qué haces tú esta semana? Haz preguntas a tu compañero/a como en el ejemplo. Usa los diferentes días de la semana. **+ideas** p. 189

Modelo: – ¿Qué haces el lunes por la tarde / por la noche / a las 16.00 h / a las 21.00 h?
– El lunes por la tarde ...

6 ¿Y cómo es tu semana?

a. Copia la página de la agenda y rellénala con las horas y tus actividades. Gestalte einen Wochenplan und fülle ihn mit deinen Terminen.

 b. Describe qué haces durante la semana y di también qué te gusta o no te gusta hacer. Beschreibe nun anhand deines Kalenders deine Woche und sage auch, was du gern machst und was nicht. **+ayuda** p. 177

Modelo: El lunes a las 16.45 juego al balonmano con amigos. ¡El balonmano mola mucho! El martes tengo clase hasta las 16.00 … ¡Qué horror! Y después …

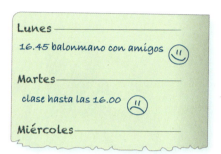

Caja de herramientas	
primero	(no) me gusta
después / más tarde	me encanta
todo el día	mola mucho
por la mañana/tarde	¡qué guay!
desde las 2 hasta las 4	¡qué lío!

 c. Presenta tu texto a un/a compañero/a. Él / Ella comenta tus gustos. Lest euch gegenseitig die Texte über eure Woche vor. Macht nach jedem Tag eine Pause, damit euer Mitschüler/eure Mitschülerin einen Kommentar ergänzen kann.

Modelo: A mí también me gusta mucho el balonmano.
Hacer los deberes tampoco me gusta.

d. **+ideas** ¿Qué tenéis en común? ¿Qué diferencias hay? En parejas, haced frases. Lest euch noch einmal die Texte über eure Wochen durch und bildet mindestens fünf Sätze. Was habt ihr gemeinsam? Welche Unterschiede gibt es?

Modelo: A los dos nos gusta mucho el balonmano. Florian juega al balonmano el lunes, pero Sibel juega al balonmano el jueves. El martes tenemos clase hasta …

7 ¿Cuándo es el concierto?

Forma frases con ser, estar y haber. **G** 5.1.2a

La Oreja de van Gogh		mucha gente.
El concierto		en el parque con Speedy.
En sus conciertos siempre	ser	amigos.
Nicolás y Daniel	estar	el grupo favorito de Sofía.
Es sábado y hoy no	haber	muchos chicos con sus perros.
Por eso Daniel		clases.
En el parque		Speedy?
Pero, un momento: ¿Dónde		el viernes por la noche.

8 ¿Qué haces el viernes por la noche?

a. Primero mira las imágenes de abajo. ¿Cómo se llaman las actividades? +ayuda p. 178

b. Ahora escucha el diálogo. ¿Quién habla? ¿Dónde están las personas? ¿Qué quieren hacer?

CD 2·6

c. ¿Qué hacen las chicas y cuándo? Relaciona las horas con las actividades y compara con tu compañero/a. Wann machen die Mädchen was? Verbinde die Aktivitäten mit den Uhrzeiten und vergleiche mit deinem Partner.

Modelo: María y Sofia van al cine el … a las …

a. sábado, 16.00 h   b. domingo, 16.00 h   c. sábado, 21.00 h   d. viernes, 19.00 h   e. sábado, 10.00 h

9 Mensajes en el móvil

a. Quieres quedar con tu amigo/a. Escribid mensajes. ¿Qué hacéis? ¿Cuándo y dónde quedáis? Arbeite mit einem Partner. Lasst ein Blatt Papier hin- und herwandern, auf dem ihr euch Nachrichten schreibt, ohne miteinander zu sprechen. Klärt folgende Frage: Was wollt ihr machen? Wo und wann wollt ihr euch treffen? +ayuda p. 178

b. Ahora trabajad con otra pareja y corregid vuestros diálogos. Tauscht eure Dialoge nun mit einem anderen Paar. Lest den Dialog eurer Mitschüler/innen laut durch und korrigiert ihn oder macht ihnen einen Verbesserungsvorschlag.

¡Ojo! Wenn du einen Vorschlag ablehnst, entschuldige dich und gib einen Grund an.

10 Una postal de papá

a. Lee la postal y contesta las preguntas. +ayuda p. 178
1. ¿Dónde está Gerald Dörfler y qué hace?
2. ¿Cuántos habitantes tiene Chile?
3. ¿A Gerald Dörfler le gusta Santiago de Chile o no? ¿Por qué?

b. ¿Por qué llaman "pingüinos" a los estudiantes en Chile? Busca en internet una foto de estudiantes chilenos y contesta la pregunta.

¡Hola queridos!
¡Muchos saludos desde Santiago de Chile!
Os escribo desde el café "Pablo Neruda"
en el centro de Santiago ... hier ist was
los! ¿Sabéis que en Santiago viven cinco
millones de personas? ¡La mitad de todos
los chilenos! Es una ciudad fenomenal, me
gusta mucho.
Gestern bin ich auf den Cerro San
Cristóbal gestiegen, ¡impresionante! Desde
allí puedes ver toda la ciudad y también
los Andes, como en la foto. Übrigens war
auf dem cerro auch eine Schulklasse, da
musste ich an euch denken. Die Schüler
haben hier den Spitznamen
„pingüinos". Habt ihr eine Idee,
warum?
Un abrazo y hasta el lunes. Papá

Sofia
Call
4101
ESP

11 El blog de Daniel

a. ¿Conoces algunos futbolistas españoles? Kennst du spanische Fußballvereine oder Fußballspieler? Tragt eure Ideen an der Tafel zusammen. +ideas p.189

MK b. Lee el blog de Daniel. ¿Cuál es su club de fútbol favorito? Von welchem spanischen Fußballverein ist Daniel Fan?
80021-07

MK c. Busca más información. Informiere dich über Daniels Lieblingsverein.
1. ¿En qué liga juega? In welcher Liga spielt der Verein?
2. ¿Cuándo es el próximo partido? Wann ist das nächste Spiel? Und gegen wen spielen sie?
3. ¿Cómo se llaman los porteros? Wie heißen die Torwärter?
4. ¿Cuánto cuestan las entradas? Was kostet eine Eintrittskarte?

d. +ideas Auch Daniels Cousine Claudia schaut auf Daniels Blog vorbei. Sie spricht zwar kein Spanisch, liest dort aber Marías Namen und ist deshalb neugierig! Erzähle ihr, was Daniel über María schreibt.

4 Los temas de conversación

1 Preguntar la hora y contestar

Así preguntas:	Así contestas:
¿Qué hora es?	09.00 h: Son las nueve de la mañana.
	15.15 h: Son las tres y cuarto de la tarde.
	18.30 h: Son las seis y media de la tarde.
	22.45 h: Son las once menos cuarto de la noche.
	13.00 h: Es la una de la tarde.
¿A qué hora quedamos?	17.00 h: Quedamos a las cinco de la tarde.

2 Hablar por teléfono

ans Telefon gehen	¡Dígame! / ¿Diga?
dich vorstellen	Soy …
nach einer Person fragen	¿Me puede poner con …?
fragen, wer dran ist	¿De parte de quién?
antworten, wer dran ist	De parte de … / De …

3 Quedar con amigos

Vorschläge machen	auf Vorschläge reagieren
¿Quieres + *infinitivo?*	😊 ¡Vale! / Sí, buena idea.
¿Tienes ganas de + *infinitivo?*	😊 Entonces, nos vemos … (+ Ort und Zeit)
¿Por qué no …?	😕 Lo siento mucho, pero no puedo.
¿Quedamos a las …?	☹ No puedo porque + Grund. / Es que + Grund.

4 Hablar sobre tus gustos

😄 (a mí) me gusta(n) mucho	
🙂 (a mí) me gusta(n)	
😐 (a mí) me gusta(n) bastante	+ cosa(s) /
🙁 (a mí) no me gusta(n)	+ actividad(es)
☹ (a mí) no me gusta(n) nada	

5 Utilizar verbos irregulares

	poder	querer	jugar	hacer	ir
yo	puedo	quiero	juego	hago	voy
tú	puedes	quieres	juegas	haces	vas
él / ella / usted	puede	quiere	juega	hace	va
nosotros/as	podemos	queremos	jugamos	hacemos	vamos
vosotros/as	podéis	queréis	jugáis	hacéis	vais
ellos/as / ustedes	pueden	quieren	juegan	hacen	van

Tu reto, paso por paso

Tu reto

El fin de semana quieres hacer algo con tu amigo español/tu amiga española. Elegís una actividad y quedáis por teléfono. Am Wochenende möchtest du etwas mit deinem spanischen Freund/deiner spanischen Freundin unternehmen. Verabredet euch am Telefon.

Paso uno: Arbeitet zu zweit und verteilt zuerst die Rollen. Die Arbeitsanweisungen für Alumno/a B findet ihr hier: `80021-08`

Paso dos: Alumno/a A: Schaue dir das Kinoprogramm an und suche einen Film aus, den du gerne sehen möchtest. Überlege dir, an welchem Tag und um wieviel Uhr du gern ins Kino gehen möchtest. Du kannst auch hier nach aktuellen Filmen suchen: `80021-05`

Paso tres: Rufe deinen Freund/deine Freundin an und verabrede dich mit ihm/ihr fürs Kino. Folge dabei den Anweisungen auf der *tarjeta de comunicación* und reagiere auf das, was dein Freund/deine Freundin sagt. Die *chuletas* helfen dir dabei.

Paso cuatro: Schreibt nun euer Telefonat auf. Ihr könnt es natürlich auch noch ein bisschen verändern.

Paso cinco: Übt das Gespräch nochmals ein. Achtet dabei auf eine deutliche Aussprache, eine angemessene Lautstärke und den richtigen Redefluss. Lasst das Gespräch so real wie möglich wirken.

Paso seis: Präsentiert nun euren Dialog vor der Klasse.

Tarjeta de comunicación: A	B
Beginne das Gespräch und frage, wie es ihm / ihr geht.	
Frage, ob er / sie mit dir ins Kino gehen möchte.	
Sage ihm / ihr, warum du ins Kino gehen möchtest. Du kannst z.B. etwas über den Film sagen.	
Schlage einen Tag und eine Uhrzeit vor.	
Beende das Telefonat.	

¡Tú sí puedes!

Hier kannst du selbst überprüfen, ob du den Stoff des Kapitels gut beherrschst: `80021-09`. Wenn du eine kleine Pause zum Wiederholen brauchst, ist das auch nicht schlimm. **¡Tómate tu tiempo!**

+ Autocontrol

Cines — *Información*

Quedar aquí   Recomendar   Ver en mapa

Inicio>>>

ARCOS MULTICINES

Películas

Metegol
sábado + domingo:
16.00

Los Croods
sábado + domingo:
16.00

Campanilla. El secreto de las hadas
sábado + domingo:
17.00

La universidad de los monstruos
lunes–viernes:
18.15, 20.15
sábado + domingo:
11.45, 16.45, 18.15, 20.15

El hombre de acero
lunes–viernes:
18.30, 21.00
sábado + domingo:
16.00, 18.30, 21.00

Mi villano favorito
lunes–viernes:
19.15, 21.15
sábado + domingo:
17.15, 19.15, 20.15. 21.15

Organizamos la casa

Capítulo

6

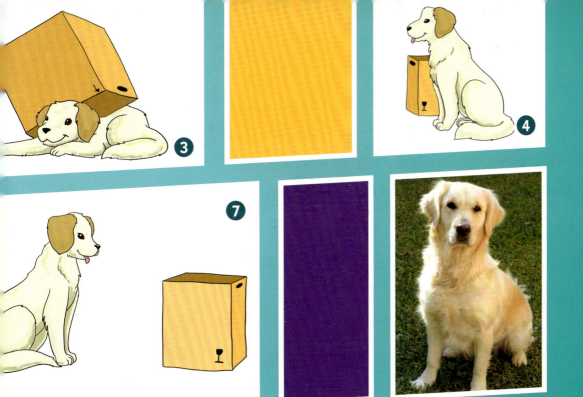

¡Qué lío! Y ¿dónde está Speedy?

¡Cuántas cajas …! ¿Dónde está Speedy? Haz frases. **+ideas** p.190

Modelo: En la imagen 1, Speedy está al lado de la caja.

1. al lado del / de la
2. encima del / de la
3. debajo del / de la
4. delante del / de la
5. detrás del / de la
6. entre el / la … y el / la …
7. enfrente del / de la

¿Qué pasa aquí?

¡Por fin! Hoy llega de Alemania el camión de la mudanza con los muebles. Sofia y Daniel organizan sus habitaciones y después invitan a sus amigos a una fiesta. Endlich kommen die Möbel aus Deutschland in Sevilla an! Sofia und Daniel richten ihre Zimmer ein und feiern mit ihren Freunden eine Einweihungsparty.

Pronto vas a saber

- describir tu habitación y tu casa | dein Zimmer und dein Haus beschreiben.
- decir dónde está todo | sagen, wo sich etwas befindet.
- decir lo que estás haciendo | sagen, was du gerade machst.
- expresar una necesidad u obligación | sagen, was du tun musst.
- redactar invitaciones a una fiesta | Einladungskarten schreiben.
- aceptar o rechazar una invitación | eine Einladung annehmen oder ablehnen.

Revisas

- el verbo tener | die Konjugation von tener.
- hay y estar | die Verben hay und estar.
- decir qué haces en clase | sagen, was du im Unterricht machst.

Tu reto

Redacta un artículo para una revista para jóvenes. Schreibe einen Artikel für eine Jugendzeitschrift.

Describe cómo vives:
- ¿Tienes habitación propia?
- ¿Compartes la habitación con tu hermano/a?
- ¿Qué hay?
- ¿Cómo es?
- ¿Qué haces en tu habitación?
- ¿Cómo son tus hermanos y tus padres?

A ¡Qué lío!

¡Por fin llegan los muebles! `80021-02`

CD 2·7

El sábado por la mañana toda la familia desayuna en casa.
Daniel y Sofia hablan de sus habitaciones.

Padre:	Hoy por fin llegan los muebles y todas nuestras cosas de Alemania. ¿Cómo quieres organizar tu cuarto, Daniel?
Daniel:	A ver, delante de la ventana hay lugar para mi escritorio y al lado pongo mi estantería pequeña con todos mis videojuegos.
Madre:	Pero hijo, ¿dónde pones tus libros y tus cosas para el colegio? Tienes que organizar tu cuarto bien.
Daniel:	Mamá, hoy es sábado, no quiero hablar del cole.
Madre:	Pero hasta el lunes tienes que ordenar todo.
Sofia:	Mamá, yo necesito una lámpara porque me gusta leer en la cama.
Madre:	Sí hija, por la tarde tenemos que ir de compras. Daniel, ¿qué buscas?
Daniel:	No encuentro mi móvil, mamá.
Padre:	Nada de eso, Daniel. En la mesa no quiero ver móviles.
Daniel:	Papá, pero tengo que leer mis mensajes.
Padre:	Ahora no, Daniel.
Sofia:	¿A qué hora llega el camión de la mudanza, papá?
Padre:	Mira, ya llega el camión. ¡Qué puntuales! Sofia, cuidado con Speedy. Está debajo de la mesa y está nervioso.
Sofía:	¿Pero dónde está la correa de Speedy?
Madre:	Allí hija, encima de la mesa pequeña.
Sofia:	Ah, vale. Pues entonces Speedy y yo vamos al parque un rato, así está tranquilo.
Madre:	Bueno, hija.
Padre:	Ya bajan las cajas y los muebles del camión. Daniel, podemos empezar entonces con tu habitación.
Madre:	Daniel, ¿qué haces?
Daniel:	Nada, mamá. Solo busco una tienda de muebles por aquí cerca.
Padre:	¡Daniel, otra vez con el móvil!

1   ¿Qué pasa en el texto?

Busca la(s) respuesta(s) correcta(s).   **+ayuda** p.178

a. La familia Dörfler habla de
1. las habitaciones de los chicos.
2. el móvil de Sofia.
3. los muebles de la casa.

b. Daniel quiere
1. poner una lámpara en su habitación.
2. leer sus mensajes.
3. hablar sobre el colegio.

c. Speedy está
1. debajo de la mesa.
2. triste porque Daniel no juega con él.
3. nervioso porque llega el camión de la mudanza.

d. Sofia va
1. a la tienda de muebles.
2. de compras.
3. al parque con Speedy.

  2   ¡Por fin está todo ordenado!

el armario · el cuadro · la mesilla de noche · la cama

la estantería · la vitrina · el sofá · el televisor · la mesita del centro · el sillón

a. En parejas, mirad los dibujos, preguntad y contestad.   **+ideas** p.190

> ¿Qué hay en …?

> ¿Dónde está el / la …?

b. Mira los dibujos del salón y del dormitorio de los padres. Luego, tu compañero/a cierra el libro y tú le preguntas por los nombres de los muebles. Después cambiad los roles.
Schaue dir die Zeichnungen von Wohn- und Elternschlafzimmer an. Dein Mitschüler/ deine Mitschülerin schließt nun sein/ihr Buch und du fragst ihn/sie nach den Bezeichnungen der Möbel. Tauscht dann die Rollen.

> ¿Cómo se dice **estantería** en alemán?

> ¿Cómo es **Lampe** en español?

¡Qué lío!

3 Lo siento, tengo que …

Nicolás llama a Daniel al móvil. Completa en tu cuaderno con las formas de tener que, poder y querer. **+ayuda** p. 178

))) Ring, ring

Daniel: ¿Diga?

Nicolás: ¡Hola Daniel!, ¿qué tal? Soy Nicolás. ¿Quedamos para jugar al fútbol?

Daniel: Lo siento, pero no ■ . ■ organizar mi cuarto.

Nicolás: ¡Vale!, ■ preguntar a Pablo. Oye, ¿ ■ (tú) quedar después? ■ (nosotros) ir al cine.

Daniel: No, lo siento, Nicolás. ■ organizar muuuchas cosas. Hay mucho lío en toda la casa, y ■ ordenar mi escritorio, la estantería, …

Nicolás: ¡Vale!, pero ¿y mañana? ¿También ■ ordenar tu cuarto mañana?

Daniel: ¡No, mañana ■ (nosotros) quedar! ¿A las cinco de la tarde, en el polideportivo?

Nicolás: Claro, muy bien. Genial, nos vemos mañana a las cinco.

Tener + que bedeutet **müssen**, du kennst das aus dem Englischen: **to have to.**
Tener que, querer und **poder** sind Modalverben, das heißt für dich,
dass du danach den Infinitiv des folgenden Verbs verwenden musst.
Tengo que hacer los deberes. Después puedo quedar con mis amigos.

4 El cuarto de Daniel

El sábado por la noche Daniel le cuenta a Nicolás cómo es su nueva habitación. Completa el mensaje en tu cuaderno con las indicaciones de lugar. Vervollständige den Text mit den passenden Ortsangaben. **+ayuda** p. 179

Nicolás

😎 Y, ¿qué tal tu cuarto?

¡Me encanta! A ver, la puerta está ■ la ventana. ■ la ventana está mi escritorio con la consola de videojuegos. ■ está la cama. La mesilla de noche está ■ la cama y el escritorio. ■ los cajones del escritorio están mis cosas para el cole. ■ el escritorio está la estantería. ■ la estantería están mis CDs, mis videojuegos y mis revistas. ■ de la estantería está mi armario. Y ■ mi cama tengo mis pósteres del Barça y de Neymar con Messi.

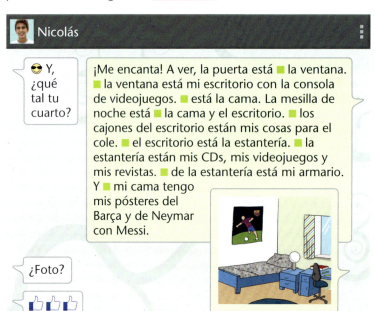

¿Foto?

👍👍👍

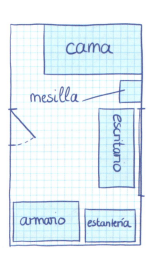

94 noventa y cuatro

5 El cuarto de Sofia

DVD 11

a. ¿Quieres conocer el cuarto de Sofia? En el DVD, Sofia enseña a su amiga Lupe su nuevo cuarto. Mira, escucha y contesta las preguntas.

1. ¿Dónde están la cama, el armario y el escritorio?
2. ¿Qué hay en la estantería?
3. ¿Qué hace Sofia en el escritorio?
4. ¿Dónde están sus peluches?

b. +ideas Escribe un correo a Sofia para decirle qué te gusta de su cuarto.

6 ¿Cómo es el cuarto de tus sueños?

a. Dibuja el plano del cuarto con los muebles y los objetos. Escribe cómo se llaman en español. Después escribe un texto y describe el cuarto de tus sueños. *Zeichne den Grundriss deines Traumzimmers und beschrifte die Möbel und Objekte. Schreibe dann einen Text, in dem du das Zimmer beschreibst.*

b. En grupos. Presenta el cuarto de tus sueños a los compañeros del grupo. Luego ellos comentan qué (no) les gusta y por qué.

Modelo: (No) Me gusta tu cuarto porque (no) hay …/(no) tiene …/(no) puedes …

7 ¡Qué lío …!

a. Completa con las formas de todo, todo/a el/la, todos los/todas las y todo/a/os/as tu/s.
+ayuda p. 179

> Madre: Daniel, ¡otra vez con el móvil! A ver, ¿qué tal tu escritorio?
> Daniel: Mira, está ■ ordenado.
> Madre: Ay no, Daniel, ¡qué lío! Mira, para ordenar ■ lío que hay en tu escritorio, primero tienes que organizar ■ en grupos diferentes. A la izquierda pones ■ cosas para el cole: ■ libros y cuadernos, y también ■ lápices. A la derecha pones ■ resto: ■ revistas de fútbol y ■ videojuegos. Ahora puedes poner ■ *(tú)* libros y cuadernos en los cajones de tu escritorio. Para ■ *(tú)* lápices necesitas un portalápices. En tu estantería hay lugar para ■ *(tú)* revistas de fútbol y ■ *(tú)* videojuegos.

> **todo** = alles
> **todo/a el/la** + *sust.* = der/die ganze + Subst.
> **todo/a mi/tu/…** + *sust.* = mein/dein/ … ganzer + Subst.
>
> **todos/as** = alle
> **todos/as los/las** + *sust.* = alle + Subst.
> **todos/as mis/tus/…** + *sust.* = alle meine/deine/… + Subst.

A ¡Qué lío!

 b. En parejas, mirad el vídeo `80021-04` y contestad las preguntas.

1. ¿Qué tiene en su escritorio la chica cuando entra en su habitación?
2. ¿Dónde pone las cosas pequeñas que no necesita siempre?
3. ¿Cómo organiza su escritorio?
4. Al final, ¿qué tiene debajo de su escritorio?

 c. ¿Cómo es tu escritorio? Describe tu escritorio a tu compañero/a. ¿Está ordenado o desordenado? ¿Tiene cajones? ¿Cuántos y a qué lado (a la derecha / a la izquierda)? ¿Qué hay en el escritorio? ¿Dónde están los objetos? Beschreibt euch gegenseitig, wie euer Schreibtisch aussieht und welche Gegenstände wo liegen.
A beschreibt, B zeichnet. Danach kontrolliert A, ob B alles richtig gezeichnet hat. Anschließend tauscht ihr die Rollen. `+ayuda` Zeichne deinen Schreibtisch zunächst auf ein Blatt Papier und beschrifte die Gegenstände auf Spanisch.

 8   La casa de Laura

DVD 12

a. ¿Quieres conocer la casa de Laura? En el DVD, Laura da una vuelta contigo por su casa. Mira y escucha, y ordena las siguientes habitaciones. ¿Qué habitación muestra primero? Haz una lista en tu cuaderno. Laura zeigt dir ihre Wohnung. Schaue dir die DVD an und ordne die folgenden Räume. Welchen zeigt sie zuerst?

el dormitorio de los padres • la cocina •
el cuarto de Laura • el salón • el comedor •
el recibidor • el cuarto de baño •
el cuarto de la hermana de Laura

b. ¿Qué hay en las habitaciones? Elige tres de las habitaciones y escribe para cada una tres cosas que hay allí.

 9   ¿Cómo es tu casa?

a. Pregunta a tu compañero/a cómo es su casa. Usa las siguientes preguntas y apunta sus respuestas. `+ideas` Haz tres preguntas más. También puedes usar las palabras la terraza, el balcón, el jardín, el garaje.

¿Dónde está la cocina?

¿Cuántas habitaciones tiene tu casa?

¿Dónde está el baño?

Tiene 3 habitaciones.

¿Dónde está el salón?

¿Dónde está tu cuarto?

b. Ahora presenta la casa de tu compañero/a en clase.

10 Las casas chifladas

a. Busca en el diccionario estas palabras:

1. el árbol
2. el pájaro
3. el techo
4. lejos

 b. Todas las casas son diferentes. Aquí ves unas fotos de unas casas un poco raras. Escucha qué dicen los tres chicos sobre "sus" casas y relaciona cada foto con un texto.
Höre zu und entscheide, welches Haus beschrieben wird.

CD
2·8

Casa torcida en Sopot, Polonia

❶

Casa espiral en Darmstadt

❷

Casa en las nubes en Thorpeness, Reino Unido

❸

11 Un caramelo para ti 🍬

 a. En parejas, leed con atención el siguiente texto y dibujad cómo os imagináis la casa del poema. **+ideas** p. 190

 b. **+ideas** Ahora aprende el poema de memoria y preséntalo en clase.

Mi casa está viva,
me gusta mi casa,
cuatro habitaciones
y ventanas grandes.
La luz en mi cuarto,
el sol en la tarde
y en la cocina
yo veo a mi padre.

Olor a comida
y a ropa limpia
que tiende mi madre.
Mi casa está viva,
me gusta mi casa.

Mi cuarto ordenado,
la tele encendida,
mi perro dormido.
Llega el silencio,
me meto en mi cama
y en la ventana
ya el sol se apaga.

B   Una fiesta en casa

Te queremos presentar nuestra casa con todos los nuevos muebles … ¡y después queremos celebrar una fiesta contigo!

¡¡Bienvenidos!!

Te invitamos a nuestra casa el día 28 de septiembre, a las 6.00 de la tarde en esta dirección:

Calle San Jacinto 125
41010 Triana

¿Vienes? ¡Te esperamos!
Sofia y Daniel

agosto: Düsseldorf, Alemania   **septiembre:** Sevilla, España

---

1   ¡Te invitamos!

Lee la invitación y contesta las preguntas.   **+ayuda** p.179

1. ¿Por qué hacen una fiesta los mellizos?
2. ¿Qué quieren hacer los mellizos con sus invitados?
3. ¿Dónde viven los mellizos?

2   ¿Cuándo es tu cumpleaños?

a. Escribe en tu cuaderno los meses del año en orden cronológico. Bringe die Namen der Monate in deinem Heft in die richtige Reihenfolge.

marzo • junio • agosto • febrero • abril • enero • julio •
octubre • mayo • noviembre • diciembre • septiembre

b. Escucha y escribe las fechas de los cumpleaños en tu cuaderno. +ayuda p.180

CD 2.9

Daniel y Sofía

Lupe

Paloma

Álvaro

Pablo

Speedy

Nicolás

María

c. Pregunta a cinco compañeros de clase y escribe las fechas de sus cumpleaños. +ideas p.190

¡Ojo! Auf Spanisch „hat" man nicht Geburtstag. Hier kannst du sagen: **cumplir años** oder **cumplir 13 años. Hoy María cumple años y mañana celebra su cumpleaños.**

3   Concurso: la invitación más original

a. Decide a qué tipo de fiesta quieres invitar y redacta la invitación. Entscheide Dich, ob du zu einer Geburtstags- oder Einweihungsparty einladen möchtest, und gestalte die Einladung. +ayuda p.180

b. Primero presentad vuestras invitaciones en grupo. Entre todos, elegid la más original y presentadla en clase. Stellt eure selbstgestalteten Einladungen in der Gruppe vor und wählt die originellste aus. Stellt diese gemeinsam der Klasse vor. Usad las siguientes expresiones para hablar de las invitaciones:

Caja de herramientas	
Me gusta (mucho, bastante)	porque es original / creativa / divertida / …
Me gustan (mucho, bastante)	los colores / las ilustraciones / las fotos / …
No me gusta mucho	porque no es … / porque (no) tiene …
Esta es la más original	porque …

4 ¿Vas o vienes?

a. Busca las formas del verbo venir y escríbelas en tu cuaderno.

l	m	v	e	n	g	o	e	v	v
v	v	s	r	y	e	d	s	i	e
g	i	e	c	s	l	o	n	e	n
p	e	c	w	i	u	s	m	n	í
d	o	d	n	v	i	e	n	e	s
p	u	j	h	e	t	r	d	n	i
a	l	r	i	f	a	f	r	o	j
r	s	e	v	e	n	i	m	o	s

¡Ojo! La 1ª persona del singular de **venir** se forma como las de **tener**, **hacer** y **poner**.

b. Completa las frases con la forma correcta de los verbos ir o venir. +ayuda p. 180

1. –Lupe, ¿ ■ a mi fiesta de cumpleaños el sábado? –¡Claro que ■ a tu fiesta, Sofia!
2. Esta tarde Pablo ■ a casa de Nicolás.
3. Laura no puede ■ a la heladería con nosotras porque tiene muchos deberes.
4. Los chicos ■ del cine.
5. Álvaro ■ todos los martes a clases de batería.
6. ¿A qué hora ■ Álvaro de su clase de batería?
7. Mi hermana no quiere ■ a la fiesta de María.

Im Spanischen kann **ir** auch „kommen" heißen. Es hängt immer davon ab, wo sich der jeweilige Sprecher befindet. Bewegt sich eine Person auf den Sprecher zu, verwendet er **venir** (her-)kommen. Ansonsten wird **ir** (hin-)kommen bzw. -gehen verwendet.

5 ¡Gracias por tu invitación!

a. Mira la invitación de tu compañero/a. Escribe un correo y acéptala o recházala.
Tausche mit deinem Mitschüler/deiner Mitschülerin eure selbst gestalteten Einladungen
aus. Schreibe nun eine E-Mail und sage zu oder ab. M I 3.1 +ideas p. 190

Caja de herramientas

Para aceptar	**Para rechazar**
Sí, ¡genial!	¡Qué pena!
¡Qué guay!	Lo siento mucho, pero …
¡Claro que sí!	Es que …
¡Seguro! Nos vemos …	Es una lástima pero no puedo, tengo que …

b. +ideas Escribe un correo a los mellizos y acepta o rechaza su invitación. M I 3.1

¡Organizar una fiesta mola mucho! 80021-02

CD
2·10

Por la noche los mellizos están hablando de la fiesta.

Daniel: Oye Sofia, escucha, estoy preparando la
lista de la compra para la fiesta. Ya tengo
globos, palomitas, gomitas, gusanitos,
5 vasos y platos de cartón y de bebidas coca-
cola y zumo. ¿Falta algo?

Sofia: A ver, no, eso es todo, de comida hay
pizza del restaurante de al lado. Solo
necesitamos las bebidas, la decoración y
10 algo para picar. Speedy, ¿qué estás
haciendo? Mira Daniel, se está comiendo
la lista.

Daniel: Gracias Speedy, ¿eh? Oye, y ¿vienen todos
los invitados?

15 **Sofia:** Sí, vienen todos, ¡qué emoción! Y eso que
también es el cumple de María …

Daniel: Sí, ¡qué casualidad! Pero por suerte María
celebra su cumpleaños un día después.

Sofia: Sí, ¡qué suerte! ¿Y qué música ponemos?
20 Algo para bailar, claro. ¿Qué estás
escuchando?

Daniel sube el volumen a tope. Entra la madre.

Madre: Daniel, hijo, estoy escribiendo una carta
a tus abuelos en Düsseldorf, y papá está
25 hablando por teléfono, no puedes
poner la música a tope.

Daniel: Está bien, mamá, lo siento. Oye Sofia,
pero en la fiesta sí ¿eh? jeje.

La lista de la compra
para la fiesta

globos
palomitas
gomitas
gusanitos
vasos y platos de cartón
bebidas: coca-cola, zumo

6   ¡Qué emoción!

 a. En parejas, leed el texto. Haced una lista con las palabras que no entendéis y buscadlas en el diccionario. +ideas p.190

b. +ideas ¿Cuándo se dice cada frase? Mira el texto y relaciona. Was sagst du, wenn …

1. … etwas zufällig (gleichzeitig) passiert?
2. … du über etwas glücklich bist oder du etwas aufregend findest.
3. … du ausdrücken möchtest, dass jemand Glück hat.

A. ¡Qué suerte!
B. ¡Qué emoción!
C. ¡Qué casualidad!

 7   ¿Qué estás haciendo?

a. Copia la tabla en tu cuaderno y complétala con las actividades de los mellizos, Speedy, la madre y el padre. Usa el presente continuo. +ayuda p.180

	verbos en -ar	verbos en -er / -ir
Daniel y Sofia	están hablando de la fiesta	■
Daniel	■	■
Speedy	■	■
madre	■	■
padre	■	■

b. Completa la regla y escríbela en tu cuaderno. +ayuda p.181   G 5.2   Ch 5

> Mit dem **presente continuo** kannst du zum Ausdruck bringen, dass etwas ■ passiert.
> Du kennst diese Zeit aus dem Englischen, dort heißt sie ■ .
> Sie wird gebildet mit einer Form von ■ + **gerundio**.
> Die Gerundiumform wird gebildet aus dem ■ und der Endung ■ bei Verben auf -ar
> und ■ bei Verben auf -er und -ir.
> ¡Ojo! Bei der Bildung des gerundio musst du beachten, dass aus dem i der Endung
> „-iendo" ein y wird, falls 3 Vokale aufeinander treffen, wie z.B.: creer – creyendo und
> leer – leyendo.

 8   ¿Qué tienen que preparar?

CD
2·11

Es sábado y ya son las tres de la tarde. Escucha a los mellizos y escribe en tu cuaderno qué tienen que hacer para preparar la fiesta.

9 Ya llegan los invitados

a. Completa las frases con las formas correctas del presente continuo.

En el salón.

Madre: Daniel, los invitados llegan en media hora. ¿Qué ■ *(sacar, tú)* de esa caja?
Daniel: Nada, mamá, solo ■ *(buscar)* mis CDs para la fiesta.
Madre: ¿Y tu hermana, qué ■ *(hacer)*?
Daniel: Creo que todavía ■ *(ordenar)* su cuarto.
Madre: ¡Sofia!
Daniel: Es que ■ *(escuchar)* música también.

En la habitación de Sofia.

Madre: Sofia, los invitados llegan en media hora y todavía tenemos que poner la mesa. ¿Qué ■ *(hacer)*?
Sofía: Nada, solo ■ *(leer)* un mensaje de Laura. Ya voy y pongo la mesa.

b. Mirad el dibujo y describid qué están haciendo los mellizos y sus invitados en la fiesta. A describe las actividades y B dice dónde está la persona. Schaut euch zu zweit das Bild an und beschreibt euch abwechselnd die Aktivitäten. A beschreibt, was jede Person macht, B sagt, wo sie sich befindet. +ayuda p.181

MK

10 Una postal de papá

Busca en la página web los meses de la época de desove de las Tortugas: Verde, Baula, Lora y Carey. Escribe los meses junto con una foto de cada especie de tortuga. Suche auf der Webseite die Laichzeit der verschiedenen Schildkrötenarten und schreibe die Monate in dein Heft. Klebe auch ein Foto der jeweiligen Schildkröte dazu. `80021-05`

Hola mis tesoros, ¿cómo estáis todos?
¿Qué tal la fiesta, mis mellizos?
Ya me imagino, con la música a tope y un
montón de pizza, coca—cola y palomitas,
¿verdad? Y con Speedy en medio,
jugando con todas las cosas. ¿Y ahora
qué se está comiendo? ¿Mis zapatillas?
Ayer vi muchas tortugas marinas en la
playa. Aquí en Costa Rica hay muchos
proyectos para protegerlas. Sie sind ja
leider vom Aussterben bedroht. Nachts
wurden wir im Hotel extra geweckt,
um einer Schildkröte beim Eierlegen
zuzuschauen. Ihr Schild war fast einen
Meter breit, sie hat über eine Stunde
gebraucht und ist dann wieder langsam
ins Meer zurückgekrochen. Hoffentlich
schaffen es ihre Babys nach
dem Schlüpfen ins Meer!
Un abrazote de Papá

Sofia y Daniel Dörfler

Calle San Jacinto 125

41010 Sevilla

ESPAÑA

11 Un caramelo para ti

a. Tu amigo alemán te pregunta cómo celebran su cumpleaños los chicos en España.
Lee lo que cuenta Pablo y explícaselo a tu amigo. `+ayuda` p. 181

En España invitamos a nuestro cumpleaños a los amigos y amigas del colegio y también a nuestra familia. Nuestros amigos y familiares nos hacen siempre un regalo. Cuando nos dan los regalos nos felicitan y nos tiran de las dos orejas, tantas veces como años cumplimos. Hacemos la fiesta de cumpleaños el fin de semana y por la tarde: a las cinco o las seis de la tarde. Después de merendar comemos una tarta, antes apagamos unas velas, tantas velas como los años que cumplimos y pedimos un deseo. Después damos un beso a nuestros familiares y nos cantan alguna canción de cumpleaños.

b. Escuchad las canciones y cantadlas para María o para un/a compañero/a de clase en su cumpleaños. `80021-03`

Cumpleaños feliz,
cumpleaños feliz,
te deseamos todos
cumpleaños feliz.

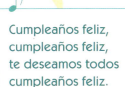

Estas son las mañanitas
que cantaba el rey David.
Hoy por ser día de tu santo
te las cantamos a ti.

Despierta, mi bien, despierta;
mira que ya amaneció.
Ya los pajaritos cantan;
la luna ya se metió.

Qué linda está la manãna
en que vengo a saludarte;
venimos todos con gusto
y placer a felicitarte.

En México siempre cantamos las mañanitas en los cumpleaños.

12 El blog de Daniel

a. Lee el blog de Daniel y explica a un amigo alemán el malentendido que describe.
Lies Daniels Blog und beschreibe einem deutschen Freund das Missverständnis,
von dem er erzählt. `80021-07`

 b. ¿Qué música pones en tu fiesta? Schau dir die spanische „lista 40" von dieser Woche an
und vergleiche sie mit den aktuellen deutschen Charts. `80021-05` `+ideas` p. 191

 c. Busca en internet qué es una piñata.

5 Los temas de conversación

1 Describir la habitación y la casa

los muebles	los objetos	las habitaciones
el armario • la cama • el escritorio • la estantería • la mesa • la mesita del centro • la mesilla de noche • la silla • el sillón • el sofá • la vitrina	el cuadro • la lámpara • el peluche • el televisor	la cocina • el comedor • el cuarto de baño • el dormitorio • el pasillo • el salón

¿Cómo es?	la ubicación	
grande ⟷ pequeño ordenado ⟷ desordenado bonito • elegante • moderno	a la derecha del/de la a la izquierda del/de la al lado del/de la enfrente del/de la entre el/la … y el/la …	encima del/de la debajo del/de la delante del/de la detrás del/de la

2 Hablar de los cumpleaños

los meses del año	cumplir años
enero • febrero • marzo • abril • mayo • junio • julio • agosto • septiembre • octubre • noviembre • diciembre	Hoy María cumple 13 años. El sábado celebra su cumpleaños.

3 Hablar de la organización de una fiesta

La preparación	¿Qué está pasando en la fiesta?
la invitación la organización los invitados la lista de la compra: el globo, las palomitas, las gomitas, los vasos y platos de cartón, las bebidas, la decoración, la música	El presente continuo: estar + gerundio: bailar: estoy bailando comer: estás comiendo salir: está saliendo (irregular: creyendo, leyendo, durmiendo)

4 Aceptar una invitación o rechazarla

Así la aceptas:	Así la rechazas:
Sí, ¡genial! ¡Claro que sí! ¡Qué guay! ¡Seguro! Nos vemos …	¡Qué pena! Lo siento mucho, pero … Es que … Es una lástima pero no puedo, tengo que …

Tu reto, paso por paso

Tu reto

Redacta un artículo para una revista de jóvenes. Describe cómo vives: ¿Tienes habitación propia? Compartes la habitación con tu hermano/a? ¿Qué hay? ¿Cómo es? ¿Qué haces en tu habitación? ¿Cómo es la habitación de tus sueños? Schreibe einen Artikel für eine Jugendzeitschrift und beschreibe darin, wie du lebst. Hast du ein eigenes Zimmer? Was ist in deinem Zimmer, und was machst du dort? Beschreibe auch dein Traumzimmer.

Paso uno: Entscheide dich, ob du deinen Artikel mit der Hand oder dem Computer/Tablet verfassen möchtest. Wenn du digitale Fotos hast, kannst du sie z. B. gleich in den Text einfügen.

Paso dos: Mache dir einen Schreibplan für deinen Artikel, z. B:
- introducción (Einleitung)
- ¿Qué hay en mi habitación?
- ¿Cómo es mi habitación? ¿Con quién comparto la habitación?
- ¿Qué hago en mi habitación?
- ¿Cómo es la habitación de mis sueños?

Paso tres: Schreibe nun den Artikel auf. Gliedere ihn dabei in Absätze. Denke daran, dass du für eine spanische Jugendzeitschrift schreiben sollst. Beachte, dass deine Leser ausschließlich Jugendliche sind und passe deinen Schreibstil an. Du kannst z. B. auch einige Ausdrücke der Jugendsprache verwenden.

Paso cuatro: Füge Fotos oder Zeichnungen hinzu. Sie sollen den Text auflockern. Denke daran, für jedes Bild einen geeigneten Titel zu finden.

Paso cinco: Überlege dir eine geeignete Überschrift für deinen Artikel. Berücksichtige dabei auch, dass der Titel deinen Artikel kennzeichnet und den Leser neugierig aufs Weiterlesen machen soll.

Paso seis: Überprüfe nun noch einmal deinen Artikel. Wenn du mit dem Text und dem Layout zufrieden bist, dann setze deinen Namen unter den Artikel und drucke ihn aus.

+ Autocontrol

¡Tú sí puedes!

Hier kannst du selbst überprüfen, ob du den Stoff des Kapitels gut beherrschst: `80021-09`. Wenn du eine kleine Pause zum Wiederholen brauchst, ist das auch nicht schlimm.
¡Tómate tu tiempo!

Así pasamos nuestro día

Capítulo

7

Mi día a día

A Sofia le gusta jugar a los videojuegos. Muy a menudo visita el foro y chatea con otros chicos de todo el mundo. Hoy, viernes, Sofia encuentra esta entrada en el foro. Lee el texto y relaciona las fotos con las actividades del texto.

¿Qué pasa aquí?

Un típico fin de semana: los mellizos chatean, desayunan con sus padres en un bar, van de compras y al cine y cocinan con su abuela. Ein typisches Wochenende: Die Zwillinge chatten, frühstücken mit ihren Eltern in einem Café, gehen einkaufen und ins Kino und kochen mit ihrer spanischen Oma.

Pronto vas a saber

- describir tu día a día | deinen Tagesablauf beschreiben.
- los nombres de algunos alimentos en español | einige Lebensmittel auf Spanisch benennen.
- pedir algo en un bar | in einer spanischen Bar etwas bestellen.
- preparar pan con tomate | *pan con tomate* zubereiten.

Revisas

- la hora y los días de la semana | die Uhrzeit und die Wochentage.
- las actividades de tiempo libre | die Freizeitbeschäftigungen.

Tu reto

Graba un vídeo sobre tu rutina de por la mañana, antes de ir al cole. También puedes sacar fotos y hacer un póster. Drehe einen Film darüber, was du morgens vor der Schule normalerweise tust. Du kannst auch Fotos machen und ein Poster zu diesem Thema gestalten.

 El admin, viernes 17.22:

Cuéntanos tu rutina diaria

Como dice el título del post, cuéntanos tu rutina diaria … A ver cómo es en tu país de origen. Yo empiezo: Me llamo Juan Pablo, tengo 19 años y vivo en Argentina, en un pueblo que se llama El Trébol. Me levanto para ir al cole a las 6.20, desayuno a las 7, llego al instituto a las 8 y media, llego a casa a las 2 y media, almuerzo, estudio, veo la tele, voy a jugar al fútbol, … Pues nada en especial, ¿verdad?

Ahora tú, cuéntanos tu rutina diaria. ¡Anímate!

Un día normal en mi vida `80021-02`

CD
2·12

 Sofia123, viernes 18.50:

Hola a todos:

Me llamo Sofia y vivo en Sevilla, España. Todos los días de la semana por la mañana me levanto a las siete. Primero voy al cuarto de baño y siempre me peleo con mi hermano mellizo porque quiere entrar primero. Bueno, yo me ducho por la mañana y él se ducha por la noche, antes de dormir, así nos organizamos bastante bien. Después me cepillo los dientes y me peino. A las siete y media desayunamos juntos. Mi mamá prepara el desayuno porque mi papá es piloto y casi nunca desayuna con nosotros. Normalmente desayunamos pan con mermelada o magdalenas. Mi hermano bebe un chocolate, pero yo prefiero mi zumo de naranja, ¡me encanta! A veces también bebo un café, pero con mucha leche ;-) Además como un plátano.

Mi hermano y yo salimos de casa a las ocho de la mañana. Por suerte, mi cole no está lejos de mi casa. A las ocho y media empiezan las clases, y terminamos a las tres. No todos los coles aquí en Sevilla tienen comedor. Nosotros sí, y almorzamos después de las clases en el cole.

A las cuatro de la tarde por fin llegamos a casa. A veces leo un libro interesante o escucho música. Los martes por la tarde tengo clases de guitarra y los jueves juego al baloncesto en un polideportivo. A mí me encanta el baloncesto. Aquí en Sevilla tenemos un equipo bastante bueno, el Club Baloncesto Sevilla. Juega en la principal liga española de baloncesto profesional. A veces vamos a ver los partidos importantes los fines de semana. A las siete de la tarde hago mis deberes. Antes de ver la tele charlo un poco con mi familia. Después, a las nueve y media, cenamos. Me acuesto a las diez y media de la noche y me duermo antes de las once.

> **el martes** = am (nächsten) Dienstag
> **los martes** = immer dienstags

1 ¿Cómo es un día normal en la vida de Sofia?

Decide si la frase es correcta o falsa. Corrige las frases falsas.

	correcto	falso
1. Todos los días Sofia se levanta a las siete de la mañana.	■	■
2. Sofia y toda su familia desayunan juntos.	■	■
3. El padre prepara el desayuno.	■	■
4. Por la mañana los niños beben leche.	■	■
5. Al mediodía Sofia almuerza en casa.	■	■
6. Sofia hace deporte.	■	■
7. El equipo de baloncesto de Sevilla juega bastante bien.	■	■
8. A Sofia no le gusta escuchar música.	■	■
9. La familia cena a las nueve de la noche.	■	■
10. Sofia va a la cama antes de las once de la noche.	■	■

¡Para desayunar me encanta el zumo de naranja! Wusstest du, dass in Sevilla überall Orangenbäume stehen? Sogar auf dem Schulhof haben wir welche!

2 ¿Por la mañana o por la tarde?

Relaciona y haz una lista en tu cuaderno. ¿Qué hace Sofia por la mañana, al mediodía, por la tarde y por la noche?

por la mañana	al mediodía	por la tarde	por la noche

tener clase de guitarra • ir al cuarto de baño • acostarse • escuchar música • salir de casa • hacer los deberes • ver la tele • charlar • levantarse • ducharse • jugar al baloncesto • beber zumo • ir a casa • cenar • cepillarse los dientes • almorzar • desayunar • leer

3 El día entre levantarse y acostarse

a. Mira el vídeo `80021-04` y escribe lo que hace el chico. Después forma el infinitivo de los verbos reflexivos y escríbelo al lado. `+ayuda` Podéis hacer este ejercicio en parejas. Ihr könnt die Aktivitäten auch arbeitsteilig, also abwechselnd, aufschreiben. Anschließend vervollständigt ihr sie gemeinsam.

Modelo: Me levanto. → levantarse

b. Escribe en tu cuaderno las formas del verbo llamarse que ya conoces. Si no recuerdas las formas, mira en la unidad 1. Completa con las formas de nosotros y vosotros del chat entre Sofia y Daniel y un miembro del foro.
Vervollständige die Konjugationstabelle mit den Formen für nosotros/as und vosotros/as aus folgendem Chat zwischen den Zwillingen und einem Mitglied des Forums.

> **Jorge:**
> Hola, soy Jorge. Vivo en Madrid. ¿Cómo os llamáis?

> **Daniel_Sofia:** ¡Hola, Jorge! Nosotros nos llamamos Daniel y Sofia. Somos mellizos.

Wenn du über deinen Tagesablauf sprichst, verwendest du immer sehr viele reflexive Verben, denn diese drücken aus, dass eine Person eine Handlung sich selbst gegenüber ausführt. Morgens im Bad z. B. wäschst du dich und abends legst du dich ins Bett. Das Reflexivpronomen steht immer vor der gebeugten Verbform!
Du kennst bereits ein reflexives Verb aus Kapitel 1: Auch llamarse ist reflexiv.

c. Busca en el texto de Sofia (p. 110) todos los verbos reflexivos. Escribe los infinitivos en tu cuaderno. Después elige tres verbos y conjúgalos. Suche aus Sofias Forumseintrag alle reflexiven Verben heraus und schreibe die Infinitivform in dein Heft. Konjugiere dann schriftlich drei Verben. `Ch 6`

Modelo: levantarse: (yo) me levanto, (tú) te levantas, (él / ella) se …

d. ¿Cómo empieza el día de Álvaro? Haz frases.

Modelo: A las siete Álvaro se despierta.

despertarse   bañarse   ponerse la ropa   peinarse

4   Todo lo que hago por las mañanas

Una chica del foro ha subido un vídeo en el que muestra qué hace antes de salir al cole. En grupos, mirad el vídeo `80021-04` e inventad un doblaje de las escenas. Schaut euch gemeinsam das Video an und überlegt euch eine Synchronisation. Spielt sie dann der Klasse vor und gebt euch gegenseitig ein Feedback. `M` `II 2.1`

Hola a todos:

Me llamo Irene y soy de Barcelona. Mirad qué hago por las mañanas … No me gusta nada levantarme temprano ;) Abrazo

5   ¿Tan tarde? ¡No me digas!

a. Preguntaos en parejas.

> ¿A qué hora desayunas?

> ¿A qué hora almuerzas?

> ¿A qué hora cenas?

b. ¿Hay diferencias entre España y Alemania? Gibt es Unterschiede zwischen Spanien und Deutschland? Contesta las siguientes preguntas. **+ideas** p. 191

desayunar	**almorzar**	**cenar**
¿A qué hora desayunas tú?	¿A qué hora almuerzan Sofia y Daniel en España?	¿A qué hora cenan los Dörfler en España?
¿Y los españoles?		
¿Es (muy) diferente?	¿Y tú, almuerzas a la misma hora?	¿Y tú y tu familia, a qué hora cenáis?

c. **+ideas** Redacta un texto sobre las costumbres en Alemania y en España. Usa el conector pero.

Modelo: Yo desayuno muy temprano, a las 6, pero los españoles desayunan tarde.

d. Juego de roles. Imagínate que tú eres alemán y tu compañero es español. Hablad sobre las horas de comer en los dos países y utilizad las siguientes expresiones de asombro. Stellt euch vor, dass einer von euch aus Deutschland und der andere aus Spanien kommt. Sprecht über die Essenszeiten in beiden Ländern. Verwendet folgende Ausdrücke, um eure Verwunderung auszudrücken.

> ¿Qué? (Was?) • ¿Qué dices? (Was du nicht sagst!) • ¡No me digas! (Sag bloß!) •
> ¿En serio? (Ehrlich?) • ¡Hipo! (Ich flippe aus!) • ¡Qué ta...
> (So früh / spät!) • ¡Guay! (Cool!) • ¡Hombr...

6   ¿Qué hace Diego en México todos los días?

CD
2·13
2·14

a. Diego es mexicano. También es miembro del foro y ha subido un archivo audio en el que cuenta su rutina diaria. Escucha y escribe en tu cuaderno qué hace Diego a qué hora.

+**ayuda** p. 181

en España	en México
hablar	platicar
el cole / el insti	la prepa
el ordenador	la computadora

parte A: un día laboral	parte B: durante las vacaciones
5.50: ■	12.30: ■
6.50: ■	14.00: ■
14.30: ■	21.00: ■
16.00: ■	22.00: ■
22.00: ■	2.00: ■

b. Compara lo que hace Diego un día laboral y durante las vacaciones. Haz frases.

Modelo: Un día laboral Diego se despierta a las 5.50 de la mañana, pero durante las vacaciones se levanta a las 12.30.

7   Un día normal en la vida de María y Nicolás

DVD
13

¿Quieres saber cómo es un día en la vida de María y de Nicolás? Mira el DVD y contesta las preguntas.

1. ¿A qué hora se levantan?
2. ¿Cuándo salen del colegio?
3. ¿Qué hacen por la tarde?

8   ¿Quién es?

a. Piensa en una persona famosa e inventa su rutina diaria. Überlege dir eine berühmte Person (natürlich geheim!) und beschreibe ihren Tagesablauf.

b. En grupos, presentad las rutinas de vuestros famosos y adivinad quiénes son. Stell den fiktiven Tagesablauf deines Stars in der Gruppe vor. Die anderen erraten, von wem du sprichst.

9 ¿Qué haces a diario?

a. Ahora tú. Escribe un texto sobre lo que haces a diario para el foro de Sofia. Puedes empezar o conectar tus frases con estas palabras.

> primero • después • al final •
> pero • y • o • entonces

+ayuda Para prepararte y para estructurar tu texto haz una tabla con tus actividades. Bevor du mit dem Schreiben beginnst, mache dir eine Tabelle wie in der Aufgabe 2 (S. 111), um deinen Text zu strukturieren.

+ideas Usa también los conectores antes de + infinitivo, después de + infinitivo, durante + sustantivo.

Modelo: Antes de desayunar, voy al cuarto de baño. Después de ir al cuarto de baño desayuno. Durante toda la mañana estoy …

b. ¿Qué tal tu día normal en las vacaciones? Haz una encuesta en clase sobre lo que hacen tus compañeros a diario durante las vacaciones. **+ayuda** p. 181

10 Un caramelo para ti

a. En tu cuaderno, completa la letra de la canción con las palabras que faltan. Después escucha la canción y compara. Notiere in deinem Heft die fehlenden Wörter. Höre dann das Lied an und vergleiche. **80021-03**

> a las siete • cena • cocina •
> colegio • día • hablamos • loco •
> rutina • siempre • silla • soy

b. Describe al chico de la canción. Elige los adjetivos adecuados. Beschreibe den Jungen, der das Lied singt. Suche dafür die passenden Adjektive heraus.

> aburrido • activo • alegre •
> alto • bajo • complicado •
> diferente • divertido • guapo •
> importante • interesante • listo •
> loco • simpático • solo •
> tranquilo • triste

c. **+ideas** Escribe un rap sobre tu rutina diaria con el ritmo de la canción y preséntalo en clase.

Cada vez

Me levanto ■ hoy.
Como siempre como y después me voy
al ■ donde con mi gente estoy
aprendiendo en tres idiomas a decir quién ■ .
Sé que es importante, pero parece ■ :
■ mucho y decimos poco.
Pero no hay problema, o es decir:
solo hay que repetir.

estribillo:
Cada vez, vivir siguiendo mi ■ ,
cada vez, como ■ , lo normal.
Cada vez, cada vez, cada vez pasa lo mismo,
pero ningún ■ es igual. Cada vez.

A las nueve hay ■ en mi familia,
la misma mesa, la misma ■ .
Nunca sé qué hay de comida
cuando voy a la ■ .
¿Mañana a quién voy a conocer?
Es similar, pero hoy no es ayer.
Cada vez algo nuevo es conocido.
Cada vez seguro que hay algo divertido.

estribillo

Un fin de semana en familia

■ 1 Lluvia de ideas

¿Qué alimentos y platos típicos españoles conoces?
Welche spanischen Bezeichnungen für Lebensmittel und
typisch spanische Gerichte kennst du bereits? Haced una
lista en la pizarra.

En el bar "El tío Pepe" `80021-02`

CD
2-15

Sofia:	Mamá, ya son las nueve. ¿Preparamos el desayuno?
Madre:	No Sofia. Mira, hoy es sábado, ¿qué tal si vamos a desayunar a "El tío Pepe"? Está Papá con nosotros este fin de semana, hay que aprovechar y salir.
Sofia:	¡Mi bar favorito! Daniel, ven, ya tengo hambre.

5 10 minutos después.

Daniel:	Venid, aquí hay una mesa libre. ¿Nos sentamos?
Pepe:	¡Ah, mis queridos Dörfler, mi familia favorita! Sí sí, sentaos. Gerald, ¿no estás trabajando? ¿Qué haces aquí en Sevilla?
Padre:	Jaja Pepe, por suerte tengo unos días libres antes de volar a Cuba el martes.
10 **Pepe:**	¡Qué bien, Gerald, disfruta! ¿Qué os puedo traer?
Padre:	Por favor, quiero un café con leche y un bocadillo de queso y jamón.
Madre:	A mí me puedes traer un café, un agua mineral y un bocadillo de tortilla.
Sofia:	Y para mí, churros con chocolate, como siempre.
Daniel:	Para mí también. ¡Me encantan los churros!
15 **Sofia:**	Mamá, ¿qué lleva la tortilla española?
Madre:	Toma, puedes probar un trozo. Lleva huevos, patatas, cebolla, sal y aceite de oliva.
Sofia:	¡Qué rica! Prueba tú también, Daniel. … Mamá, papá, ¿qué hacemos después del desayuno?
20 **Madre:**	Bueno, tenemos que hacer algunas compras en el supermercado.
Daniel:	Ay no, ¡qué aburrido!
Padre:	Escuchad, ¿tenéis ganas de ir de tapas después de hacer las compras?
25	
Daniel y **Sofia:**	Sí, ¡genial!
Madre:	Y por la tarde os invito al cine. Ponen una película de animación nueva.
30	
Sofia:	¡Guay!
Daniel:	Y mañana cocinamos con la abuela, ¡un fin de semana genial!

¿Sabéis que el chocolate viene de
México? Desde los tiempos de los
aztecas y mayas tomamos lo que
ellos llamaron **xocolatl**. La
palabra chocolate es de origen
náhuatl, el idioma de los aztecas.
En México no lleva tanta
azúcar como en Europa y
tiene un sabor bastante
amargo. ¡Pero a mí me
encanta!

2   Un desayuno en familia

a. Contesta las preguntas sobre el texto. `+ayuda` p. 182

1. ¿Adónde va la familia para desayunar?
2. ¿Por qué está el papá Gerald con ellos?
3. ¿Qué piden el padre, la madre y los mellizos en el bar?
4. ¿Qué quiere hacer la familia después de desayunar? Nombra tres actividades.

b. ¿Cómo puedes pedir algo en un bar? Busca en el texto y escribe las tres posibilidades. Wie bestellt man Essen und Getränke? Sieh im Text nach und schreibe die drei Möglichkeiten in dein Heft.

3   ¿Qué pedimos?

a. Busca en el texto los alimentos y haz tres listas: bebidas, comidas y otros alimentos. `+ayuda` p. 182

b. Compara. ¿Qué desayunan los Dörfler los días laborales (p. 110) y qué desayunan los fines de semana? ¿Y tú?

c. Redacta el menú de los desayunos del bar. Entwirf die Frühstückskarte der Bar. `+ideas` Busca en el diccionario otras comidas y bebidas para un desayuno y completa tu menú.

Bar El tío Pepe

Desayunos   Bebidas

4   Vamos a un bar de tapas

a. Por la noche la familia Dörfler va de tapas. Buscad en Internet un bar de tapas en Sevilla e imprimid el menú. Sucht im Internet eine Tapasbar in Sevilla und druckt euch die Speisekarte aus. `+ideas` p. 191

b. Usad el menú y escribid el diálogo en el bar de tapas. ¿Qué piden los padres, y qué piden Daniel y Sofia? Podéis utilizar las expresiones de la derecha:

c. Presentad vuestro diálogo en clase.

Caja de herramientas		
Por favor, quiero …	=	Ich möchte bitte …
Para mí …	=	Für mich …
¿Me puedes traer …?	=	Kannst du mir … bringen?
Además quiero …	=	Außerdem möchte ich …
¿Y para comer/beber?	=	Und zum Essen/Trinken?
¿Algo más?	=	Noch etwas?
Gracias, nada más.	=	Danke, nichts weiter.
La cuenta, por favor.	=	Die Rechnung, bitte.
¿Cuánto es?	=	Wieviel macht das?
Son … euros.	=	Das macht … €.
Muy bien. Aquí tienes.	=	Okay, hier ist das Geld.

5 ¿Qué desayunan los amigos?

DVD
14

a. ¿Quieres saber qué desayunan los amigos de Daniel y Sofía? Mira el DVD y escribe qué toman Álvaro y Pablo todos los días para desayunar.

b. Cuando estás viendo el DVD entra tu amigo alemán y te pregunta de qué va. Resume en alemán qué cuentan Álvaro y Pablo.

 6 ¿Y tú?

a. Preguntad y contestad en pareja.

> 1. ¿Y tu familia? ¿Dónde y a qué hora desayunáis los sábados?

> 2. ¿Qué desayunáis?

> 3. ¿Qué hacéis los sábados?

b. Encuesta en clase: Pregunta a tus compañeros
- dónde y a qué hora desayunan los sábados.
- qué desayunan los días laborales.
- qué desayunan los sábados y los domingos.

  **7 ¡Vamos al súper!**

CD
2·16

a. La familia Dörfler está en el supermercado. ¿Qué compra? Escucha el texto y escribe en tu cuaderno los números de los alimentos que compra.

b. ¿Recuerdas la regla? Lee las siguientes frases y completa la regla.

Daniel ve las naranjas.
Daniel ve el café.
Daniel ve a María y a Álvaro.
Daniel ve a su perro Speedy.

> Die Präposition **a** steht vor dem direkten Objekt, wenn es sich bei diesem um ■ handelt, oder um ■ , zu dem man ein besonderes emotionales Verhältnis hat.

c. ¿Qué ves en el dibujo? ¿A quién ves en el dibujo? Haz frases.

 8 **Mi papá va al súper y para el desayuno compra ...**

Un alumno empieza con un alimento. Otro alumno repite la frase y dice otro alimento. Para no perder tenéis que repetir la frase correctamente.

9 **¡A jugar!**

a. ¿Qué alimento es? ¡Adivina! Welche Lebensmittel sind das? Rate mal. **+ideas** p. 191

Soy una cajita[1] blanca
que todos me pueden abrir,
pero nadie me puede cerrar.

Está en el grifo[2],
está en el mar,
cae del cielo
y al cielo va.

¿Qué alimento será[3]
el que llevan en un cesto
y dicen que está más fresco[4]
cuanto más caliente[5] está?

[1] la cajita kleiner Behälter
[2] el grifo Wasserhahn

[3] él/ella será es wird sein
[4] fresco/a frisch, kühl

[5] caliente heiß

b. En grupos, leed la frase cada uno, al principio despacio, después cada vez más rápido.
Lies den Satz, wiederhole ihn zunächst langsam und dann immer schneller.
Wer kann den Zungenbrecher am schnellsten richtig aufsagen?

> Como poco coco como, poco coco compro.

10 Palabras internacionales

¿Puedes completar la tabla? Ordne die folgenden Wörter richtig ein.

> der Kaffee • the chocolate • апельси́н (apelsin) • la pomme de terre • la sal •
> el chocolate • le café • the potato • le sel • el café • карто́шка (kartoschka) •
> the salt • ко́фе (kofe) • the orange • das Salz • шокола́д (schokolad) •
> la naranja • die Kartoffel • le chocolat • die Orange/die Apfelsine

alemán	inglés	francés	ruso	español
die Schokolade	■	■	■	■
■	the coffee	■	■	■
■	■	l'orange	■	■
■	■	■	■	la patata
■	■	■	соль (sol)	■

Abuela, por favor, prepara pan con tomate con nosotros.

Sofia, lee en voz alta, por favor.

A ver, buscad el libro de cocina. Ahora abrid el libro por la página 15 y leed.

11 Cocinamos con la abuela

a. El domingo Daniel y Sofia visitan a sus abuelos. Quieren preparar algo típico de la cocina española. Mira el diálogo: ¿cómo se forma el imperativo afirmativo en singular y en plural? Completa la regla en tu cuaderno. **G** 5.1.5

Die Form des bejahten Imperativs in der 2. Person Singular (tú) stimmt mit der ■ Person ■ der Verben im Präsens überein.

Die Form des bejahten Imperativs in der 2. Person Plural (vosotros/as) bildet man mit dem Infintiv ohne den Buchstaben ■. An seine Stelle setzen wir den Buchstaben ■ .

b. Daniel está cocinando con su abuela. Completa en tu cuaderno con la forma correcta del imperativo en singular.

1. Daniel, ■ *(cortar)* el pan, por favor.
2. Ahora ■ *(traer)* los huevos.
3. Daniel, ■ *(buscar)* en el libro cuántos tomates necesitamos.
4. Ahora ■ *(abrir)* la caja, Daniel.
5. Daniel, ya está bien, ■ *(terminar)* ya de batir los huevos.
6. Todavía tenemos que cortar las cebollas, ■ *(empezar)*, por favor.

c. Ahora la abuela está hablando con Daniel y Sofia. Completa las frases de b. en tu cuaderno con la forma correcta del imperativo en plural.

d. Los verbos decir, hacer, ir, poner, salir, ser, tener y venir tienen formas irregulares del imperativo en singular. Busca en la serpiente las formas irregulares y escríbelas en tu cuaderno. Such in der Wortschlange die unregelmäßigen Imperativformen der acht Verben im Singular. Die Pluralformen dieser Verben sind regelmäßig.

SÉVEVENPONHAZSALTENDI

e. La cocina es pequeña y hay mucho lío. Completa en tu cuaderno con la forma correcta del imperativo singular y plural. Cuidado con las formas irregulares. **+ayuda** p. 182

Daniel, no te entiendo. ■ *(escuchar):* ■ *(hablar)* más alto, o ■ *(bajar)* la música, por favor. Y ■ *(poner)* tu móvil en el salón, aquí no lo necesitas. Sofia, ■ *(venir)* y ■ *(ayudar)* con las patatas. Y tú, ■ *(salir)* de la cocina, Speedy. Daniel, Sofia, ■ *(tener)* cuidado con Speedy, siempre se come mi jamón.

12 El pan con tomate

DVD
15

a. Mira el DVD y escribe en tu cuaderno qué lleva el pan con tomate.

tostar   la mitad   frotar   el diente de ajo

b. Ordena las acciones de forma cronológica. ¿Qué tienes que hacer primero? ¿Y después?

- añadir aceite y sal
- cortar el tomate por la mitad
- tostar el pan
- frotar el pan con el ajo
- frotar el pan con tomate
- cortar un diente de ajo por la mitad

 c. Ahora escribe la receta para el pan con tomate en tu cuaderno. Utiliza el imperativo.

 d. Schreibe für deine Eltern das Rezept auf Deutsch auf und probiert es zusammen aus.

 ## 13 El blog de Sofia

 a. Lee el blog de Sofia `80021-07` y contesta su pregunta: ¿qué haces tú los fines de semana? Cuéntaselo a Sofia en un correo electrónico.

 b. `+ideas` Elige una receta fácil y anótala en español para Sofia. Wähle ein ganz einfaches Rezept aus und schreibe es für Sofia auf Spanisch auf, damit sie es mit Daniel und ihrer spanischen Oma nachkochen kann.

14 Una postal de papá

a. En la postal ves un típico mercado cubano. ¿Qué alimentos de la foto conoces?
Haz una lista.

MK

b. El papá de Sofia y Daniel nombra la Catedral de Santiago de Cuba, el Museo Casa de
Velázquez, el Morro en Santiago y la Sierra Maestra. Investiga en internet y haz un cartel
sobre Cuba. Suche im Internet Fotos und Informationen zu den vier Sehenswürdigkeiten
und gestalte ein Plakat zu Cuba.

Hola mis queridos,
os escribo desde el Caribe: estoy en
Cuba, en la segunda ciudad de la isla,
Santiago de Cuba. Es una ciudad antigua
y muy bonita con mucha tradición. Me
encantan el centro histórico con la
Catedral y la Casa de Velázquez, la
casa más antigua de América Latina ...
¡imaginaos, tiene casi 500 años! Tengo
tres días libres en la isla y todavía
quiero visitar la Sierra Maestra, el
Morro en Santiago ... y en algún
momento también quiero descansar en
alguna de las playas que están bien
cerca de la ciudad ;—)
Os quiero mucho,
Papá

Sofia y Daniel Dör‑

Calle San Jacinto

41010 Sevilla

ESPAÑA

6 Los temas de conversación

1 Pedirle algo a alguien

en singular:	formas irregulares en singular:
Die Form des bejahten Imperativs in der 2. Person Singular (tú) stimmt mit der 3. Person Singular der Verben im Präsens überein: hablar → él/ella habla → ¡Habla!	decir → ¡Di! ir → ¡Ve! ser → ¡Sé! hacer → ¡Haz! salir → ¡Sal! poner → ¡Pon! tener → ¡Ten! venir → ¡Ven!
en plural:	
Die Form des bejahten Imperativs in der 2. Person Plural (vosotros/as) bildet man mit dem Infintiv ohne den Buchstaben -r. An seine Stelle setzen wir den Buchstaben -d: hablar → ¡Hablad!	

2 Pedir algo para beber o para comer

Así pregunta el/la camarero/a:		Así contestas:	
¿Qué te/os pongo/traigo? ¿Y para comer/beber? ¿Algo más? Son … euros.	Was kann ich dir/euch bringen? Und zum Essen/Trinken? Noch etwas? Das macht … €.	Por favor, quiero … Para mí … ¿Me puedes traer …? Además quiero … Gracias, nada más. La cuenta, por favor.	Ich möchte bitte … Für mich … Kannst du mir … bringen? Außerdem möchte ich … Danke, nichts weiter. Die Rechnung, bitte.

3 Describir tu rutina diaria

las actividades	cuándo
despertarse • levantarse temprano/tarde • ducharse/bañarse • cepillarse los dientes • peinarse • desayunar • almorzar • cenar • comer • beber • salir de casa • ir al cole • empezar/terminar la clase • acostarse	los lunes/martes/… los fines de semana primero, entonces, al final antes de (+ *infinitivo*/+ *sustantivo*) después de (+ *infinitivo*/+ *sustantivo*) siempre/a veces/casi nunca/nunca

levantarse		
pronombre personal	**pronombre reflexivo**	**verbo**
yo	me	levanto
tú	te	levantas
él/ella/usted	se	levanta
nosotros/as	nos	levantamos
vosotros/as	os	levantáis
ellos/as/ustedes	se	levantan

Tu reto, paso por paso

Tu reto

Graba un vídeo sobre tu rutina de por la mañana antes de ir al cole. También puedes sacar fotos y hacer un póster. Muestra las actividades para prepararte para ir al cole o describe lo que desayunas normalmente.

Drehe ein Video über deinen Tagesablauf am Morgen, bevor du zur Schule gehst. Du kannst auch Fotos schießen und eine Collage anfertigen. Du kannst zeigen, wie du dich auf den Schultag vorbereitest oder was du normalerweise frühstückst.

Para el vídeo

Paso uno: Überlege dir, wer deine Aktivitäten am Morgen filmen kann. Du kannst das Video mit einem Handy aufnehmen oder natürlich auch mit einer Kamera.

Paso dos: Überlege dir, was du gerne aufnehmen möchtest. Lege die Drehorte fest. Mache dir einen Plan, welche Requisiten du benötigst.

Paso tres: Fertige nun ein Drehbuch an. Schreibe den Text gleich auf Spanisch.

Paso cuatro: Mache dir Gedanken, wie du den Text sprichst und deine Rolle am besten spielst. Übe den Text vor dem Spiegel ein, dann siehst du, wie du später im Video wirkst.

Paso cinco: Nimm nun das Video auf. Du kannst es am Ende noch bearbeiten.

Para el póster

Paso uno: Überlege, welche Aktivitäten im Mittelpunkt stehen sollen. Schieße dann die Fotos oder bitte jemanden, dich zu fotografieren.

Paso dos: Lege fest, in welcher Reihenfolge du über deine Aktivitäten am Morgen berichten möchtest. Ordne dann die Fotos und klebe sie auf ein großes Blatt Papier.

Paso tres: Fertige dir einen Redeplan an, um dein Poster in der Klasse vorzustellen, und schreibe den Text auf Spanisch auf.

Paso cuatro: Übe den Text ein. Fertige dir dazu einen Stichpunktzettel an. M I 4.1

Paso cinco: Halte nun mit Hilfe deines Stichpunktzettels deinen Vortrag vor der Klasse. Beachte dabei auch die Hinweise aus Kapitel 4 (S. 71).

¡Tú sí puedes! + Autocontrol

Hier kannst du selbst überprüfen, ob du den Stoff des Kapitels gut beherrschst: 80021-09. Wenn du eine kleine Pause zum Wiederholen brauchst, ist das nicht schlimm. **¡Tómate tu tiempo!**

Recorremos nuestro barrio

Capítulo

8

¿Qué hay en el barrio de los mellizos?

a. Describe las fotos con la ayuda de algunas de las palabras de la derecha.

b. ¿Qué hay en tu barrio? Habla con tu compañero/a.

> Hay muchos/as ...
> y también ...

> Además ... pero
> hay pocos/as ...

la plaza
el quiosco
el parque
el bar
el restaurante
el instituto
el polideportivo
el cine
el supermercado
el mercado
la calle
el monumento
el puente
la iglesia
el río Guadalquivir

¿Qué pasa aquí?

Daniel y Sofia presentan su barrio y dan una vuelta por Triana con su amigo de Alemania. Van al mercadillo de Triana con María y Nicolás. Daniel und Sofia stellen ihr Stadtviertel vor und erkunden mit ihrem deutschen Freund Triana. Mit María und Nicolás lernen sie den Flohmarkt von Triana kennen.

Pronto vas a saber

- describir tu ciudad/tu barrio | deine Stadt/dein Viertel/dein Dorf beschreiben.
- explicar el camino | Wege beschreiben.
- hablar de la ropa y de los colores | über Kleidung und Farben sprechen.
- comprar algo | ein Einkaufsgespräch führen.

Revisas

- el uso de hay, ser y estar | die Verwendung von hay, ser und estar.
- el uso de muy y mucho/a | die Verwendung von muy und mucho/a.
- los verbos reflexivos | die Reflexivverben.

Tu reto

Describe a tu pareja de intercambio español qué hay en tu barrio, qué puede hacer y cómo puede llegar. Beschreibe deinem spanischen Austauschschüler, was er in deinem Stadtviertel unternehmen kann, und erkläre, wie er dorthin kommt.

A   Triana mola mucho

📖 Mira, este es mi barrio 80021-02

CD
2·17

¡Hola a todos!

Ya estamos casi un año aquí en Sevilla y hoy tenemos
ganas de hablaros de nuestro barrio, Triana. ¡Triana mola
mucho! Es un barrio antiguo de Sevilla y la verdad es que
es encantador, es como un pueblo dentro de Sevilla. Hay
muchos sitios de interés turístico y también hay muchos
restaurantes y bares para descansar después de conocer
la ciudad. Los sábados siempre vamos con mamá y papá
a nuestro bar favorito, nos encantan los churros que
preparan allí. Después pasamos por el mercado para
hacer nuestras compras. El mercado está en la Plaza del
Altozano y nos encanta. Es muy famoso porque hay de
todo: puestos de frutas, verduras y pescados, pero
también de flores, cerámicas y muchas otras cosas. A
veces vamos con los abuelos al mercado: el abuelo siempre
toma una cerveza en la Cervecería Taifa mientras la abuela
compra pescado en el puesto de pescado de enfrente. Y
siempre pasamos por un pequeño teatro, el Teatro Casala,
que está en el último pasillo del mercado y que nos gusta
mucho.
¿Qué otras cosas hay en nuestro barrio? Pues el puente
de Triana, que se llama el puente de Isabel II, une el centro
de Sevilla con el barrio de Triana. El Guadalquivir es muy
importante para el barrio porque Triana se encuentra al
lado del río. Los turistas siempre van a la orilla del río, a la
calle Betis con sus casas de colores muy bonitos. Casi
todas las casas de la calle Betis son altas y estrechas. Por
las noches ves a mucha gente en las calles y hay mucha
marcha, bueno, la verdad es que encuentras pocos
sevillanos entre los turistas. También hay una iglesia, la
Iglesia de Santa Ana. Puedes entrar y por dentro es
impresionante.
Como veis, hay de todo aquí. Y claro, también hay cines,
teatros y polideportivos. Todos los días conocemos nuevos
lugares bonitos.
¿Tenéis ganas de visitarnos? ¡Os esperamos en nuestro
barrio!

Abrazo desde Triana,
Sofia y Daniel

1 El barrio de Sofía y Daniel

Lee el blog de los mellizos y contesta las preguntas.

1. ¿Qué hay en el barrio de Triana?
2. ¿Cómo es el barrio?
3. ¿Qué hay en el mercado?
4. ¿Qué les gusta hacer en el mercado a los abuelos de los mellizos?
5. ¿Qué hay en el último pasillo del mercado?
6. ¿Por qué es importante el río Guadalquivir para el barrio?
7. ¿Qué puedes hacer en Triana en tu tiempo libre?

2 ¿Qué hay en el barrio?

a. Mira el dibujo. En parejas, preguntad y contestad.

Modelo: –¿Dónde está el ayuntamiento? Está al lado de …

b. Describe el dibujo. ¿Qué hay? ¿Dónde está todo?

Modelo: La iglesia está enfrente del mercado.

Las herramientas

Los verbos para describir la ubicación:
estar: La catedral está en el centro de Sevilla.
encontrarse: El restaurante se encuentra a pocos metros del mercado.

Las ubicaciones:
a la izquierda / a la derecha / al lado de •
alrededor de • enfrente de • entre •
cerca de / lejos de • a … metros de

MK   ## 3   ¿Dónde está todo?

Busca en google maps los lugares que mencionan los mellizos en el blog y describe su ubicación en el barrio. Suche bei google maps die Orte, die die Zwillinge in ihrem Blog erwähnen, und beschreibe ihre Lage im Stadtviertel Triana.

4   Un día en Triana

Mira el vídeo de Rocío, una chica de Triana, en el que habla sobre un día en su barrio:
`80021-04` Elige la solución correcta.

1. En su barrio Triana, a Rocío le encanta(n) …
   a. los restaurantes y los bares de las calles de Triana.
   b. el río y los monumentos.
   c. pasar por las calles estrechas y la buena gente de Triana.

2. Rocío tiene …
   a. 25 años.
   b. 28 años.
   c. 18 años.

3. La Calle Betis es famosa porque …
   a. hay muchos coches en la calle y mucho tráfico.
   b. es la calle más antigua de Triana y tiene casas de diferentes colores.
   c. las casas son muy modernas y todas de color blanco.

4. Desde la Calle Betis puedes ver …
   a. la Torre del Oro y el Mercado de Sevilla.
   b. la Giralda, el monumento a Triana y el estadio.
   c. la Torre del Oro, la Giralda y la Maestranza de Sevilla.

5. En el supermercado Rocío compra …
   a. los ingredientes para preparar una pizza.
   b. los ingredientes para preparar un gazpacho.
   c. los ingredientes para preparar espaguetis a la boloñesa.

6. Después de hacer la compra, Rocío va a …
   a. una tienda de cerámica típica de Triana.
   b. una tienda de comida típica de Triana.
   c. un restaurante típico de Triana.

7. En el bar Las Golondrinas …
   a. puedes comer jamón y otras tapas.
   b. puedes comer pizza.
   c. solo puedes pedir bebidas.

5 Dos barrios muy diferentes

CD
2·18

a. Escucha y relaciona lo que cuentan Álvaro y María sobre sus barrios. ¿Cuáles de las fotos son de Gines, donde vive Álvaro, y cuáles son del barrio de El Arenal, donde vive María?

b. Escucha otra vez y completa las frases:

1. Álvaro vive en Gines, en …
2. En el barrio de Álvaro hay …
3. A Álvaro le gusta de su barrio …

4. María vive en El Arenal, en …
5. En el barrio de María hay …
6. A María le gusta …, pero no le gusta …

c. `+ideas` Contesta las preguntas.

1. ¿Qué hay enfrente de la casa de Álvaro?
2. ¿Cúal es su lugar favorito?
3. ¿Dónde queda con sus amigos?
4. ¿Dónde está la calle Zaragoza, donde vive María?
5. ¿Qué hay alrededor de la plaza?
6. ¿Cómo va al centro de Sevilla?

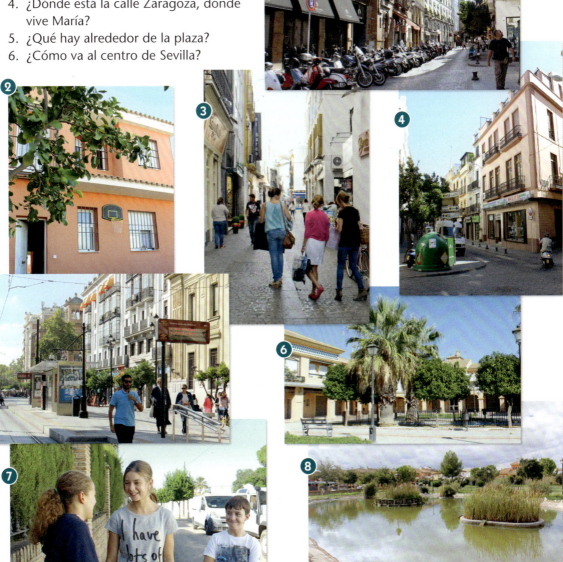

6 Este es mi barrio

a. Aquí ves una parte de un mapa de Sevilla para turistas. Mira los símbolos y escribe las palabras españolas con su significado en alemán en tu cuaderno. M I 2.4

b. Ahora elabora una red de palabras para describir tu barrio o tu ciudad.

c. Dibuja tu barrio y descríbelo con la ayuda de tu red de palabras.

> **Modelo:** Mi barrio es …
> En mi barrio hay un/tres/muchos …
> Cerca de mi casa está el/la …
> (No) me gusta porque …

d. +ideas Describe los sitios de interés turístico de tu barrio o tu ciudad. ¿Adónde van los turistas? ¿Qué les gusta?

SÍMBOLOS

- Oficina de Turismo de la Junta de Andalucía
- Información Turística
- Estación Ferrocarril
- Oficina de Renfe
- Autobús
- Taxi
- Policía
- Cruceros Fluviales
- Paseos en Barco
- Club Náutico
- Correos
- P Parkings
- Gasolineras
- Servicios Sanitarios
- Museos
- Hotel
- Autobús Aeropuerto
- Autobús Turístico
- Coches Caballo
- Zona de interés turístico
- Zona comercial y con ambiente
- Tranvía (Metrocentro)
- Metro

e. Presenta un barrio que te gusta en tu ciudad al grupo. M I 4.1
Después entre todos elegid un barrio …

1. con mucha marcha.
2. con muchas posibilidades para hacer deporte.
3. con parques bonitos.
4. con muchas tiendas.
5. con muchos sitios de interés turístico.

¿Cómo es? ¿Qué hay?

¿Con quién estás en ese lugar?

f. ¿Cuál es tu lugar favorito de tu barrio? Saca una foto o dibújalo. Después pregunta y contesta las preguntas de tu compañero/a.

¿Por qué es tu lugar favorito?

¿Qué haces en ese lugar?

7 ¿Qué hay? ¿Dónde está? ¿Cómo es?

a. Completa las frases con la forma correcta de ser, estar o hay. +ayuda p. 183 G 5.1.2a

1. ¿Dónde ■ la Iglesia de Nuestra Señora de Belén?
2. Mi barrio ■ muy tranquilo.
3. En mi calle ■ muchos árboles.
4. Las casas de mi barrio ■ muy bonitas y antiguas.
5. Al lado de mi casa ■ el parque María Luisa.
6. En nuestro barrio no ■ muchas tiendas.

b. Completa las frases con muy, mucho/a/os/as y poco/a/os/as. **+ayuda** p. 183

1. En mi ciudad hay much■ supermercados.
2. En nuestra región hay much■ industria y poc■ turismo.
3. En el centro de Sevilla siempre hay much■ marcha y much■ gente.
4. Nuestros vecinos tienen much■ flores en su patio.
5. Mi colegio está ■ lejos de mi casa. Por eso me levanto ■ temprano.
6. Tengo much■ amigos y todos viven ■ cerca de mi casa.
7. Nuestro barrio es ■ bonito y bastante moderno.
8. Lamentablemente en mi región hay poc■ posibilidades para hacer deporte.

8 ¿Te gusta tu ciudad?

DVD 16

a. En el DVD, cuatro personas presentan su barrio. ¿Qué le gusta a cada persona de su barrio, y qué no le gusta mucho?

b. Busca los barrios de las personas en un mapa de Sevilla. Imagina que te vas a vivir a Sevilla. ¿En cuál de los cuatro barrios quieres vivir, y por qué? Habla con tu compañero/a.

c. **+ideas** ¿Recuerdas cómo describir a una persona? Elige dos de las cuatro personas que ves en el DVD y descríbelas en tu cuaderno. Di algo sobre su físico y su carácter.

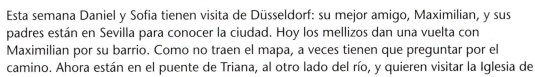
CD 2·19 2·20

facultativo ## Un recorrido por Triana 80021-02

Esta semana Daniel y Sofia tienen visita de Düsseldorf: su mejor amigo, Maximilian, y sus padres están en Sevilla para conocer la ciudad. Hoy los mellizos dan una vuelta con Maximilian por su barrio. Como no traen el mapa, a veces tienen que preguntar por el camino. Ahora están en el puente de Triana, al otro lado del río, y quieren visitar la Iglesia de
5 Santa Ana.

Daniel: ¡Hola!, ¿qué tal? Perdón, ¿para ir a la Iglesia de Santa Ana, por favor?

Señor: Bueno, no está lejos. Tenéis que ir todo recto hasta el final del puente. Después girad a la izquierda en la Plaza del Altozano.
10 Continuad por la calle Pureza y seguid todo recto. Luego girad a la derecha en la calle Bernardo Guerra, y ya podéis ver la iglesia.

Sofia: Muchas gracias y hasta luego.
15 **Señor:** De nada, ¡hasta luego!

Triana mola mucho

Después de conocer la iglesia por dentro, los mellizos quieren ir con Maximilian a su bar de tapas favorito, el Dulcinea, en la calle Aracena. Normalmente van en coche con sus padres, por eso otra vez tienen que preguntar por el camino.

Sofia: Perdón, ¿para ir a la calle Aracena, al bar de tapas Dulcinea?

20 **Señora:** ¿Al Dulcinea? Tienen unas tapas muy ricas allí, pero está bastante lejos. A ver, primero seguís todo recto la calle Bernardo Guerra. Luego girad a la derecha en la calle Pelay Correa. En el cruce girad a la izquierda en la calle Luca de Tena. Cruzad la calle Rodrigo de Triana y seguid todo recto. Después girad a la derecha en la calle Páges del Corro, y luego …

25 **Daniel:** Perdón, pero ya estoy perdido. ¿Por qué no tomamos el autobús?

Señora: La verdad es que sí, está lejos. Mirad, la parada de autobuses está allí, a solo 50 metros.

Sofia: ¡Vale! Entonces vamos en autobús. Muchas gracias.

Señora: De nada, ¡adiós!

30 **Daniel:** Oye Sofia, ¿por qué no vamos al bar Las Golondrinas? Creo que está muy cerca de aquí.

Sofia: ¡Perfecto! ¡Vamos!

Maximilian: Ich habe mal wieder nichts verstanden. Was hat die Dame gesagt?

---

9 facultativo ¿Adónde van?

CD
2·19
2·20

a. Escucha el texto y sigue el camino en el mapa de Triana. `80021-02` `80021-01` `+ideas` p. 191

b. Traduce a Maximilian lo que dice la señora y explícale la decisión de los mellizos.
Übersetze für Maximilian, was die Dame gesagt hat, und erkläre ihm auch, was die Zwillinge zuletzt entschieden haben.

c. Estáis delante de la Iglesia de Santa Ana. Pregunta a tu compañero/a por el camino al bar Las Golondrinas, y después por el camino desde la iglesia al Puente de San Telmo. Él/ella mira el mapa y te lo describe. Luego él/ella te pregunta por el camino a la Torre del Oro y a la Oficina de Correos, y tú le tienes que contestar.

d. Elige uno de esos cuatro sitios y describe el camino en tu cuaderno. Usa el imperativo.

Modelo: Primero sigue la calle …

e. Busca en google maps el camino al bar Dulcinea y termina la explicación de la señora.
Suche in google maps den Weg zur Tapasbar Dulcinea und vervollständige die Wegbeschreibung der Dame.

Las herramientas

Para preguntar el camino:

Perdón, ¿dónde está …?
Por favor, ¿hay un súper por aquí?
Perdón, ¿para ir a la estación?

Para describir el camino:

Tienes que …
… seguir todo recto.
… girar a la derecha/a la izquierda.
… tomar la primera/segunda/tercera calle a la derecha.
… cruzar la plaza/la calle.
… ir hasta el final de la calle/hasta la estación.

10 ¿A pie o en autobús?

a. Relaciona las imágenes de los medios de transporte con la expresión correspondiente.
Ordne die Abbildungen der Verkehrsmittel den Ausdrücken zu.

> ir en coche • ir en avión • ir en autobús • ir a pie •
> ir a caballo • ir en bici(cleta) • ir en metro • ir en tren

A   **B**   **C**   **D**

E   **F**   **G**   **H**

b. Escucha y relaciona el sonido con el medio de transporte correspondiente. Höre zu und
ordne die Geräusche den Verkehrsmitteln zu. ¿En qué van? Habla con tu compañero/a.

CD
2·21

> Creo que en el número uno van en avión.

> No, no es correcto, van en …

> Sí, tienes razón. Y en el número dos van en …

c. Haced una encuesta en clase. Macht eine Klassenumfrage. ¿Cómo vais al cole? ¿A pie, en
coche, en autobús? M II 2.3

Im Spanischen fährt man nicht „mit", sondern „im" jeweiligen
Verkehrsmittel: en coche, en avión, … Nur wenn du dich zu Fuß
oder auf dem Pferd fortbewegst, verwendest du die Präposition „a".
Wohin du gehst, beschreibst du auch mit der Präposition „a".

Normalmente voy **al** cole **en** bici, pero a veces voy **a** pie.
Vamos **en** avión **a** España.

11 +ideas Perdón, ¿para ir a …?

Un turista de un país hispanohablante os pregunta cómo llegar a un sitio de interés de
vuestro barrio o de vuestra ciudad. En parejas, escribid el diálogo y presentadlo en clase. Ein
Tourist aus einem spanischsprachigen Land fragt euch nach dem Weg zu einer
Sehenswürdigkeit in eurem Stadtviertel oder eurem Ort. Schreibt den Dialog und präsentiert
ihn vor der Klasse. Entscheidet, wo ihr auf den Touristen trefft, und wählt einen Ort aus, der
ihn interessieren könnte. Überlegt, wie er dorthin kommt, erklärt ihm den Weg und/oder
mit welchem Verkehrsmittel er dorthin kommt.

¿Qué me pongo?

¿Qué me pongo hoy?
¿Qué tal un vestido rojo
con zapatillas rojas?

la blusa

la falda

el vestido

¿… o una blusa
gris con vaqueros
blancos?

los pantalones cortos

las zapatillas

los vaqueros

el jersey

la camiseta

la gorra

la chaqueta

la camisa

¿Hoy me pongo el
jersey azul o la
camiseta negra?

los pantalones

las zapatillas de deporte

1 ¿Qué se ponen? ¿Qué llevan?

CD
2-22

a. Al fin los mellizos han decidido qué ponerse. Escucha y decide cuáles de las fotos muestran la ropa que llevan hoy al cole. Die Zwillinge haben doch noch etwas zum Anziehen gefunden. Höre zu und entscheide, welche Fotos die Kleidung zeigen, die sie heute zur Schule tragen.

b. ¿Cuándo usas ponerse y cuándo llevar? Lee lo que cuenta Daniel y encuentra la diferencia. Lies, was Daniel erzählt, und überlege, was ponerse und was llevar im Zusammenhang mit Kleidung bedeuten.

> Por la mañana normalmente me pongo unos vaqueros y una camiseta para ir al cole. En el cole siempre llevamos ropa cómoda.

> Llevar ropa bedeutet Kleidung ■
> Ponerse ropa bedeutet Kleidung ■

 2 ¡A jugar!

a. Tómate cinco minutos para memorizar las prendas de ropa en español. Nimm dir fünf Minuten Zeit, um die spanischen Bezeichnungen der Kleidungsstücke zu lernen.
+ayuda p. 183

b. En grupos jugad al juego alemán "hacer la maleta".

> Hago mi maleta:
> Pongo vaqueros.

> Hago mi maleta: Pongo vaqueros y tres camisetas.

> …

3 ¿Qué te pones tú?

a. Escribe lo que te pones para …

1. ir al cole.
2. ir a una fiesta en casa de tus amigos.
3. ir al cumpleaños de tus abuelos.
4. practicar deporte.

Modelo: Para ir a … me pongo ropa elegante, por ejemplo …

> Los adjetivos para describir la ropa:
> elegante • cómodo/a •
> deportivo/a • formal •
> informal • moderno/a •
> bonito/a • feo/a • sencillo/a

 b. Pregunta a tu compañero/a y toma notas de sus respuestas. Después presenta en clase qué se pone tu compañero/a.

> **Ponerse** ist ein reflexives Verb. Weißt du noch, wie die Reflexivpronomen lauten? **G** 4.5 Und erinnerst du dich auch noch, wie die Adjektive angeglichen werden? Falls nicht, schaue hier nach: **G** 6.1

4 ¿Qué color te gusta?

a. Relaciona los colores con su nombre español y dibuja los globos en tu cuaderno. Zeichne die Luftballons mit den Namen der Farben in dein Heft. **+ideas** p. 191

b. Lee lo que dicen los chicos y encuentra las categorías para la tabla. Lies, was die Jugendlichen sagen, und überlege dir Überschriften für die drei Tabellenspalten. **G** 6.2 **+ayuda** p. 183 Achte darauf, was sich bei der Angleichung der Farbadjektive (nicht) ändert.

■	■	■		
amarillo	verde	naranja		
blanco	marrón	violeta		
negro	azul	rosa		
rojo	gris	lila		

verde azul

Mi color favorito es el amarillo, pero no me gusta mucho llevar ropa amarilla. Prefiero los colores oscuros, por ejemplo las camisetas verdes o azules.

azul

Mi color favorito es el azul, y tengo mucha ropa azul. Claro, unos vaqueros azules, un montón de jerseys y camisetas azules y también muchas gorras azules.

rosa

A mí me gusta el color rosa y tengo mucha ropa de este color. Sobre todo me encanta el vestido rosa que me pongo siempre para las fiestas de mi familia. Ah, y también tengo unas zapatillas rosa, son muy chulas.

gris & marrón

Mis colores favoritos son el gris y el marrón. Tengo muchos jerseys grises y marrones, y también un montón de gorras marrones. Mi mamá siempre quiere comprarme ropa de colores claros, pero no me gustan nada. ¿Un jersey naranja? ¡Qué va!

c. Pregunta y contesta.

¿Qué colores prefieres para tu ropa?

¿Qué tienes de estos colores?

¿Cuál es tu color favorito?

Du kennst bereits Verben, die wie **preferir** (→ ie) konjugiert werden. Wie heißen also die Verformen? Schreibe sie in dein Heft und vergleiche hier. **G** 5.1.2b

5 **¿Quién es?**

Describe a un/a compañero/a sin decir su nombre. Los demás adivinan quién es.
Beschreibe eine/n Mitschüler/in; die anderen erraten, wen du beschreibst.

Modelo:

A: La persona lleva una camiseta azul, vaqueros negros y zapatillas blancas.

B: ¿Es Marco?

A: No, no es Marco. Lo siento.

B: ¿Es Nesrin?

A: Sí, así es. Es Nesrin.

 6 **El "look" de mis sueños**

a. Prepara un collage del "look" de tus sueños. Erstelle eine Collage mit deinem Lieblingsoutfit. Beschreibe es und erkläre auch, warum es dein Traumoutfit ist.

b. Presenta el "look" de tus sueños en clase haciendo un desfile. Stellt eure Lieblingsoutfits in einem Gallery Walk vor. `M` `I 4.1` `+ideas` `p.192`

 7 **¿Qué te pones para el concierto?**

CD 2·23

Escucha, toma notas y contesta las preguntas. `+ayuda` `p.184`

1. ¿Dónde están los cuatro amigos ahora?
2. ¿De qué están hablando las chicas?
3. ¿Qué quieren hacer los amigos después?
4. ¿Adónde van?

 # En el mercadillo `80021-02`

CD 2·24

Daniel: Nicolás y yo buscamos camisetas de fútbol. ¿Quedamos en una hora en la entrada?

Sofia y María: Vale. Nos vemos.

María: Mira Sofia, aquí hay vestidos de todos los colores: negros, rojos, azules,
5   blancos, …

Sofia: A ver … no … No me gustan mucho. Pero mira estas faldas y aquellas blusas. ¡Qué bonitas!

María: Sí, mola mucho llevar falda con blusa o camiseta. ¿Qué tal la falda verde con una camiseta blanca?

10 **Vendedora:** Hola chicas, ¿en qué os puedo ayudar?

Sofia: Busco una falda como esta verde, pero de otro color.

Vendedora: Claro, también tengo faldas negras, azules o grises. Mira, aquí están.

Sofia: ¿Cuánto cuestan?

Vendedora: Esas cuestan 15 euros y estas cuestan 20.

15 **Sofia:** Bueno, me pruebo la falda azul y la negra.

Vendedora: ¿Qué talla tienes?

Sofia: Tengo la S. ¿Dónde están los probadores?
Vendedora: Mira, aquí están.

Sofia se pone la falda azul.

María: A ver, es demasiado corta, ¿no?
Sofia: Tienes razón. Mi madre me echa la bronca si salgo con una falda muy corta. ¿Y la negra?, a ver …

Sofia se pone la falda negra.

María: ¡Te queda súper bien! ¿Quieres probarte esta blusa violeta o prefieres esa blanca?
Vendedora: Aquella también hay en marrón.
María: Uy no, jaja. Preferimos estos dos colores, ¿no?
Sofia: Sí, prefiero la blusa blanca, va bien con la falda negra. Espera, a ver …

Sofia se pone también la blusa blanca.

María: Sofia, ¡qué guapa!
Sofia: Gracias. ☺
Vendedora: ¿Qué tal, chicas?
Sofia: Me gustan la falda negra y la blusa blanca. ¿Cuánto cuesta todo?
Vendedora: La falda cuesta 15 euros, y la blusa 10.
Sofia: ¡Qué barato! Aquí tienes, 25 euros.
Vendedora: Muchas gracias.

Hay muchos mercadillos en Sevilla. Mucha gente va a los mercadillos para comprar artículos baratos. En estos mercadillos puedes comprar muchas cosas: antigüedades, ropa, zapatos, cuadros, artesanía, comida, … ¡Hay de todo!

8   **¿De qué se trata?**

a. Lee otra vez el diálogo en el mercadillo y busca qué dice la vendedora y qué dice Sofia. Escribe las herramientas en tu cuaderno.

Caja de herramientas	
… del vendedor/de la vendedora	**… del/de la cliente**
Wie kann ich euch helfen? ■	Ich suche … ■
Welche Größe hast du? ■	Ich habe die Größe … ■
Möchtest du … anprobieren? ■	Wo sind die Umkleidekabinen? ■
Es kostet … Euro. ■	Wieviel kostet das? ■

b. Elige la imagen correcta y completa la frase. Was passiert im Text?
Wähle das richtige Bild aus und beende den Satz.

1. Sofia quiere un vestido nuevo porque …

2. Daniel quiere una camiseta porque …

3. Sofia y Daniel van al mercadillo con …

4. Sofia quiere comprar …

5. La falda y la blusa cuestan …

 9 **¿Qué tal me queda?**

Un amigo / una amiga te manda una foto. Quiere saber qué tal le queda la ropa y si te gusta o no. Contéstale con un mensaje de texto. `Ch 7`

Caja de herramientas

🙂		🙁	
¡Te queda muy bien! ¡Qué guapo/a!	Steht dir sehr gut! Wie hübsch!	No te queda bien. Te queda un poco ancho. Te queda (muy) estrecho. Es demasiado corto/a / largo/a / ancho/a / estrecho/a.	Es passt / steht dir nicht. Es ist ein bisschen weit. Es ist (sehr) eng. Es ist zu kurz / lang / weit / eng.
… va bien con …	… passt gut zu …		
Me gusta el color.	Mir gefällt die Farbe.	… no va bien con …	… passt nicht zu …
Me gusta porque te ves bonito/a / elegante / deportivo/a / …	Es gefällt mir, weil du damit hübsch / elegant / sportlich / … aussiehst.	El color es horrible.	Die Farbe ist schrecklich!
		No me gusta (nada) porque te ves un poco …	Es gefällt mir (gar) nicht, weil du damit … aussiehst.

10 ¿Este, ese o aquel?

a. Relaciona y escribe las palabras con los determinantes demostrativos en tu cuaderno.
Verbinde die Substantive mit den passenden Demonstrativbegleitern und schreibe
sie in dein Heft.

este	chaqueta
esta	pantalones
estos	jersey
estas	blusas

ese	pantalones
esa	camisas
esos	gorra
esas	vestido

aquel	falda
aquella	zapatillas
aquellos	vestido
aquellas	vaqueros

 b. Mirad el dibujo y explicad cuándo se usa este/a, ese/a y aquel/la. **G** 4.3

¿Quieres probarte esta blusa violeta o esa blanca?

Prefiero esta blanca. Aquella blusa marrón no me gusta nada.

c. Completa las frases con los determinantes demostrativos.

Sofía: ■ jersey azul también me gusta.
María: A mí no mucho. Prefiero ■ jersey naranja.
Y mira, ■ pantalones grises son muy
bonitos, van bien con el jersey naranja …
Sofía: ¿Ah sí? No, yo prefiero ■ pantalones blancos.
… ¡Pero mira, ■ gorra azul es muy chula
para Daniel! ¿O crees que prefiere ■ verde?
María: ¡Creo que ■ gorra azul es perfecta para él!
Y mira, allí viene … ¡Daniel, ven aquí!

  ## 11 ¿Y mis camisetas?

Mientras las chicas buscan ropa elegante para Sofía, Daniel y Nicolás pasean por el
mercadillo y buscan unas camisetas para Daniel. En parejas, escribid el diálogo con el
vendedor.

Alumno A : el vendedor   **Alumno B: Daniel**   **Alumno C: Nicolás**

Fragt, wie er helfen kann.	Fragt nach T-Shirts.	
Fragt, welche Größe er hat.	Sagt, dass er S trägt.	Sagt, das ihm die roten T-Shirts dort hinten gefallen.
	Sagt, dass er keine roten T-Shirts mag und fragt nach anderen Farben.	
Sagt, dass er sie auch in Grün hat und fragt, ob er ein grünes T-Shirt in M anprobieren möchte.	Sagt ja und fragt dann Nicolás, wie es ihm steht.	Sagt, dass es zu groß ist, dass die Farbe schrecklich ist und dass er die Farbe Blau besser findet.
Sagt, dass er das T-Shirt auch in Blau hat.	Sagt, dass er es in Blau anprobieren möchte.	Sagt, dass es Daniel sehr gut steht.
	Fragt, wie teuer es ist.	
Nennt den Preis.	Ist einverstanden.	

DVD
19

12   Un desfile de moda

a. En el DVD, María nos presenta la ropa que llevan Lupe, Álvaro, Nicolás y ella. Describe con tus palabras la ropa de los cuatro chicos.

b. Elige uno de los cuatro y di si te gusta la ropa que lleva o no, y explica por qué.

c. En grupos de cuatro preparad un desfile de moda. Elegid dos modelos que van a presentar la ropa en clase. Los otros dos alumnos hacen de presentadores. Bereitet in der Gruppe eine Modenschau vor. Jede Gruppe besteht aus zwei Models und zwei Moderatoren.   **+ayuda** p. 184

13   El blog de Sofia

a. Busca el bar Las Golondrinas en Internet e imprime la carta de tapas.   80021-07   Suche die Homepage der Bar Las Golondrinas und drucke die Tapaskarte aus.

b. Describe el bar. ¿Dónde está y qué hay? Schreibe einen kurzen Text. In welchem Viertel liegt die Bar, was gibt es in diesem Viertel, und was kann man in der Bar bestellen?

7 Los temas de conversación

▊ 1 Explicar el camino

Para preguntar el camino:	Para describir el camino:
Perdón, ¿dónde está …? Por favor, ¿hay un súper por aquí? Perdón, ¿para ir a la estación?	Tienes que … … seguir todo recto. … girar a la derecha/a la izquierda. … tomar la primera/segunda/tercera calle a la derecha. … cruzar la plaza/la calle. … ir hasta el final de la calle/hasta la estación.

las ubicaciones
a la izquierda/a la derecha/al lado de • alrededor de • enfrente de • entre • cerca de/lejos de • a … metros de

▊ 2 Hablar de la ropa

las prendas de ropa	los colores
la blusa • la camisa • la camiseta • la chaqueta • la falda • la gorra • el jersey • los pantalones (cortos) • los vaqueros • el vestido • las zapatillas (de deporte)	amarillo/a • azul • blanco/a • gris • lila • marrón • naranja • negro/a • rojo/a • rosa • verde • violeta

describir la ropa con adjetivos	comentar la ropa de alguien
el estilo: bonito/a • cómodo/a • deportivo/a • elegante • feo/a • formal • informal • moderno/a • sencillo/a **el corte y la talla:** ancho/a ⟷ estrecho/a corto/a ⟷ largo/a	¡Qué guapo/a! (No) te queda bien. (No) va bien con … (No) me gusta el color. (No) me gusta porque te ves … Es demasiado … Para ti prefiero …

▊ 3 Comprar algo en una tienda de ropa

el/la vendedor/a	el/la cliente
¿En qué te/os puedo ayudar? ¿Qué talla tienes? ¿Quieres probarte este/ese/aquel …? Cuesta … euros.	Busco/Necesito … Tengo la talla … ¿Dónde están los probadores? ¿Cuánto cuesta?

Tu reto, paso por paso

Tu reto

Tu pareja de intercambio español quiere conocer tu barrio/tu ciudad. No puedes acompañarlo, pero le describes qué hay, qué puede hacer y cómo puede llegar. Pídele también que te compre una prenda de ropa que has visto en un anuncio y que te ha gustado mucho. Dein spanischer Austauschschüler möchte sich dein Stadtviertel/deine Stadt anschauen, aber im Moment kannst du ihn nicht begleiten. Fertige für ihn ein Blatt mit den wichtigsten Informationen und einem Plan vom Zentrum an. Beschreibe ihm, was er unternehmen kann, erkläre, wie er dorthin kommt, und bitte ihn, ein ganz bestimmtes Kleidungsstück für dich zu kaufen. Nimm deine Ratschläge als Audiodatei auf.

Para la hoja informativa Für die Gestaltung des Informationsblattes

Paso uno: Überlege, was du alles für dein Informationsblatt benötigst. Du kannst noch einmal bei den Tipps für einen Flyer in Kapitel 3 nachschauen (S. 51).

Paso dos: Zeichne einen Plan des Zentrums oder drucke einen Stadtplan im Internet aus. Suche nun Fotos von den Sehenswürdigkeiten deines Heimatortes.

Paso tres: Gestalte das Informationsblatt und schreibe zu jedem Foto einen kleinen Text.

Para la grabación Für die Tonaufnahme

Erarbeite einen Redeplan und nimm dann erst den Text mit einem Diktiergerät, mit dem Handy oder einem Mikrofon auf. Höre dir die Tonaufnahme an und überprüfe sie. Achte auf den Redefluss, die Betonung, das Sprechtempo und überprüfe die sprachliche Richtigkeit. Du kannst die Aufnahme so lange wiederholen, bis du zufrieden bist.

Deine Aufnahme sollte Folgendes enthalten:

Paso uno: Grüße deinen Austauschschüler und erkläre ihm, warum du ihn nicht begleiten kannst.

Paso dos: Beschreibe ihm, wie er ins Zentrum gelangt, und sage ihm, dass er alle wichtigen Informationen auf dem Informationsblatt findet.

Paso tres: Bitte deinen Austauschpartner, in deinem Lieblingsladen vorbeizusehen und dir ein bestimmtes Kleidungsstück zu kaufen. Du musst ihm genau beschreiben, wie der Laden heißt, wo er sich befindet und wie das Gebäude aussieht.

Paso cuatro: Sage ihm nun, um welches Kleidungsstück es sich handelt und beschreibe es genau (Farbe, Größe, Preis, …).

Paso cinco: Beschreibe deinem Partner, wo du das Geld für den Einkauf hingelegt hast, und wünsche ihm viel Spaß bei seiner Exkursion.

¡Tú sí puedes!

+ Autocontrol

Hier kannst du selbst überprüfen, ob du den Stoff des Kapitels gut beherrschst: 80021-09. Wenn du eine kleine Pause zum Wiederholen brauchst, ist das auch nicht schlimm. **¡Tómate tu tiempo!**

Nos vamos de vacaciones

facultativo

Capítulo

9

(3)

(4)

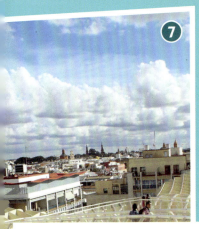

(7)

(8)

¿Qué tiempo hace?

Describe las fotos con la ayuda de algunas de las palabras de la derecha.

¿Qué pasa aquí?

La familia de los mellizos quiere salir de excursión el fin de semana porque viene de visita la prima Claudia de Düsseldorf. El pronóstico del tiempo para Sevilla no es bueno, parece que va a llover. Am Wochenende kommt die Cousine der Zwillinge aus Düsseldorf zu Besuch – leider ist für Sevilla Regen angekündigt … Die Familie beschließt daher einen Kurzurlaub zu fünft.

Pronto vas a saber

- expresar tu opinión | deine Meinung ausdrücken.
- hablar sobre el tiempo | über das Wetter sprechen.
- planear tus vacaciones | deinen Urlaub planen.
- hablar del pasado | über Ereignisse in der Vergangenheit sprechen.

Revisas

- hablar sobre tu gustos | über deine Vorlieben sprechen.

Tu reto

Imagínate que tu curso de español quiere salir de excursión el próximo fin de semana. Presenta un destino, los medios de transporte, las actividades y los sitios de interés turístico, el alojamiento y el pronóstico del tiempo para el fin de semana. Deine Spanischklasse möchte am kommenden Wochenende nach Spanien fliegen. Stelle ein mögliches Ziel, die Verkehrsmittel, mögliche Aktivitäten, die Sehenswürdigkeiten, eine Unterkunft und die Wettervorhersage für das Wochenende vor.

Hace (muy) buen tiempo.
Hace (muy) mal tiempo.
Hace (mucho) calor.
Hace (mucho) frío.
Hace sol.
Hace viento.
Hace 37 grados.
Hace 5 grados bajo cero.
Está nublado. / Hay nubes.
Nieva. / Hay nieve.
Llueve. / Hay lluvia.
Hay hielo.
Hay tormenta.

A ¿Adónde ir el fin de semana?

¿Adónde vamos con Claudia? `80021-02`

CD
2·25

El próximo fin de semana la prima Claudia de Düsseldorf viene de visita a Sevilla – ¡qué emoción! Los mellizos y sus padres hablan sobre su visita.

Madre: ¡Qué mala suerte!, parece que va a llover todo el fin de semana.

Daniel: Uy no, vamos a estar todo el tiempo en casa … Pobre Claudia, ¡qué aburrido!

Madre: Tienes razón, Daniel, pobre Claudia. ¿Entonces qué hacemos con ella? ¿Tenéis ganas de salir el fin de semana?

Sofia: ¡Sí mamá, por favor! Podemos ir a la playa, ¿no? Hace calor, hace sol … podemos tomar el sol todo el día y jugar al voleibol de playa.

Daniel: A la playa ni loco, ¡qué aburrido! Tomar el sol todo el día … ¡y el voleibol de playa no me gusta!

Padre: ¡Tranquilo!, espera, Daniel. Pues sí, podemos salir, no tengo vuelos el fin de semana. Daniel, a ver, dinos adónde quieres ir, si no quieres ir a la playa.

Daniel: Yo quiero ir a Barcelona. Por favor, ¿podemos ir? ¡Es el fin de semana del clásico! Quiero ver a Messi, Neymar y Ronaldo en el Camp Nou.

Sofia: Ay Daniel, ¡qué pesado eres!, ¡siempre con el fútbol! Pero es que Claudia y yo queremos ir a la playa … Y tú, mamá, ¿qué propones?

Madre: Bueno, también podemos hacer una caminata y pasar las dos noches en un hostal en el Pirineo. ¿O qué tal si acampamos?

Padre: Sí, y yo os cuento unos cuentos de terror …

Sofia: Ay no, es broma, ¿verdad? ¡En las montañas hace mucho frío por las noches! Prefiero la lluvia en Sevilla, además las caminatas no me gustan nada. Quiero un poco de marcha, por favor, ¡y Claudia también!

Madre: Sí, tranquila. A mí sí me gusta mucho la naturaleza, sobre todo las montañas, pero para ir con Claudia tenemos que encontrar otro lugar.

Padre: Queridos, no es difícil. Barcelona tiene playa, y también tiene muchos museos que me encantan. Podemos hacer muchas cosas en la ciudad. A ver, mira el pronóstico del tiempo, por favor.

Daniel: ¡Qué suerte, vamos al Camp Nou!

Madre: Mirad, 33 grados, y hace sol … y Sofia, a Claudia también le gusta el fútbol. Vamos a ver si podemos comprar las entradas para el partido del Barça.

Sofia: Bueno … el fútbol no sé, pero Neymar sí le gusta …

Daniel: Jaja, ¡chicas!

Padre: Propongo ir en tren, el AVE es un tren muy rápido que nos va a llevar a Barcelona en solo cinco horas. Así vamos a descansar y vamos a ver un poco del paisaje.

Madre: Me parece bien, y yo voy a buscar un hotel para nosotros cinco. ¿Me ayudáis, chicos?

Daniel y Sofia: ¡Sí, qué guay!

CD
2·25

1 ¿Adónde quieren ir?

a. Escucha el texto y completa la tabla en tu cuaderno. `80021-02`

	Daniel	Sofia	la madre	el padre
quiere ir a	■	■	■	■

b. Escucha el texto otra vez. Haz frases como en el modelo.

Modelo: Daniel quiere ir a … porque …

2 ¿Y tú, adónde quieres ir?

a. Mira las fotos. ¿Conoces alguna de las ciudades o regiones españolas?

> Quiero ir a … porque …

b. Con la ayuda del mapa busca dónde se encuentran estas ciudades o regiones.

> Me gusta el mar porque … y puedo …

c. `+ideas` Habla con tu compañero/a: ¿Adónde quieres ir? ¿Por qué?

> Me gustan las montañas porque … y puedo …

la Plaza Mayor de Madrid

el Museo Guggenheim de Bilbao

la Catedral de Palma de Mallorca

la playa de Tarragona

el puerto de La Coruña

los Pirineos

3 ¿Cómo llegar a Barcelona?

a. Lee el texto y usa `80021-05` para contestar las preguntas. `+ayuda` p.184

1. ¿A cuántos kilómetros está Barcelona de Sevilla?
2. ¿Cómo se llama la autopista que conecta Francia con España?
3. ¿Cuánto tiempo necesitas en avión desde Sevilla a Barcelona?
4. ¿Cuánto tiempo necesitas para llegar en tren?

Barcelona está muy bien conectada con las principales autovías y autopistas, por ejemplo, al norte y al sur por la costa con la AP-7 (que en Europa se conoce como la E-15) y que conecta Francia con el levante español. Esta misma autopista se utiliza para viajar desde Barcelona hacia las principales ciudades de Cataluña (dirección sur: Tarragona, dirección norte: Gerona). Hacia el interior de Cataluña las principales vías son la C-16 (Manresa) y la AP-2 (Lérida).

Para que te hagas una idea de la situación de Barcelona, está a 623 kilómetros de Madrid, a 610 kilómetros de Bilbao, a 350 kilómetros de Valencia y a 1.020 kilómetros de Sevilla. Además, es una de las ciudades españolas más próxima a las principales capitales europeas, a solo 154 kilómetros de la frontera con Francia (la Jonquera), a 1.050 kilómetros de París, a 1.360 kilómetros de Roma, a 1.490 kilómetros de Londres y a 1.870 kilómetros de Berlín.

Ajuntament de Barcelona, "Cómo se llega a Barcelona". En: w110.bcn.cat, 04.12.2014

b. "Barcelona es una de las ciudades españolas más próxima a las principales capitales europeas." ¿Qué significa esta frase del texto? Elige una traducción y explica tu decisión.

1. Die spanische Stadt Barcelona liegt im Prinzip ganz in der Nähe der europäischen Hauptstädte.
2. Nur eine der spanischen Städte liegt noch näher an den europäischen Hauptstädten als Barcelona.
3. Barcelona ist eine der spanischen Städte, die am nächsten zu den wichtigsten europäischen Hauptstädten liegt.

c. `+ideas` Busca en internet adónde llegan los trenes AVE y dónde se encuentra el aeropuerto de Barcelona.

4 ¿Dónde dormir en Barcelona?

a. Mira la página web `80021-05` y busca cómo se traducen al español las siguientes palabras. Escríbelas en tu cuaderno en español y alemán y escribe también los artículos.

Hotel • Ferienwohnung •
Campingplatz • Jugendherberge •
Studentenwohnheim • Pension

  b. Buscad en internet un hotel o un hostal para la familia de los mellizos para el próximo fin de semana.

 c. Presentad el hotel o el hostal a vuestro grupo y explicad por qué es perfecto para la familia de los mellizos. M I 4.1

Caja de herramientas

el hotel o el hostal	¿Por qué?
¿Qué es? ¿Cómo se llama? ¿Cómo se llama la calle? ¿Cuánto cuesta?	• está en el centro • hay una estación de autobús muy cerca • está cerca de … • es barato • es bonito/moderno/elegante/tranquilo … • hay … • las habitaciones tienen …

 d. Tomad una decisión para uno de los hoteles o de los hostales y presentadlo a la clase.

 5 ¿Qué pueden hacer?

 a. ¿Qué puedes hacer en …?
En parejas, escribid primero las actividades que puedes hacer en una ciudad grande. Después buscad en la página web  qué podéis hacer en Barcelona. Haced una tabla.

actividades en una ciudad grande	actividades en Barcelona
visitar …	▪
ir a …	▪
ir en …	▪
hacer deporte, por ejemplo …	▪
comer …	▪

b. Tomad ahora el papel de Daniel y Sofia y discutid sobre las actividades del fin de semana. ¿Que queréis hacer primero, y cuáles son vuestras ideas para el sábado y el domingo?

> Después de llegar quiero ir a …

> ¿Por qué no …?

> (No) Me gusta …

> Mira, está muy lejos. Prefiero ir primero … y después …

6 ¿Qué van a hacer?

 a. En el texto de la página 148, la familia habla del próximo fin de semana: hablan sobre el futuro. En parejas, buscad las formas del futuro inmediato en el texto y formulad la regla de cómo se forma.

b. ¿Y tú? ¿Qué vas a hacer el próximo fin de semana? Piensa en, por lo menos, cinco actividades (¡dormir y comer también son actividades!) y escríbelas en tu cuaderno en la primera persona usando el futuro inmediato.

Modelo: Voy a quedar con mis amigos.

 c. Presenta tus planes para el fin de semana en clase. Puedes usar estas expresiones.

> El viernes/sábado/domingo …
> Después …
> Por la mañana/tarde/noche …

  d. Los mellizos van a salir el fin de semana, pero ¿qué van a hacer sus amigos de Sevilla? Mira el DVD y escucha el CD. Haz una tabla con las actividades de Álvaro, Lupe, Nicolás y Paloma, después escribe un pequeño texto sobre sus planes para el fin de semana.

CD 2·26

 DVD 20

7 Hablando del tiempo

 a. Mira otra vez las primeras dos páginas del capítulo 9 y completa la tabla en tu cuaderno. Si quieres, también puedes dibujar.

Hace …	Hay …	Está …	verbos
■	■	■	■

b. ¿Qué tiempo hace en España? Mira este mapa y escribe en tu cuaderno qué tiempo hace …

1. en Madrid.
2. en Barcelona.
3. en Bilbao.
4. en Córdoba.
5. en La Coruña.
6. en Málaga.
7. en Girona.

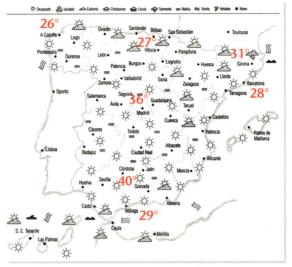

 c. ¿Qué tal el tiempo en Barcelona el próximo fin de semana? Mira el dibujo y escribe el pronóstico del tiempo.

8   ¿Y qué tiempo hace en Sevilla normalmente?

DVD
21

a. En el DVD David habla sobre el tiempo en Sevilla. Mira y escucha, después contesta las preguntas:

1. ¿Cómo es el tiempo en Sevilla en primavera?
2. ¿Qué hacen los sevillanos cuando hace mucho calor en verano?
3. +ideas ¿Por qué muchos españoles duermen la siesta?

 b. David quiere viajar a Alemania con sus padres. La familia no conoce Alemania.
David te pregunta dónde vives y qué tiempo hace durante el año, y también quiere saber cúal es tu estación favorita. Escríbele un correo electrónico. +ayuda p.184

9   Las vacaciones de tus sueños

 a. Ya se acercan las vacaciones de verano. Piensa en las vacaciones de tus sueños y escribe un texto. ¿Adónde quieres ir de vacaciones? ¿Cómo quieres ir? ¿Dónde te quedas? ¿Qué vas a hacer? +ideas p.192

b. Presenta el fin de semana de tus sueños a tus compañeros de clase. M I 4.1

B Un fin de semana en Barcelona

facultativo

 ## Un fin de semana espectacular

 SofiaDö

¡Barcelonaaaa! – con ClaudiDö y DanielDö aquí: Hotel Plaza Real, Barcelona

 Laura: ¡Guay! ¡Y qué bonita tu camiseta! ¿Es nueva? ¿Dónde la compraste?

 SofiaDö: Sí, ¡me encanta! Ayer caminamos por el barrio gótico, que tiene unas tiendas espectaculares, y allí encontré esta camiseta.

 Laura: ¡Qué bueno! ¿Y qué más hicisteis?

 SofiaDö: Pues ayer viernes nada más, solo cenamos, después fuimos al hotel y nos acostamos. Mis papás sí salieron, fueron a un bar cerca del hotel. Claudia y yo compartimos la habitación, hablamos toooda la noche. 🙂

 ClaudiDö: Sofia, Hilfe, ich verstehe ja gar nichts! Der Übersetzer funktioniert auch nicht!!!

 DanielDö

¡¡Tenemos las entradas!! Mirad Nicolás, Pablo, Álvaro: ¡Camp Nou! ¡¡Esta noche!! 🙂

 Nicolás: ¡Real Madrid! 🙂

 Álvaro: ¿Fuiste al partido ayer??? ¡Qué guay!

 DanielDö: ¡Sí! Nicolás, ¡ganó el Barça!!! 🙂🙂

 Pablo: Sí, porque Neymar metió el gol en el minuto 94 …

 ClaudiDö: ¡¡¡Neymar!!! ♥

 SofiaDö

Un sábado en la playa con ClaudiDö … ¡genial!

 SofiaDö: María, Lupe, ¿¿¿qué tal en Sevilla??? Aquí hace 33 grados 🙂

 Lupe: Nosotros con lluvia, el viernes y sábado me quedé todo el día en casa 🙁

 María: Yo tampoco salí ayer, ¡llovió a cántaros!

Carmen Carrera Reyes

con la familia en
Barcelona – aquí:
Barcelona, Centro

 Montse Reyes Montesinos: Qué recuerdos mi hija, fui a Barcelona con tu papá hace 20 años. ¿Entrasteis a la Sagrada Familia?

 Carmen Carrera Reyes: Sí, ayer, y después fuimos a la playa. Hizo mucho calor, las chicas jugaron al voleibol de playa, y yo terminé mi libro de Zafón, por fin. Mientras, Daniel y Gerald compraron las entradas para el partido del Barça. Y tú, ¿saliste con Speedy?

 Montse Reyes Montesinos: Sí, jugamos con él en el parque, después comió mucho y se acostó en el sofá con tu papá. Roncaron los dos 😊.

 DanielDö: Speedy, ¡te extrañamos!

Gerald Dörfler:

¡Qué buen sábado pasamos SofiaDö, DanielDö, Carmen Carrera Reyes, ClaudiDö!!, ¿verdad? Primero visitamos todos la Sagrada Familia y después fueron a la playa mis mujeres. Y los hombres fuimos al Camp Nou para comprar las entradas. ¡Qué suerte tuvimos! ¡Nos vendieron las últimas 5 …!

 DanielDö: Y después comimos cosas muy ricas en el Mercado de La Boquería 😊

 Carmen Carrera Reyes: ¿Comisteis en la Boquería?

 DanielDö: Sí, mamá, comí cosas muy ricas 😊

 Gerald Dörfler: Comiste como un león, mi hijo 😊

 ClaudiDö: Onkelchen, ich verstehe mal wieder gar nichts!!! War super mit euch, vielen Dank nochmal! Liebe Grüße aus Düsseldorf!

Carmen Carrera Reyes

¡Genial! – aquí: Parque Güell, Barcelona

1 ¡Barcelona!

¿Qué hicieron los cinco en Barcelona? Escribe sus actividades usando el infinitivo de los verbos. **+ideas** p. 192

actividades	■	■	■	■	■

2 ¡Todo esto es Barcelona!

Los mellizos les cuentan a sus amigos de su viaje a Barcelona. Completa en tu cuaderno con el nombre del lugar.

Daniel: El estadio de fútbol se llama ■ y es el estadio del FC Barcelona.

Sofia: La parte vieja de Barcelona se llama ■: Hay una catedral, calles estrechas y muchas tiendas pequeñas.

Daniel: El mercado central del casco antiguo se llama ■. Hay frutas y verduras, zumos riquísimos, dulces, y por supuesto diferentes tipos de jamón y queso.

Sofia: El símbolo de Barcelona es la ■, es inmensa y muy bonita, y todavía no la terminan de construir. El arquitecto se llama Gaudí, es muy famoso. En el ■ también hay muchas obras de Gaudí. Es un jardín enorme, con animales decorados con mosaicos de trocitos de cerámica de colores.

3 Una visita guiada por Barcelona

CD 2·27

a. La familia de los mellizos hace una visita guiada por el centro de Barcelona. Escucha y escribe un título para cada una de las fotos en la página 157. Familie Dörfler macht eine Stadtführung durch das Zentrum von Barcelona. Höre die Stadtführung an und finde eine Überschrift für jedes der Fotos.

CD 2·27

b. Traduce lo más importante para Claudia. Da Claudia kein Wort Spanisch versteht, müssen Daniel und Sofia für sie übersetzen. Höre die Stadtführerin noch einmal an und übersetze das Wichtigste für Claudia.

c. Describe una de las fotos a tu compañero/a usando muchas veces ser, estar y hay. Después, tu compañero/a describe otra de las tres fotos. Seguid hasta el final. ¿Quién puede usar ser, estar y hay más veces? Beschreibt euch abwechselnd die Fotos und verwendet dabei möglichst oft ser, estar und hay. Wer kann sie am häufigsten verwenden?

¡Ojo!
tener, ir und hacer sind im pretérito indefinido unregelmäßig!

Modelo: En esta foto hay una plaza. Es una plaza muy bonita. La plaza está en …

4 ¿Qué hicieron?

a. En la red social, los mellizos y sus padres cuentan muchas cosas sobre su fin de semana en Barcelona. Como hablan del pasado, usan una forma verbal del pasado, el pretérito indefinido. Busca en el texto las formas del indefinido y completa la tabla en tu cuaderno. Die Zwillinge schreiben über die Vergangenheit und verwenden dazu das pretérito indefinido. Suche die Formen im Text auf den Seiten 154 und 155.

	-ar	-er	-ir
yo	■	■	■
tú	■	■	■
él/ella/usted	ganó, ■	■	■
nosotros/as	■	■	■
vosotros/as	■	■	■
ellos/as/ustedes	■	■	■

b. Ahora mira los verbos en -ar y formula una regla. ¿Cómo se forma el pretérito indefinido?

c. Los verbos en -er e -ir tienen las mismas terminaciones. ¿Cuáles son? **G 5.4** Escribe en tu cuaderno la conjugación del verbo salir. **Ch 8**

d. En parejas, completad la tabla con las formas del pretérito indefinido de ir, hacer y tener. Preguntad a otra pareja las formas que os faltan. Einige der Formen dieser unregelmäßigen Verben findet ihr im Lektionstext (S. 154–155). Fragt eure Mitschüler nach den Formen, die euch noch fehlen. **G 5.4** **Ch 8**

ir	hacer	tener	estar
■	hice	■	■
■	hiciste	■	■
fue	■	tuvo	■
■	hicimos	■	■
■	■	tuvisteis	■
■	■	■	■

e. El verbo estar también es irregular en el pretérito indefinido, pero por suerte tiene las mismas terminaciones que tener. Completa tu tabla con las formas de estar. Auch estar ist im pretérito indefinido unregelmäßig und hat die gleichen Endungen wie tener. Vervollständige die Tabelle in deinem Heft mit den Formen von estar.

f. ¡A jugar! A nennt ein Verb im Infinitiv, B würfelt und nennt die entsprechende Person im pretérito indefinido. Die Augenzahlen des Würfels bestimmen die Person.

> comer • escribir • estar •
> hacer • ir • jugar • meter •
> pasar • salir • tener

5 ¡Pobre Nicolás!

El lunes Daniel se encuentra con Nicolás en el cole. Completa con las formas del pretérito indefinido.

> **Daniel:** ¡Hola Nicolás!, ¿qué tal?
> **Nicolás:** Así así. ¡Qué fin de semana aburrido, ■ (llover) todo el tiempo …!
> **Daniel:** Sí, ya lo sé, por eso ■ (ir) todos a Barcelona. Mi prima Claudia ■ (llegar) el jueves. ¿Y tú? ¿Qué ■ (hacer) durante el fin de semana?
> **Nicolás:** Pues nada, casi no ■ (salir). Solo el viernes ■ (quedar) con Álvaro y ■ (ir, nosotros) al cine. La peli no ■ (gustarme) mucho, pero ■ (comer) unas palomitas muy ricas, jaja. Esa noche ■ (acostarse, yo) tarde. Mi papá por suerte no ■ (tener que) trabajar el fin de semana y ■ (jugar) conmigo con el ordenador. Pero en general lo ■ (pasar, yo) muy aburrido.
> **Daniel:** ¡Pobre Nicolás!

> ¡Ojo! Wie im **presente** stehen die Pronomen im **pretérito indefinido** immer vor der konjugierten Vergangenheitszeit! Außerdem musst du beachten, dass die Spaltungsverben, die du aus dem **presente** kennst, im **pretérito indefinido** regelmäßig sind. G 5.4

6 ¿Cómo? No entiendo …

Claudia no entiende nada de lo que escribieron en español. Ayúdale y traduce las entradas que comenta. Lies noch einmal den Text auf den Seiten 154 und 155 und übersetze für Claudia die Einträge, die sie kommentiert hat.

7 ¿Qué tal tu fin de semana?

a. Ahora tú. Escribe una postal a tus abuelos y cuéntales lo que hiciste el fin de semana. Piensa en, por lo menos, seis actividades.

b. Presenta tu fin de semana a los compañeros del grupo, después ellos te entrevistan. Tienen que hacerte cinco preguntas usando las partículas interrogativas. Cada alumno tiene que hacer por lo menos una pregunta.

¿Por qué (no)?   ¿Te gustó?   ¿Con quién/es?

¿Qué?   ¿Cómo?   ¿Quién/es?   ¿A qué hora?

8 ¡Mi fin de semana fue espectacular!

El lunes Daniel y Sofía se encuentran en el cole con sus amigos y hablan del fin de semana. En grupos, inventad el diálogo.

… y en el minuto 94 Neymar metió el gol y ¡ganó el Barça!

9 Un caramelo para ti

a. ¿Tienes ganas de conocer Barcelona? Mira el vídeo `80021-04` y haz una lista de todo lo que muestra de Barcelona.

Modelo: la playa, los hoteles, el Mercado de la Boquería, …

b. Cantad la canción todos juntos. Aquí encontráis la letra: `80021-08`

MK 10 El blog de Daniel

a. Lee el blog de Daniel `80021-07` y busca en Internet qué es "el clásico".

b. Mira la página web del FC Barcelona en *www.fcbarcelona.es* y contesta las preguntas:

1. ¿Cuál es el próximo partido del Barça?
2. ¿Cuánto cuesta la entrada para ver el partido?
3. ¿Cómo se dice "entrada", "tienda" y "próximo partido" en catalán?

c. Lee otra vez el blog de Daniel y busca las palabras relacionadas con el fútbol. Escríbelas en tu cuaderno y piensa en cinco más que te interesan. Búscalas en el diccionario y completa tu lista. También puedes hacer un mapa mental.

8 Los temas de conversación

1 Hablar del tiempo

Im Deutschen gebrauchen wir meistens „ist", wenn wir vom Wetter sprechen:	Im Spanischen werden hace und hay verwendet.	
Es ist windig. Es ist sonnig./Die Sonne scheint. Es ist warm/kalt/schönes Wetter.	Hace viento. Hace sol. Hace (mucho) calor. Hace (mucho) frío. Hace buen/mal tiempo.	Hay nieve. Hay lluvia.
las estaciones: La primavera El verano El otoño El invierno	Man benutzt hace auch, wenn man von Temperaturen spricht: Hace 6 grados (bajo cero). Und auf die Frage ¿A qué temperatura estamos? antwortest du Estamos a … grados.	

2 Hablar del futuro

ir a + Infinitiv				
yo	voy			
tú	vas			trabajar
él/ella/usted	va	a	+ Infinitiv:	comer
nosotros/as	vamos			vivir
vosotros/as	vais			
ellos/as/ustedes	van			

3 Hablar del pasado

Wenn du über Ereignisse in der Vergangenheit sprechen möchtest, verwendest du das pretérito indefinido.

regelmäßige Verben			unregelmäßige Verben		
-ar	-er	-ir	ir /ser	hacer	tener
trabajé	comí	viví	fui	hice	tuve
trabajaste	comiste	viviste	fuiste	hiciste	tuviste
trabajó	comió	vivió	fue	hizo	tuvo
trabajamos	comimos	vivimos	fuimos	hicimos	tuvimos
trabajasteis	comisteis	vivisteis	fuisteis	hicisteis	tuvisteis
trabajaron	comieron	vivieron	fueron	hicieron	tuvieron

Tu reto, paso por paso

Tu reto

Hay vuelos muy baratos a España. Imagínate que tu curso de español quiere salir de excursión el próximo fin de semana, pero todavía no sabéis adónde ir. Elige el destino y los medios de transporte e infórmate sobre las actividades y los sitios de interés turístico. Busca un alojamiento y cuéntales a tus compañeros algo sobre el tiempo que hace en el destino y el pronóstico del tiempo para el fin de semana. Haz una presentación Powerpoint.

Stelle Dir vor, deine Spanischklasse möchte am kommenden Wochenende nach Spanien fliegen, aber ihr wisst noch nicht, wohin. Wähle ein Ziel und die Verkehrsmittel aus und informiere dich über mögliche Aktivitäten und die Sehenswürdigkeiten vor Ort. Suche eine Unterkunft und berichte deinen Klassenkameraden über das Wetter vor Ort und die Voraussage für das Wochenende. Erstelle eine Powerpoint-Präsentation.

Paso uno: Entscheide dich zunächst für ein Reiseziel. Suche dann Informationen im Internet oder in Reiseführern. Mache dir Notizen und notiere dir die Quellen. Hier kannst du nach Informationen suchen: www.spain.info/es (Informationen zu Reisezielen, Unterkünften und Verkehrsmitteln), www.eltiempo.es (Informationen zum Wetter).

Paso dos: Erstelle nun deine Powerpoint-Präsentation. Beachte dabei folgendes:
- Wähle einen Titel für deine Präsentation.
- Erstelle eine Folie mit der Gliederung des Inhalts.
- Achte auf eine klare, übersichtliche Darstellung.
- Reduziere die Inhalte auf das Wesentliche.
- Verwende Bilder als Symbole für den Inhalt.
- Nenne am Ende deine Quellen.

Paso tres: Arbeite nun am mündlichen Vortrag. Auf diesem liegt nämlich der Schwerpunkt einer Präsentation. Die Folien dienen lediglich dazu, den Inhalt zu veranschaulichen und dem Zuhörer das Erinnern zu erleichtern. Erarbeite einen Redeplan. Nenne zuerst das Thema und dann die Gliederung deines Vortrages. Suche nach dem Hauptteil einen interessanten Abschluss für deinen Vortrag.

Paso cuatro: Mache dir einen Stichwortzettel als Gedächtnisstütze für deinen Vortrag. Du kannst ihn auch erst ausformulieren und dann den Kniff mit dem Knick anwenden. Diese Methode kennst du ja schon. M 14.1

Paso cinco: Übe nun den Vortrag. Viel Erfolg!

¡Tú sí puedes!

+ Autocontrol

Hier kannst du selbst überprüfen, ob du den Stoff des Kapitels gut beherrschst: 80021-09 . Wenn du eine kleine Pause zum Wiederholen brauchst, ist das auch nicht schlimm. **¡Tómate tu tiempo!**

S

Suplemento

Navidad 80021-06

El abecedario de la Navidad

el **Á**rbol de Navidad

el **B**elén

En muchas casas montan un belén con el niño Jesús, José y María en el establo.

el **Á**ngel

Las **C**ampanas

Feliz Navidad y Próspero Año Nuevo

El típico saludo en estas fiestas.

la **M**isa del gallo

Las **G**alletas

En España el día 24 de diciembre es un día muy importante.

Hay una cena en familia y después todos van a la iglesia – a la misa del gallo – a medianoche.

el **P**apá Noel

La **N**ochebuena

El 24 de diciembre se llama Nochebuena.

Los **R**eyes Magos

En España los Reyes Magos traen los regalos a los niños el 6 de enero.

Las **P**iñatas

En México los niños celebran la Navidad con piñatas enormes con caramelos y regalos.

Los **R**egalos

Los **V**illancicos

el **T**urrón

Un dulce típico que comen los españoles en Navidad.

Las **V**elas

Las típicas canciones de Navidad.

El blog de Navidad

¡Hola a todos!

Ya estamos en diciembre y se acerca la Navidad. ¡Qué rápido pasa el tiempo! Como en Alemania, la Navidad aquí en España es una fiesta muy bonita y alegre. Antes, cuando vivíamos en Düsseldorf, pasábamos la Navidad siempre con los abuelos en España. Ahora vienen ellos a nuestra casa de Sevilla. Nos encanta la Navidad porque decoramos la casa con luces y velas, y ponemos un árbol de Navidad en casa. Para los españoles también es muy importante el belén con el niño Jesús y sus padres, José y María. Claro que sí, nosotros también tenemos un belén en el salón.

En Navidad cantamos villancicos con toda la familia. Son canciones tradicionales que se escuchan en todas las tiendas y las calles. A nuestra familia y a nuestros amigos les escribimos postales y les felicitamos con **¡Feliz Navidad!** Bueno, a nuestros amigos también les enviamos mensajes por el móvil … Pero nuestros abuelos y los tíos siempre quieren su postal escrita por nosotros ☺.

Algo muy típico de aquí es el gran sorteo de Navidad. Ese día los premios son muy grandes. El premio principal se llama "el gordo" ☺ y en España todos juegan a la lotería, también nuestros padres. A ver si nos hacemos millonarios este año ☺ …

El 24 de diciembre aquí se llama Nochebuena. Hay una cena en familia y a la mañana siguiente también comen todos juntos porque es el Día de Navidad. En las fiestas de Navidad, nuestros padres toman cava. Es un vino con gas, parecido al champán. A nosotros nos encantan los dulces típicos de Navidad, son muy buenos los turrones y los barquillos. También hay polvorones y mazapanes.

El 31 de diciembre es Nochevieja. A las 12 de la noche comemos 12 uvas. Es muy divertido porque tienes que comer una uva con cada campanada del reloj o de las campanas de las iglesias. Eso te trae suerte para todo el año. En Alemania en las noticias casi siempre muestran la Puerta del Sol de Madrid donde la gente come las uvas a las 12 de la noche.

Ah, falta lo más importante: ¡los regalos! Es que aquí Papá Noel les trae los regalos el 24 de diciembre solo a algunos niños. La mayoría de los niños recibe sus regalos en la noche del 5 al 6 de enero de los Reyes Magos, Melchor, Gaspar y Baltasar. Es el último día de las fiestas. Antes, los niños pequeños les escriben una carta a los Reyes y les piden juguetes. Pero nosotros ya no lo hacemos, claro ☺. Si los niños se han portado bien ese año reciben sus regalos, pero si no, reciben carbón.

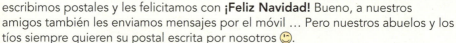

45 ¡El Día de Reyes es un día genial! En casa comemos Roscón de Reyes, y por la noche llegan los Reyes en sus camellos a las ciudades y a los pueblos y reparten los regalos. En todas las grandes ciudades hay una cabalgata de los Reyes Magos que es un poco como nuestro carnaval de Düsseldorf. Mira la 50 de Sevilla en Internet: `80021-04`

Así pasamos las fiestas en España. Ahora os deseamos a todos vosotros: **¡Feliz Navidad y buenas vacaciones de invierno!** Nosotros vamos a pasar unos días en la Sierra Nevada para esquiar, 55 ¡qué guay! ¿Y qué planes tenéis vosotros?

Hasta pronto, un abrazo desde Sevilla
Daniel y Sofia

Las costumbres navideñas

En tu cuaderno, completa la tabla con las costumbres en …

… España	… España y Alemania	… Alemania
■	■	■

comer 12 uvas el 31 de diciembre a las 12 de la noche • poner un árbol de Navidad en casa • montar un belén en casa • montar una corona de Adviento • cantar villancicos • ir a misa • decorar la casa con luces y velas • ir al mercado de Navidad • Papá Noel o el niño Jesús traen los regalos el 24 o el 25 de diciembre • los Reyes Magos traen los regalos el 6 de enero • la Cabalgata de Reyes • comer juntos en familia • jugar a la Lotería de Navidad • abrir una puerta en el calendario de Adviento todos los días • beber cava o champán

¡A cantar! `80021-04`

Campana sobre Campana

Campana sobre campana,
y sobre campana una,
asómate a la ventana,
verás al niño en la cuna.

estribillo:

Belén, campanas de Belén,
que los ángeles tocan,
¿qué nuevas me traéis? *(2x)*

– Recogido tu rebaño
¿a dónde vas, pastorcillo?
– Voy a llevar al portal
requesón, manteca y vino.

estribillo

Campana sobre campana,
y sobre campana dos,
asómate a la ventana,
porque está naciendo Dios.

estribillo

– Caminando a media noche
¿dónde caminas, pastor?
– Le llevo al niño que nace
como a Dios mi corazón.

estribillo

Yo soy Vicentico

Yo soy Vicentico que vengo a cantar
al niño que llora hacerlo callar,
al niño que llora hacerlo callar.

estribillo:

Le falta por dormir, le falta por soñar.
No llores mi niño, no llores, no,
no llores mi niño, no llores, no.

La Virgen Santísima es tan pobrecita
que no le ha hecho al niño ni una camisita,
que no le ha hecho al niño ni una camisita.

estribillo

Yo soy Vicentico que vengo a cantar
al niño que llora hacerlo callar,
al niño que llora hacerlo callar.

estribillo

 ## Los Reyes Magos en México

Es miércoles, 19 de diciembre. Valeria, la tía de Lupe, y su hijo pequeño Sebastián están preparando todo para las fiestas de Navidad. Están decorando la casa y están escribiendo tarjetas de felicitación para su familia.

Valeria: Mira Sebastián, ya no faltan muchas, solo la tarjeta para los abuelos. Hay que terminarla hoy porque seguro que ya la están esperando.

Sebastián: Y también tenemos que escribir la carta a los Reyes Magos, mamita … Me he portado muy bien, ¿verdad que sí?

Valeria: Bueno, a veces sí …

Sebastián: Mamita, no entiendo cómo pueden repartir todos los regalos a los niños en México en una sola noche.

Valeria: Mira, es que no van a pie. Melchor monta un elefante, Gaspar un camello, y Baltasar un caballo. Tenemos que dejar unas galletas y unos vasos de leche en la sala para los Reyes y sus animales. Se toman una pausa en nuestra casa

15

Sebastián: y ya están listos para seguir su viaje. Si escuchas un ruido por la noche, es el elefante.

Sebastián: ¿Pero cómo saben qué traerme? Quiero escribirles ya.

Valeria: No te preocupes, ahorita les escribimos una carta.

Sebastián: Sí, mira, yo quiero un coche, bombas de agua, un gato, un acuario …

Valeria: Bueno, bueno …

 ## Ahora tú

a. Escribe una "Carta a los Reyes Magos" con tus deseos como en el modelo. Puedes empezar así:

Modelo: Queridos Reyes Magos de Oriente: Os pido mis deseos de felicidad y mis regalos: …

b. Prepara una tarjeta de Navidad para tu familia o para un amigo. Escribe una felicitación navideña. Puedes usar el diccionario.

Modelo: Te / os deseo …

 ## Un poema

En algunas regiones de España es tradición recitar un poema antes de comer el Roscón con la familia. Hay dos sorpresas escondidas en cada Roscón, que le traen suerte a la persona que las encuentra. Practica el poema y léelo en clase en voz alta.

 ## Una receta

¿Por qué no preparáis un Roscón de Reyes en casa o en clase? Aquí encontráis la receta paso a paso:

`80021-05`

Feliz Roscón de Reyes

He aquí el Roscón de Reyes,
tradición de un gran banquete,
en el cual hay dos sorpresas
para los que tengan suerte.

En él hay, muy bien ocultas,
un haba o una figura;
el que lo vaya a cortar
hágalo sin travesura.

Quien en la boca se encuentre
una cosa un tanto dura,
a lo peor es el haba
o a lo mejor la figura.

Si es el haba lo encontrado
este postre pagarás,
mas si ello es la figura
coronado y Rey serás.

ayuda

zu Seite 3 (Sevilla)

2 **a** Überlege, welche spanischen Wörter du schon kennst. Wenn dir selbst gar keine spanischen Wörter einfallen, schau dir mal diese an. Weißt du, was damit gemeint ist?

> paella • ¡Adiós! • ¡Buenos días! • sol • playa • fiesta • amigo

zu Seite 11 (Kapitel 1 A)

3 **a** Woher kommen die Jugendlichen? Höre gut zu und ordne ihnen die folgenden Städte zu. Suche diese dann in dem jeweiligen Land auf der Karte.

Javier	Valeria	Yesenia	Orlando
Buenos Aires, Argentina	Santiago de Chile, Chile	Quito, Ecuador	Madrid, España

Modelo: Javier es de …

zu Seite 13 (Kapitel 1 A)

4 **c** Achte besonders auf die Aussprache der spanischen Buchstaben ll, c (vor e, i und o), ñ und ch.

zu Seite 19 (Kapitel 1 B)

5 **a** Ordne den Fragen die richtigen Antworten zu.

> 1. ¿Cómo te llamas?
> 2. ¿Qué es Sevilla para ti?
> 3. ¿De dónde eres?
> 4. ¿Qué tal?

> A. Soy de España, de Sevilla.
> B. Así así. ¿Y tú?
> C. Me llamo Daniel.
> D. Para mí, Sevilla es la playa, el flamenco y la Giralda.

zu Seite 24 (Kapitel 2 A)

3 **e** Höre gut zu und erstelle eine Tabelle mit den Namen und dem Alter der Personen.

nombre (edad)	Lucía (■)	Pepe (■)	Carlos (■)	Pilar (■)
hermano / a (edad)	Paula (■)	■	■	■

zu Seite 25 (Kapitel 2A)

4 b Ergänze den unbestimmten Artikel.

> 1. Daniel tiene ■ hermana melliza. Los dos tienen ■ perro, se llama Speedy.
> 2. Abuelo, ■ helado, por favor. – ■ momento, Daniel …
> 3. Pablo tiene dos hermanos: ■ hermano y ■ hermana.

> Viele spanische Wörter, die mit **o** enden, sind **männlich**. Wörter, die auf **a** enden, sind oft **weiblich**!

zu Seite 26 (Kapitel 2A)

5 c Setze die richtige Verbform von tener in den Lückentext ein. Du musst 1× tengo, 1× tienes, 2× tiene, 1× tenemos und 1× tienen einsetzen.

Überlege immer zuerst, wer etwas hat (auch das Alter „haben" die Spanier). Ist es eine Person (tengo, tienes, tiene) oder sind es mehrere Personen (tenemos, tenéis, tienen)? Die Verbform richtet sich nämlich immer nach dem Subjekt!

zu Seite 27 (Kapitel 2A)

7 b Vervollständige die Sätze von Aufgabe 7 mit den Verben hablar, trabajar und cenar. Hier sind die Verben bereits konjugiert. In welche Lücke passen sie?

> habla • hablas • trabaja • hablan • hablan • habla • cenan • trabaja

zu Seite 29 (Kapitel 2B)

4 Vervollständige den Text mit den richtigen Formen der Verben in Klammern.

> Daniel y Sofia ■ (ser) de Düsseldorf. ■ (tener) 12 años y ■ (ser) mellizos. El padre de los mellizos ■ (ser) piloto, la madre también ■ (trabajar) en Sevilla. Sofia y Daniel ■ (hablar) alemán, inglés y un poco de español. Ya ■ (tener) nuevos amigos en Sevilla, se llaman Pablo y Nicolás.

zu Seite 30 (Kapitel 2B)

 5 Schreibe einen kleinen Vorstellungstext zu Pablo und Nicolás.

- 12 años
- dos hermanos: una hermana (15 años) y un hermano (17 años)
- un perro: Chulo, 8 años
- peces

Pablo

- 11 años
- hermanos: no
- un gato y dos periquitos

Nicolás

7 a Bilde Fragen und befrage drei Mitschüler/innen. Schreibe ihre Antworten auf.

> ¿Qué tal? • ¿Cómo ■ (llamarse)? • ¿Cuántos años ■ (tener)? •
> ¿De dónde ■ (ser)? • ¿Qué ■ (ser) España para ti?

8 Schreibe einen kleinen Text und stell dich vor. Verwende für deinen Text die folgenden Ausdrücke.

> Me llamo … • Soy de … • Tengo … años. •
> (No) Tengo … hermano/s/hermana/s. • (No) Tengo …
> mascota/s. • Se llama/n … • Hablo (un poco de) …

zu Seite 35 (Kapitel 3 Auftakt)

1 b Welche Dinge hat Sofia? Welche Dinge hat Daniel? Ordne zu. Aber Achtung: Einige Gegenstände musst du sowohl bei Daniel als auch bei Sofia einordnen.

> la mochila • el cuaderno • el borratintas •
> el libro • el estuche • el boli •
> la goma de borrar • el lápiz

zu Seite 37 (Kapitel 3 A)

1 Ordne die Fragen den Antworten zu.

> 1. ¿El colegio se llama Huerta Santa María?
> 2. ¿El colegio está en Triana?
> 3. ¿Hay 22 alumnos en el aula?
> 4. ¿La profesora se llama Alicia González?
> 5. ¿Sofia y Daniel viven en Triana?
> 6. ¿Bienvenidos es Guten Tag?
> 7. ¿Laura tiene los deberes?
> 8. ¿Los alumnos en España beben en clase?

> A. No, no se llama Alicia González, se llama Alicia Muñoz.
> B. Sí, Sofia y Daniel viven en Triana.
> C. No, no se llama Huerta Santa María, se llama Huerta Santa Ana.
> D. Sí, hay 22 alumnos en el aula.
> E. No, los alumnos no beben en clase.
> F. No, Laura no tiene los deberes.
> G. No, no está en Triana, está en Gines.
> H. No, Bienvenidos no es Guten Tag, es Herzlich Willkommen.

zu Seite 39 (Kapitel 3 A)

4 a Vervollständige den Text und achte besonders auf die hervorgehobenen Wörter: Am Subjekt des Satzes erkennst du, welche Verbform du verwenden musst. Denke daran: Nach dem Subjekt fragst du immer mit „wer"!

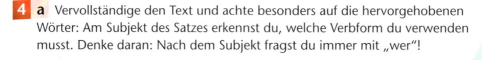

> Hoy escribo en español. Es mi primer día en el colegio y (yo) trabaj■ mucho en clase. Daniel y yo escuch■ con mucha atención a Alicia. Laura nunca escuch■, siempre habl■ con Álvaro. Nosotros revis■ los deberes, después trabaj■ en pareja. ¿Vosotros también trabaj■ mucho en clase? ¿Bebéis en clase? Aquí los alumnos no beben en clase.

d Sortiere die Formen der Verben auf -er und -ir. Welche unterscheiden sich und welche sind gleich?

> abro • bebe • bebéis • abre •
> abrimos • bebo • beben • bebes •
> abrís • abres • bebemos • abren

zu Seite 43 (Kapitel 3 B)

1 **a** Was gibt es in der Schule? Ordne die Namen der Räume den Fotos auf der Seite 43 zu.

> un comedor • una biblioteca •
> un aula de música • un aula de
> informática • un laboratorio

zu Seite 46 (Kapitel 3 B)

8 **a** Wann wird estar und wann hay verwendet? Schreibe die folgenden Punkte in dein Heft ab und notiere für estar ein **E** und für hay ein **H**.

> Mit estar und hay beschreibe ich einen Ort:
> - ■ verwende ich, um zu sagen, was, wer oder wieviel/e sich darin befinden.
> - ■ verwende ich, um zu sagen, wo sich etwas / jemand befindet.
>
> - ■ – vor Substantiven ohne Artikel
> - ■ – vor Substantiven mit bestimmtem Artikel
> - ■ – vor unbestimmten Substantiven mit unbestimmtem Artikel
> - ■ – vor Ortsangaben von Personen und Dingen
> - ■ – vor Mengenangaben
> - ■ – vor Zahlen + Substantiv

b Vervollständige die Sätze von Aufgabe 8b auf der Seite 46 mit hay oder mit der richtigen Form von estar. Du musst 2× hay, 3× está und 1× están einsetzen.

zu Seite 51 (Kapitel 3 reto)

R Überlege dir, was du auf deinem Flyer mitteilen möchtest.
Hier sind Ideen für deinen Flyer:
- • Welche Räume gibt es in deiner Schule? Wie viele? Wo befinden sie sich?
- • Wie viele Schülerinnen und Schüler gehen in deine Schule?
- • Wie viele Lehrerinnen und Lehrer unterrichten bei euch?
- • Wo liegt die Schule? Ist sie groß oder klein?

zu Seite 55 (Kapitel 4 A)

1 Bilde zu jeder dieser Personen einen Satz und erkläre, mit wem sie wie verwandt ist. Sortiere dabei zuerst, wer zur Familie der Zwillinge und wer zu Lupes Familie gehört.

Modelo:

| … es | el padre / la madre
el abuelo / la abuela
el tío / la tía
el hermano / la hermana
el primo / la prima
el hijo / la hija | de … (y …) | Claudia • Valeria •
Wilhelm • Dulce •
Tanja • Paco •
Clara • Rubén •
Manfred • Lisa •
Raúl • Sebastián |

---

zu Seite 56 (Kapitel 4 A)

3 a Im Text werden die Familien von Lupe und den Zwillingen mit diesen Adjektiven beschrieben. Schaue nach, mit welcher Endung sie dort verwendet werden, und vervollständige damit die Tabelle auf der Seite 56.

bonito	grande	rubio	gordito
delgado	moreno	divertido	bajo
genial	activo	simpático	tranquilo
pequeño	listo	guapo	cariñoso

b Schaue dir die Adjektive im Text noch einmal an und füllt zu zweit die Lücken aus.

> Die Adjektive stehen im Satz normalerweise ■ einem Substativ.
> Adjektive werden an ■ angeglichen.
> Por ejemplo: bonito: el chico ■ – la chica ■
> los chicos ■ – las chicas ■

---

zu Seite 57 (Kapitel 4 A)

4 Vervollständige Lupes E-Mail mit den Adjektiven. Am Substantiv kannst du erkennen, ob die Adjektivendung männlich oder weiblich, Singular oder Plural sein muss.

> Querida abuelita:
>
> En el cole tengo dos ■ (nuevo/a) amigos. Se llaman Sofia y Daniel. Son mellizos y son muy ■ (simpático/a). Sofia es mi compañera ■ (favorito/a) en clase. ¡(Sofia) Es ■ (genial)! (Sofia) Es ■ (guapo/a), y ella y su hermano son ■ (listo/a) y muy ■ (divertido/a). Tienen un perro: Speedy es ■ (grande), ■ (cariñoso/a) y un poco ■ (pesado/a).
>
> Un abrazo,
> Lupe

5 Lupe tiene muchos primos, son 22. Los mellizos tienen pocos primos, Claudia, Raúl y Paco. En las fiestas de su familia hay poca gente. Mucho und poco werden wie Adjektive an die Personen oder Dinge angepasst. Achte darauf, ob sie im Plural oder Singular stehen. Du erinnerst dich bestimmt, dass spanische Substantive im Plural mit „s" enden. Vervollständige den Text mit den Formen von mucho/a/os/as und poco/a/os/as.

> Los mellizos tienen much■ fotografías de su familia en sus habitaciones. En las fotos hay poc■ gente: Daniel y Sofia tienen solo tres tíos y tres primos; son poc■. En la familia de Lupe hay much■ gente: tiene much■ tíos en México. En México hay much■ familias grandes.

zu Seite 59 (Kapitel 4A)

10 a Vervollständige in deinem Heft diese Tabelle mit allen Possessivbegleitern und den zugehörigen Substantiven aus dem Text auf den S. 54–55. Ergänze dann die fehlenden Formen und denke auch an die Regeln zur Pluralbildung und Adjektivangleichung.

	Singular		Plural	
	♂	♀	♂	♀
yo	mi prima		■	
tú		■	tus abuelos	
él / ella / usted	su hermano		■	
nosotros/as	■	■	■	■
vosotros/as	vuestro padre	■	■	vuestras tías
ellos/as / ustedes		■	sus hijos	

b Schaue dir die Tabelle noch einmal an und fülle die Lücken aus.

> Bei den Personen ■, ■, ■ und ■ gibt es bei den Possessivpronomen nur eine Form im Singular und eine Form im Plural.
>
> Bei den Personen ■ und ■ gibt es insgesamt vier Formen. Hier muss man genau darauf achten, ob das Substantiv ■ oder weiblich ist und im Singular oder ■ steht.

zu Seite 60 (Kapitel 4A)

10 c Vervollständige den Dialog auf der Seite 60 mit diesen Possessivpronomen: 2× mi, 2× su, 1× nuestro, 1× nuestra, 1× nuestros, 1× vuestros, 1× vuestras, 2× sus.

zu Seite 61 (Kapitel 4A)

13 Vervollständige den Text von Aufgabe 13 mit muy, mucho und muchos/as in deinem Heft. Achtung: Muy ist unveränderlich, mucho muss wie ein Adjektiv an das Geschlecht und die Anzahl des Substantivs angeglichen werden!

Modelo: Mi tía es **muy** simpática. Tiene **muchos** amig**os**.

zu Seite 64 (Kapitel 4B)

2 Wähle die richtige Lösung und antworte in deinem Heft mit ganzen Sätzen.

Modelo: La familia Dörfler está en una granja.

1. ¿Dónde está la Familia Dörfler?
   b. En un zoológico.
   c. En una granja.

2. ¿Cómo son los mellizos a veces?
   b. Como perro y gato.
   c. Como pavo y cerdo.

3. ¿Qué animales hay en la granja escuela?
   b. Conejillos de Indias y ratones.
   c. Cabras, gallinas y cerdos.

4. ¿Cómo está Speedy a veces en casa?
   a. Complicado.
   b. Triste y solo.

5. ¿Cómo está Speedy en la granja?
   a. Alegre.
   b. Aburrido.

3 a Hier siehst du zwei Sätze aus dem Text mit por qué und porque. Übersetze sie und erkläre den Unterschied.

- En casa Speedy está solo porque no tiene amigos.
- ¿Por qué no buscamos un compañero para él, aquí en la granja?

zu Seite 65 (Kapitel 4B)

4 a Schau dir die Bilder auf Seite 65 an und vervollständige die Regel für den unterschiedlichen Gebrauch von ser + Adjektiv und estar + Adjektiv. Sprich auch mit deinem Mitschüler / deiner Mitschülerin darüber.

> Um zu sagen, dass etwas immer so ist, benutzt du ■ . Um zu sagen, dass etwas nur kurzfristig ist, benutzt du ■ . Eine Hilfe sind diese Signalwörter aus dem Text:
> für ser: ■   – für estar: ■

c Vervollständige die Sätze mit ser und estar und achte dabei auf die hervorgehobenen Wörter. Diese Signalwöter zeigen dir an, welches der beiden Verben du verwenden musst.

1. Speedy siempre ■ alegre. Pero mira, en este momento ■ triste.
2. Álvaro tiene un conejo, Gonzo. Gonzo come mucho y a veces ■ un poco loco.
3. Los gatos de Laura ■ graciosos. Pero mira, hoy ■ muy tranquilos.
4. ¿Por qué Pablo tiene un perro? – Tiene un perro porque, para él, los perros ■ geniales.

---

zu Seite 67 (Kapitel 4B)

8 c Diskutiert über eure Lieblings-haustiere. Findet euch dazu in kleinen Gruppen zusammen – jeder von euch sollte ein unterschiedliches Lieblings-haustier haben. Versuche jetzt, die anderen mit guten Argumenten von deinem Lieblingshaustier zu überzeugen. Du kannst die folgenden Argumente benutzen und dir selbst noch einige ausdenken.

- Es un animal de ciudad y no es un animal de campo.
- Es muy gracioso / loco / interesante / bonito / …
- No es mucho trabajo. Es muy fácil. No es muy complicado.
- Necesito solo una jaula en casa.
- Mi mascota favorita es como un amigo.
- Es un animal pequeño. No come mucho.

---

9 Verbinde die Antworten mit den passenden Fragen.

1. Este es Speedy, el perro de Sofia y Daniel.
2. Speedy es de Alemania, de Düsseldorf.
3. Mi gato tiene 8 años.
4. Mi mascota es muy grande y divertida.
5. Estos son Trébol y Cardo, mis conejos.
6. Chulo es la mascota favorita de Pablo porque es genial.

A. ¿Por qué es su mascota favorita?
B. ¿Quién es?
C. ¿Quiénes son?
D. ¿Cuántos años tiene?
E. ¿Cómo es tu mascota?
F. ¿De dónde es?

---

zu Seite 69 (Kapitel 4B)

13 a Deine Mutter möchte alles über deine spanische Gastfamilie wissen: Beschreibe sie ihr mithilfe der Informationen aus Lupes Mail auf der Seite 69. Diese Fragen helfen dir:

¿Cómo se llaman los padres y los hermanos de Lupe? • ¿Cuántos años tienen? •
¿Cómo son? • ¿Quién vive también en casa de Lupe?

b Antworte auf Lupes E-Mail und stelle dich und deine Familie vor.

Caja de herramientas

So beginnst du deine E-Mail:
- ¡Hola! ¿Qué tal?
- Yo estoy … (genial, fenomenal, bien, regular, mal)
- Muchos saludos desde …

So beendest du deine E-Mail:
- Saludos …
- Un beso.
- ¡Hasta pronto!

So antwortest du auf Lupes Fragen:
- En mi casa viven …
- Mi (madre / padre / …) se llama … y tiene … años.
- Es … (listo / simpático / tranquilo / chulo / aburrido / …)
- Mi familiar favorito es … porque …

zu Seite 75 (Kapitel 5 A)

2 a Was steht jeweils hinter me gusta/n? Verbinde und schreibe dann zu jedem einen eigenen Beispielsatz in dein Heft.

1. Me gusta el fútbol.	**A.** Verb
2. Me gusta tocar el violín.	**B.** Substantiv im Singular
3. Me gustan las canciones.	**C.** Substantiv im Plural

zu Seite 76 (Kapitel 5 A)

3 c Vervollständige die Sätze mit me, te, le, nos, os, les. Achte dabei auf die hervorgehobenen Wörter: Sie zeigen dir an, wem etwas gefällt und welches Pronomen du einsetzen musst.

1. ¿Qué ■ gusta a Ana? – ■ gusta el fútbol.
2. A ti ■ gusta mucho hablar por teléfono, pero a mí ■ gusta chatear.
3. A ella ■ gustan los libros y no ■ gusta nada la tele.
4. A mí no ■ gusta nada el flamenco, pero el grupo "Chambao" sí ■ gusta.
5. A Daniel y a Álvaro ■ gusta mucho chatear.
6. A nosotros ■ gusta tocar la guitarra. Y a vosotros, ¿ ■ gusta también?
7. A Daniel ■ gusta mucho quedar con amigos.
8. A él ■ gustan bastante las canciones de Shakira.

zu Seite 77 (Kapitel 5 A)

5 b Sprich mit deinem Mitschüler / deiner Mitschülerin über eure Vorlieben und macht euch Notizen in eurem Heft.

Modelo:

A mí		me		mucho	los deportes / la música / …
A Pia / Markus	(no)	le	gusta/n	bastante	el tenis / el balonmano / …
A nosotros		nos	encanta/n	nada	tocar el piano / …

zu Seite 78 (Kapitel 5 A)

6 d Wer macht was? Konjugiere die Verben und bilde Sätze.

Daniel
Sofia
María
Nicolás
…

- jugar al fútbol
- ir a la heladería
- hacer los deberes
- tocar un instrumento

- ir al centro
- hacer deporte
- ir a la bolera
- tocar el violín
- jugar al baloncesto

- jugar con la consola
- ir al polideportivo
- tocar la guitarra
- ir al cine
- hacer un bocadillo

zu Seite 82 (Kapitel 5 B)

1 Wie sagst du das auf Spanisch? Ordne zu.

1. So meldest du dich am Telefon.
2. So sagst du, wer dran ist.
3. So verlangst du eine Person zu sprechen.
4. So fragst du, wer spricht.

A. ¿Me puede poner con …?
B. ¿De parte de quién?
C. ¿Diga?
D. De (parte de) …

zu Seite 85 (Kapitel 5 B)

6 b Beschreibe anhand deines Kalenders deine Woche und sage auch, was du gern machst und was nicht.

Modelo: El lunes tengo clase de violín, **pero** no me gusta mucho. El sábado siempre juego al fútbol. Me encanta **porque** me gusta pasar mucho tiempo con mis amigos.

+

ayuda

zu Seite 86 (Kapitel 5 B)

8 a Ordne diese Aktivitäten den Fotos auf der Seite 86 zu.

> ver la tele • ir en bici • tocar la guitarra • ir al cine • jugar al baloncesto

9 a Arbeite mit einem Partner. Lasst ein Blatt Papier hin- und herwandern, auf dem ihr euch Nachrichten schreibt, ohne miteinander zu sprechen. Klärt folgende Fragen: Was wollt ihr machen? Wo und wann wollt ihr euch treffen? Verwendet dazu die chuleta 4 auf der Seite 88.

10 a Lies die Postkarte und wähle die richtige(n) Antwort(en) aus.

1. ¿Dónde está Gerald Dörfler?
   a. Está en México.
   b. Está en Chile.
   c. Está en Argentina.

2. ¿Qué hace allí?
   a. Está en un café en el centro.
   b. Escribe una postal.
   c. Bebe un café.

3. ¿Cuántos habitantes tiene Chile?
   a. Chile tiene cinco millones de habitantes.
   b. Chile tiene cuatro millones de habitantes.
   c. Chile tiene quince millones de habitantes.

4. ¿A Gerald Dörfler le gusta Santiago de Chile?
   a. Le gusta porque es una ciudad tranquila.
   b. Le gusta porque es una ciudad fenomenal.
   c. No le gusta porque es muy aburrida.

zu Seite 93 (Kapitel 6 A)

1 Wähle die richtige(n) Antwort(en) aus.

a. La familia Dörfler habla de
1. las habitaciones de los chicos.
3. los muebles de la casa.

b. Daniel quiere
1. poner una lámpara en su habitación.
2. leer sus mensajes.

c. Speedy está
1. debajo de la mesa.
2. triste porque Daniel no juega con él.

d. Sofia va
1. a la tienda de muebles.
3. al parque con Speedy.

zu Seite 94 (Kapitel 6 A)

3 Nicolás ruft Daniel auf dem Handy an. Vervollständige den Dialog in deinem Heft mit den Formen von tener que (müssen), poder (können) und querer (wollen). Denke daran, dass poder (o → ue), querer (e → ie) und tener (e → ie) Spaltungsverben sind.

4 Am Samstagabend erzählt Daniel Nicolás von seinem neuen Zimmer. Vervollständige seine Nachricht auf der Seite 94 mit diesen Ortsangaben:

> a la derecha de • a la izquierda • al lado de • debajo de •
> encima de • enfrente de • en (2x) • entre

zu Seite 95 (Kapitel 6 A)

7 **a** Vervollständige den Dialog mit todo, todo el / toda la, todos los / todas las und todo tu / toda tu / todos tus / todas tus. Die zugehörigen männlichen Substantive sind blau hervorgehoben, die weiblichen rot gekennzeichnet. Außerdem gibt dir das tú in Klammern eine Hilfe.

> Madre: Daniel, ¡otra vez con el móvil! A ver, ¿qué tal tu escritorio?
> Daniel: Mira, está ■ ordenado.
> Madre: Ay no, Daniel, ¡qué lío! Mira, para ordenar ■ lío que hay en tu escritorio, primero tienes que organizar ■ en grupos diferentes: a la izquierda pones ■ cosas para el cole: ■ libros y cuadernos, y también ■ lápices. A la derecha pones ■ resto: ■ revistas de fútbol y ■ videojuegos. Ahora puedes poner ■ (tú) libros y cuadernos en los cajones de tu escritorio. Para ■ (tú) lápices necesitas un portalápices. En tu estantería hay lugar para ■ (tú) revistas de fútbol y ■ (tú) videojuegos.

zu Seite 98 (Kapitel 6 B)

1 Lies die Einladung und wähle die richtige Antwort aus.

1. ¿Por qué hacen una fiesta los mellizos?
   a. Porque es el cumpleaños de su madre.
   b. Porque por fin tienen todos sus muebles.
   c. Porque sus padres no están en casa.

2. ¿Qué quieren hacer los mellizos con sus invitados?
   a. Quieren presentar los nuevos muebles de su casa a sus invitados.
   b. Quieren bailar toda la noche.
   c. Quieren aprender alemán con sus invitados.

3. ¿Dónde viven los mellizos?
   a. Viven en la calle Triana 41010.
   b. Viven en la calle San Jacinto 125.
   c. Viven en la calle Septiembre 28.

zu Seite 99 (Kapitel 6 B)

2 b Höre zu und ordne die Geburtstage zu.

Modelo: El cumpleaños de … es el …

Daniel y Sofia • Lupe • Paloma • Álvaro • Pablo • Speedy • Nicolás • María	26 de enero • 23 de marzo • 30 de mayo • 15 de junio • 8 de agosto • 28 de septiembre • 18 de noviembre • 31 de diciembre

3 a Entscheide dich, ob du zu einer Geburtstags- oder Einweihungsparty einladen möchtest, und gestalte die Einladung. Dabei kannst du diese Vorlage verwenden. Gestalte sie möglichst schön bunt mit Bildern, Stickern, einem Foto … Deiner Fantasie sind keine Grenzen gesetzt.

Te invito a mi fiesta de … *der Grund deiner Feier*
el día … *das Datum*
a las … *die Uhrzeit*
Mi dirección es … *deine Adresse*
Mi número de teléfono es el … *deine Telefonnummer*

invitación

¿Vienes? ¡Te espero!
¡Hasta pronto!
dein Name

zu Seite 100 (Kapitel 6 B)

4 b Vervollständige die Sätze mit den konjugierten Formen von **ir** und **venir**.

1. ¿ ■ (venir) a mi fiesta de cumpleaños el sábado? –¡Claro que ■ (ir) a tu fiesta!
2. Esta tarde Pablo ■ (ir) a casa de Nicolás.
3. Laura no puede ■ (ir) a la heladería con nosotras porque tiene muchos deberes.
4. Los chicos ■ (venir) del cine.
5. Álvaro ■ (ir) todos los martes a clases de batería.
6. ¿A qué hora ■ (venir) Álvaro de su clase de batería?
7. Mi hermana no quiere ■ (ir) a la fiesta de María.

zu Seite 102 (Kapitel 6 B)

7 a Vervollständige die Tabelle auf der Seite 102 in deinem Heft. Ordne dafür die Tätigkeiten der Zwillinge, ihrer Eltern und Speedy richtig zu.

están hablando de la fiesta • está preparando la lista de la compra •
se está comiendo la lista • está escuchando música • está escribiendo una carta •
está hablando por teléfono

b Vervollständige diese Regel zum Gebrauch des presente continuo mit den Wörtern
Präsensstamm, estar, gerund, iendo, gerade, ando und schreibe sie in dein Heft.

> Mit dem **presente continuo** kannst du zum Ausdruck bringen, dass etwas ■ passiert.
> Du kennst diese Zeit aus dem Englischen, dort heißt sie ■ . Sie wird gebildet mit
> einer Form von ■ + **gerundio**. Die Gerundiumform wird gebildet aus dem ■ und
> der Endung ■ bei Verben auf -ar und ■ bei Verben auf -er und -ir.
> ¡Ojo! Bei der Bildung des *gerundio* musst du beachten, dass aus dem i der Endung
> „-iendo" ein y wird, falls 3 Vokale aufeinander treffen, wie z. B.: creer – creyendo
> und leer – leyendo.

zu Seite 103 (Kapitel 6 B)

9 b Schaut euch zu zweit das Bild an und beschreibt abwechselnd die Aktivitäten. Dabei
könnt ihr die Vokabeln im Kasten zu Hilfe nehmen.

> bailar • beber coca-cola / zumo • cantar • comer pizza •
> hablar con … • jugar con Speedy • leer un libro • mirar a … • mirar las fotos •
> tocar la guitarra • ver los mensajes en el móvil

zu Seite 105 (Kapitel 6 B)

11 a Dein deutscher Freund möchte
wissen, wie Jugendliche in Spanien
ihren Geburtstag feiern. Lies, was Pablo
auf der Seite 105 erzählt, und richte
dich nach diesen Fragen, um deinem
Freund das Wichtigste zu erklären.

> Wer wird eingeladen?
> Wie wird dem Geburtstags-
> kind gratuliert?
> Wann wird der Geburtstag gefeiert?
> Gibt es auch eine Geburtstagtorte?
> Wird ein Geburtstagsständchen gesungen?

zu Seite 114 (Kapitel 7 A)

6 a Diego aus Mexiko hat eine Audiodatei ins
Forum hochgeladen, in der er von seinem
Tagesablauf erzählt. Höre zu und notiere in
dein Heft, wann er was tut.

> salir de casa • acostarse •
> hacer los deberes • despertarse •
> cenar (2 ×) • levantarse • jugar
> videojuegos • comer

zu Seite 115 (Kapitel 7 A)

9 b Wie sieht dein Tagesablauf in
den Ferien aus? Mach eine
Umfrage unter deinen
Klassenkameraden. Dazu kannst
du diese Fragen verwenden.

> ¿Cuándo te levantas durante las vacaciones?
> ¿Cuándo desayunas?
> ¿Qué haces por la mañana si no tienes clase?
> ¿A qué hora ves la tele / haces deporte / …?
> ¿A qué hora te acuestas durante las vacaciones?

zu Seite 117 (Kapitel 7B)

2 **a** Lies den Text auf der Seite 116 und wähle die richtige(n) Antwort(en) aus. Antworte in deinem Heft mit ganzen Sätzen.

Modelo: Para desayunar, la familia va a un bar.

1. ¿Adónde va la familia para desayunar?
   a. A casa de los abuelos.
   b. A un café.
   c. A un bar.

2. ¿Por qué está el papá Gerald con ellos?
   a. Porque tiene unos días libres.
   b. Porque está enfermo.
   c. Porque ya no trabaja.

3. ¿Qué piden el padre, la madre y los mellizos en el bar?

   un agua mineral • un bocadillo de queso y jamón • un bocadillo de tortilla • un bollo • un buñuelo • un café • un café con leche • churros con chocolate • una limonada • una paella • palomitas

4. ¿Qué quiere hacer la familia después de desayunar?

   comer tapas • estudiar • hacer compras • hacer deporte • ir al cine • leer un libro

3 **a** Sortiere diese Lebensmittel und fertige drei Listen an: Getränke (bebidas), Essen (comidas) und andere Lebensmittel (otros alimentos).

las patatas • el café con leche • el bocadillo de tortilla • el aceite de oliva • el café • la sal • las cebollas • los churros con chocolate • el bocadillo • el agua mineral • los huevos • el queso

zu Seite 121 (Kapitel 7B)

11 **e** Die Küche ist klein, und es ist einiges los! Vervollständige in deinem Heft, was die Großmutter den Zwillingen sagt, und verwende den Imperativ im Singular und Plural. Dieses Zeichen 👁 markiert die unregelmäßigen Imperativformen.

Daniel, no te entiendo. ■ (escuchar): ■ (hablar) más alto, o ■ (bajar) la música, por favor. Y ■ (poner 👁) tu móvil en el salón, aquí no lo necesitas. Sofia, ■ (venir 👁) y ■ (ayudar) con las patatas. Y tú, ■ (salir 👁) de la cocina, Speedy. Daniel, Sofia, ■ (tener 👁) ciudado con Speedy, siempre se come mi jamón.

zu Seite 132 (Kapitel 8 A)

7 a Vervollständige die Sätze von Aufgabe 7a mit hay oder mit der konjugierten Form von ser oder estar. Verwende 2× ser, 2× estar und 2× hay.

zu Seite 133 (Kapitel 8 A)

7 b Vervollständige die Sätze mit muy, mucho/a/os/as und poco/a/os/as.

1. En mi ciudad hay much■ supermercados.
2. En nuestra región hay much■ industria y poc■ turismo.
3. En el centro de Sevilla siempre hay much■ marcha y much■ gente.
4. Nuestros vecinos tienen much■ flores en su patio.
5. Mi colegio está ■ lejos de mi casa. Por eso me levanto ■ temprano.
6. Tengo much■ amigos y todos viven ■ cerca de mi casa.
7. Nuestro barrio es ■ bonito y bastante moderno.
8. Lamentablemente en mi región hay poc■ posibilidades para hacer deporte.

zu Seite 137 (Kapitel 8 B)

2 a Nimm dir fünf Minuten Zeit, um die spanischen Bezeichnungen der Kleidungsstücke zu lernen. Ordne jeder Bezeichnung das entsprechende Bild zu.

la blusa • la camiseta • el vestido • la gorra • las zapatillas • el jersey •
los vaqueros • la falda • los pantalones • la chaqueta • la camisa

zu Seite 138 (Kapitel 8 B)

4 b Lies, was die Jugendlichen auf der Seite 138 sagen, und ordne die Überschriften den richtigen Tabellenspalten zu.

Angleichung an Anzahl	Keine Angleichung	Angleichung an Geschlecht und Anzahl

ayuda

 zu Seite 139 (Kapitel 8 B)

7 Höre zu, mache dir Notizen und wähle die richtigen Antworten aus.

1. ¿Dónde están los cuatro amigos ahora?
   a. Están en el colegio.
   b. Están en el parque.
   c. Están en el polideportivo.

2. ¿De qué están hablando las chicas?
   a. Hablan de su clase de guitarra.
   b. Hablan de un concierto de su cantante favorito.
   c. Hablan de un concierto en el cole.

3. ¿Qué quieren hacer los amigos después?
   a. Quieren comprar ropa elegante para Sofia.
   b. Quieren comprar ropa elegante para María.
   c. Quieren comprar bebidas para su fiesta.

4. ¿Adónde van?
   a. Van al centro comercial.
   b. Van al supermercado.
   c. Van al mercadillo.

zu Seite 143 (Kapitel 8 B)

12 c Verwendet bei der Modenschau auch diese Ausdrücke:

- Aquí podemos ver …
- Este chico / esta chica lleva … y le queda(n) …
- El / la … es muy cómodo / elegante / …

zu Seite 150 (Kapitel 9 A)

 3 a Lies den Text auf der Seite 148 und verwende auch den Link `80021-05`, um die Fragen im Buch zu beantworten. Diese Vokabeln werden dir helfen, die Texte auf den beiden Internetseiten besser zu verstehen:

la ida y vuelta (der Hin- und Rückflug, die Hin- und Rückfahrt) •
la fecha (das Datum) • el pasajero (der Passagier, der Fluggast) •
la duración (die Reisedauer, die Dauer) • la escala (die Zwischenlandung)

zu Seite 153 (Kapitel 9 A)

 8 b David möchte mit seinen Eltern nach Deutschland reisen und bittet dich um ein paar Informationen. Schreibe ihm, wo du wohnst, wie das Wetter dort im Laufe des Jahres ist und welche deine Lieblingsjahreszeit ist. Diese Struktur hilft dir dabei.

Querido David,
- Me llamo ■ y tengo ■ años.
- Vivo en el norte / sur / este / oeste de Alemania.
- La ciudad / El pueblo se llama ■
- En primavera, hace ■
- En verano ■
- En otoño ■
- En invierno ■
- Mi estación favorita es ■ porque ■

zu Seite 14 (Kapitel 1 A)

8 Lerne diesen Zungenbrecher auswendig und
spreche ihn der Klasse vor. Hast du schon
eine Idee, worum es geht? Vielleicht kennst du ja das englische Wort *hippopotamus?*

> El hipopótamo Hipo está con hipo.
> ¿Quién le quita el hipo al hipopótamo Hipo?

zu Seite 15 (Kapitel 1 A)

9 b Du kannst auch eine kleine Präsentation zu weiteren Sehenswürdigkeiten Sevillas
vorbereiten. Suche im Internet Informationen z. B. zur Giralda und zum Alcázar. Du
kannst z. B. sagen, wo sich die Sehenswürdigkeit befindet, worum es sich dabei handelt,
oder wann sie erbaut wurde. **Tipp:** Mit ein paar ausgedruckten Fotos wird deine
Präsentation noch schöner.

zu Seite 29 (Kapitel 2 B)

1 b Weitere Tiere findest du hier:

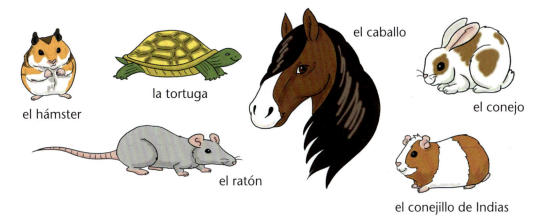

el caballo

la tortuga

el hámster

el conejo

el ratón

el conejillo de Indias

zu Seite 30 (Kapitel 2 B)

8 Presenta a tu mejor amigo/a. Schreibe einen kleinen Text über deinen besten
Freund / deine beste Freundin. „Mein bester Freund" heißt auf Spanisch mi mejor amigo,
„meine beste Freundin" heißt mi mejor amiga. Achte auf die richtige Verbform!

Modelo: Mi mejor amigo / Mi mejor amiga se llama … Es de …

zu Seite 38 (Kapitel 3 A)

3 b ¿Qué cosas necesitas tú para el instituto? Haz una
lista. Welche Dinge benötigst du in der Schule? Mach eine
Liste. **Tipp:** Schau doch mal in deinen Rucksack und dein
Federmäppchen! Du kannst zum Klassenvokabular auch
Bildwörter gestalten, um dir die neuen Wörter besser merken
zu können. Male fünf Begriffe nach diesem Beispiel:

la pluma

zu Seite 43 (Kapitel 3 B)

2 Dibuja un plano de tu colegio. Zeichne einen Plan deiner Schule und schreibe darauf, wo sich welcher Raum befindet. Anschließend beschreibst du deinem Mitschüler/deiner Mitschülerin eure Schule. Verwende dazu diese Ausdrücke:

> En mi colegio (no) hay …
> … está a la izquierda de/del …
> … está a la derecha de/del …
> … está al lado de/del …
> … está al final de/del …

zu Seite 44 (Kapitel 3 B)

 3 a ¿Qué hay en tu instituto? Escribe un texto. Schreibe einen kurzen Text über deine Schule. Was gibt es dort? Gibt es dort Räume, die es am colegio Huerta Santa Ana in Sevilla nicht gibt? Oder gibt es in deinem Klassenraum Gegenstände, die Daniel und Sofia nicht haben? Schlage die Wörter, die du brauchst, im Wörterbuch nach.

Modelo: En mi instituto hay …
En mi clase hay …

zu Seite 48 (Kapitel 3 B)

 13 ¿Y tu horario? Compara. Und dein Stundenplan? Male deinen Stundenplan auf und vergleiche ihn anschließend mit dem Stundenplan von Daniels und Sofias Klasse auf der Seite 48. Überlege dir, welche Fächer es auch in Spanien gibt und ob die Unterrichts- und Pausenzeiten ähnlich sind oder nicht. Sprich darüber mit deinem Banknachbarn.

zu Seite 57 (Kapitel 4 A)

5 ¿Cómo es tu familia? ¿Hay poca o mucha gente en vuestras fiestas de familia? Escribe un texto. Schreibe einen Text über deine Familie und benutze die Formen von poco und mucho. **Tipp:** Du kannst deinen Text so ähnlich schreiben wie in Aufgabe 5 auf Seite 57.

zu Seite 59 (Kapitel 4 A)

8 b ¿Quién es tu familiar favorito? Gestalte eine Collage mit einem Foto deines Lieblingsverwandten. Sammle auf einer Seite alle Adjektive zu seinem Aussehen und auf der anderen Seite die Adjektive, die seinen Charakter beschreiben. Stelle die Collage deiner Klasse vor.

10 b Was fällt dir auf, wenn du su / sus übersetzt? Übersetze die Sätze im Kasten in deinem Heft. Gibt es Unterschiede zum Deutschen? Sprich mit deinem Lehrer über deine Idee und überprüfe so, ob du mit deiner Vermutung richtig liegst.

> Pedro y su abuelo Luis son altos.
> Laura y su abuela Marisol son bajas.
> Sofia habla con sus primos Raúl y Paco.
> Elena y sus hermanas son de Sevilla.
> León y Sole hablan con sus abuelos de México.

zu Seite 63 (Kapitel 4B)

 Kennst du auch deutsche Sprichwörter, in denen Tiernamen vorkommen? Hier findest du weitere spanische Sprichwörter (dichos), die mit Hunden zu tun haben. Ordne die Bedeutungen richtig zu. Du kannst dabei ein Wörterbuch zu Hilfe nehmen.

1. Perro ladrador, poco mordedor.	A. Sauwetter sein.
2. Poner cara de perro.	B. Wie Hund und Katze sein.
3. Hacer un tiempo de perros.	C. Ein komischer Kauz sein.
4. Es un perro viejo.	D. Hunde, die bellen, beißen nicht.
5. Ser más raro que un perro verde.	E. Ein mürrisches Gesicht machen.
6. Llevarse como el perro y el gato.	F. Er ist ein alter Hase.

zu Seite 65 (Kapitel 4B)

4 b ¿Y tu mascota? ¿Y tu hermano/a? ¿Y tu mejor amigo/a? ¿Cómo son normalmente, y cómo están hoy? Haz frases.

La ballena Elena
es gorda y es buena.
Nada por los mares
como una sirena.

zu Seite 67 (Kapitel 4B)

 10 Lee el poema de la derecha. Lies dir das Gedicht auf der rechten Seite durch. Vielleicht kannst du mit den Adjektiven, die du inzwischen kennst, auch ein Gedicht über dein Lieblingstier schreiben, das sich reimt! Gib deinem Lieblingstier auch einen hübschen Namen.

zu Seite 68 (Kapitel 4B)

12 b ¿Cómo es tu mejor amigo/a? Wie ist dein bester Freund oder deine beste Freundin? Beschreibe ihn oder sie und erkläre auch, aufgrund welcher Charaktereigenschaften du so gut mit ihm oder ihr befreundet bist.

Modelo: Laura es mi mejor amiga **porque** es muy lista y muy divertida. Además es …

zu Seite 69 (Kapitel 4B)

14 b Von manchen deutschen Namen, wie z. B. von dem von Sofias und Daniels Opa, gibt es eine spanische Form: Wilhelm heißt auf Spanisch Guillermo. Überlege, welche deutsche Form diese spanischen Namen haben könnten. Schreibt dann die spanischen und deutschen Namen an die Tafel. Vielleicht fallen euch zusammen mit eurem Lehrer / eurer Lehrerin ja auch noch andere Entsprechungen ein?

Enrique	Juana	Carlos	Miguel	Jorge

zu Seite 75 (Kapitel 5 A)

1 Lee el texto y contesta las preguntas. Escribe frases completas en tu cuaderno.

1. ¿Dónde están los chicos?
2. ¿Qué hacen los chicos?
3. ¿Le gusta a María el fútbol?
4. ¿Qué instrumentos tocan las chicas?
5. ¿Qué grupo de música le gusta a María?
6. ¿Adónde van los chicos?

zu Seite 76 (Kapitel 5 A)

3 a Notiere zwei Freizeitaktivitäten, die dir besonders gefallen, und zwei, die du überhaupt nicht magst. Nenne sie deinem Nachbarn und frag ihn immer, ob sie ihm auch gefallen. Er antwortet darauf.

Me gusta … 👍   A mí también. 👍   Pero a mí no. 👎

No me gusta … 👎   A mí tampoco. 👎   Pero a mí sí. 👍

b ¿Qué te gusta hacer en tu tiempo libre y qué no te gusta? Haz una tabla en tu cuaderno, después haz frases.

zu Seite 77 (Kapitel 5 A)

4 b Recherchiere zu deinem Lieblingsstar Informationen zu diesen Kategorien. Diese Tabelle dient dir als Spickzettel, damit du deinen Star möglichst ohne abzulesen vorstellen kannst.

Bereite dann eine kleine Präsentation vor oder erstelle einen Steckbrief oder ein Plakat zu deinem Lieblingsstar. Verwende dazu auch Fotos.

A …	le encanta	le gusta bastante	no le gusta nada
deporte	▪	▪	▪
comida	▪	▪	▪
música	▪	▪	▪
instrumento	▪	▪	▪
…	▪	▪	▪

Mi estrella favorita

¿Cómo se llama? _____
¿De dónde es? _____
¿Dónde vive actualmente? _____
¿Cuántos años tiene? _____
¿Qué le gusta? _____
¿Qué no le gusta? _____
¿Qué hace en su tiempo libre? _____
¿Hace un deporte o toca un instrumento? _____
¿Por qué es mi estrella favorita? _____

zu Seite 78 (Kapitel 5 A)

5 **c** También podéis hablar de actores como Robert Pattinson o Selena Gómez, cantantes como Rihanna o Miley Cyrus o deportistas como Messi o Rafael Nadal. ¿Quiénes (no) os gustan? ¿Por qué?

- (no) me gusta la música de …
- (no) es simpático/a / guapo/a / interesante …
- (no) me gustan las películas de …
- (no) juega muy bien

zu Seite 79 (Kapitel 5 A)

8 Nuestro tiempo libre. Un cuestionario en clase. Was macht ihr in eurer Freizeit? Denke dir Fragen aus und stelle sie deinem Nachbarn. Anschließend sucht ihr euch drei besonders interessante Fragen aus und macht eine Klassenumfrage. Ihr geht zur Tafel und fragt eure Mitschüler, wie oft sie etwas tun (siempre, a veces, …). Die Klasse meldet sich und ihr führt eine Strichliste an der Tafel.

Modelo: ¿Te gusta el tenis? ¿Qué música te gusta? ¿Tocas un instrumento?

zu Seite 84 (Kapitel 5 B)

5 **a** Erstelle einen Terminkalender für diese Woche und trage ein, was dein Lieblingsstar, den du in diesem Kapitel präsentiert hast, zu welcher Uhrzeit macht. Anschließend kannst du dir mit deinem Nachbarn Fragen stellen.

Modelo: – ¿Qué hace Shakira el lunes?
   – A las siete y media de la noche da un concierto.

b Denkt euch zu zweit Fragen aus zu Dingen, die ihr schon immer von euren Klassenkameraden wissen wolltet, und macht eine Klassenumfrage. Ihr geht zur Tafel und fragt eure Mitschüler, um wie viel Uhr sie etwas tun. Die Klasse meldet sich und ihr führt eine Strichliste an der Tafel.

	A las seis y media	A las siete menos cuarto	A las siete	A las siete y cuarto	A las siete y media
¿A qué hora vas al instituto?					

zu Seite 87 (Kapitel 5 B)

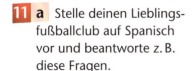

11 **a** Stelle deinen Lieblings-fußballclub auf Spanisch vor und beantworte z. B. diese Fragen.

1. ¿Dónde está el club?
2. ¿Cómo se llama el entrenador?
3. ¿Quién es el capitán?
4. ¿Cómo se llama el portero?
5. ¿Quién es tu jugador favorito y por qué lo es?

ideas

zu Seite 91 (Kapitel 6 Auftakt)

1 ¿Dónde están las cosas en tu clase de español? Describe por ejemplo dónde están

- tu libro
- tu bolígrafo
- la pizarra
- …

y haz frases.

- al lado del / de la
- encima del / de la
- debajo del / de la
- delante del / de la
- detrás del / de la
- entre el / la … y el / la …
- enfrente del / de la

zu Seite 93 (Kapitel 6 A)

2 a Fragt euch auch nach diesen Dingen:

la alfombra (der Teppich) • la almohada (das Kopfkissen) •
las cortinas (die Vorhänge) • el florero (die Vase) • las flores (die Blumen) •
los libros (die Bücher) • la manta (die Decke) • los vasos (die Gläser)

zu Seite 97 (Kapitel 6 A)

11 a Schreibe ein Gedicht über dein Haus oder deine Wohnung. Es muss sich nicht unbedingt reimen, aber bestimmt fallen dir auch Reimwörter auf „o" oder „a" ein. Du kannst zum Beispiel diese Wörter benutzen:

la cocina •
pequeña •
la pizza •
la ventana •
limpia

el cuarto •
activo •
divertido •
duermo •
ordeno

zu Seite 99 (Kapitel 6 B)

2 c Ihr könnt für eure Spanischklasse auch einen Geburtstagskalender basteln. Hierzu benötigt ihr nur einen ganz normalen, großen Wandkalender. Schreibt die Monate auf Spanisch auf kleine, bunte Zettel und überklebt damit die deutschen Monatsnamen. Jeder darf nun seinen Geburtstag eintragen. Fragt euch gegenseitig, wann ihr Geburtstag habt und wie alt ihr seid.

zu Seite 101 (Kapitel 6 B)

5 a Stell dir vor, du erhältst eine Einladung zu einer Feier, auf die du nicht gehen willst. Überlege dir fünf ausgefallene Ausreden, um dieser Feier fern zu bleiben, ohne den Gastgeber / die Gastgeberin zu verärgern, und sage ab.

zu Seite 102 (Kapitel 6 B)

6 a Imagínate que organizas una fiesta. Haz una lista con las cosas que necesitas.
Mach eine Liste mit den Dingen, die du für deine Feier brauchst. Dabei kannst du das Wörterbuch zu Hilfe nehmen.

zu Seite 105 (Kapitel 6 B)

 12 **b** Kennst du bereits Sänger oder Bands, die auf Spanisch singen? Du kannst dir im Internet ihre Lieder anhören. Vielleicht gibt es auch aktuell ein auf Spanisch gesungenes Lied in den deutschen Charts? Wähle einen Sänger / eine Sängerin / eine Band und erarbeite eine kleine Präsentation, um ihn / sie in der Klasse vorzustellen.

zu Seite 113 (Kapitel 7 A)

5 **b** Vielleicht hast du Familie oder Freunde, die in einem anderen Land leben. Finde heraus, wann sie frühstücken, zu Mittag und zu Abend essen und erzähle deinen Mitschülern von ihren Essenszeiten.

zu Seite 117 (Kapitel 7 B)

 4 **a** Weißt du eigentlich, was das Wort tapas ursprünglich bedeutet? Suche im Internet, woher die Tapas stammen und seit wann es sie in Spanien gibt. Vielleicht findest du auch eine kleine Legende, wie die Tapas zu ihrem Namen kamen. Stelle das Ergebnis deiner Suche deinen Mitschülern vor.

zu Seite 119 (Kapitel 7 B)

9 **a** Kannst du dir auch so ein kleines Rätsel zu einem Lebensmittel ausdenken? Deine Mitschüler erraten, um was es sich handelt. **Tipp:** Du kannst z. B. sagen, …

> … wann man das Lebensmittel isst. → Como / Bebo esto por la mañana / tarde / noche.
> … welche Farbe es hat. → Es blanco / negro / amarillo / verde / …
> … welchen Geschmack es hat. → Es dulce / salado / amargo / ácido. Está rico.
> … ob es warm oder kalt ist. → Es una comida / bebida que se consume caliente / fría.
> … wer es gerne isst. → A los adultos / niños / abuelos / … les gusta mucho.

> 1. ¿Quién visita a los mellizos?
> 2. ¿Qué quieren visitar?
> 3. ¿Dónde quieren comer tapas?
> 4. ¿Por qué no conocen el camino?
> 5. ¿Adónde van al final?

zu Seite 134 (Kapitel 8 A)

 9 **a** Lee el texto y contesta las preguntas.

zu Seite 138 (Kapitel 8 B)

4 **a** Farben werden bestimmte Eigenschaften zugeschrieben, so dass sie auch Symbole sein können – Rot zum Beispiel ist die Farbe der Liebe (aber auch der Wut – es kommt immer auf den Kontext an). Überlege dir für die anderen Farben, was sie symbolisieren könnten. Schlage unbekannte Vokabeln im Wörterbuch nach.

> Rojo es el color del amor.
> Verde es el color de …
> Azul es el color de …

zu Seite 139 (Kapitel 8 B)

6 **b** Presenta el "look" de tus sueños en clase haciendo un desfile. Stellt eure Lieblingsoutfits in einem Gallery Walk vor. Usa también algunas de las siguientes palabras.

Más colores
- verde oliva
- beige
- caqui
- dorado/a
- turquesa

Más prendas de ropa
- el chaleco (Weste)
- el anorak (Anorak)
- al abrigo (Mantel)
- el traje (Anzug)
- los pantalones legging (Leggings)

El diseño
- a rayas (gestreift)
- a cuadros (kariert)
- de lunares (gepunktet)
- de colores / multicolor (bunt)

El corte
- de manga larga / corta (lang-/kurzärmelig)
- sin mangas (ohne Ärmel)
- con / sin tirantes (mit / ohne Träger)
- ancho/a (weit) ← → estrecho/a (eng)
- la cremallera (Reißverschluss)

Los accesorios
- el bolso (Handtasche)
- el cinturón (Gürtel)
- la corbata (Krawatte)
- la bufanda (Schal)
- el pañuelo (Halstuch)
- los guantes (Handschuhe)
- las gafas (de sol) ((Sonnen-)Brille)
- el reloj de pulsera (Armbanduhr)
- el collar (Kette)
- la pulsera (Armband)
- los pendientes (Ohrringe)
- el anillo (Ring)

Los zapatos
- las chancletas (Flipflops)
- las sandalias (Sandalen)
- las botas de fútbol (Fußballschuhe)
- las botas (Stiefel)
- los botines (Halbstiefel)
- los zapatos de tacón (Absatzschuhe)

zu Seite 153 (Kapitel 9 A)

9 **a** Piensa en las vacaciones de tus sueños y escribe un texto.

- ¿Adónde quieres ir de vacaciones?
- ¿Con quién quieres ir? (solo/a, con mi mejor amigo/a, con mi familia)
- ¿Cómo quieres ir?
- ¿Dónde te quedas?
- ¿Qué vas a hacer?
- ¿Prefieres el mar o las montañas? ¿El campo o la ciudad? ¿Por qué?

zu Seite 156 (Kapitel 9 B)

1 Mira el texto otra vez. ¿Qué hace cada uno de los miembros de la familia en qué día?
Completa la tabla en tu cuaderno. Lies den Text noch einmal und ordne zu, wann jedes
der Familienmitglieder was macht. Fülle die Tabelle in deinem Heft aus.

	Daniel	Sofia	Claudia	madre	padre
viernes					
sábado					
domingo					

Método

I. Sprache

II. Lernen

Noch mehr methodische Hinweise findest du hier: `80021-06`

I. Sprache

  **1.   Hören**

Du hast sicher gemerkt, dass in Spanien und Lateinamerika ziemlich schnell gesprochen wird. Mit der Zeit wirst du dich aber immer besser darauf einstellen und kannst immer mehr verstehen.

Die folgenden Tipps sollen dir dabei helfen, ein 👂 für die spanische Sprache zu entwickeln. Oft siehst du die Sprecher nämlich nicht und hörst sie nur, z. B. bei Telefongesprächen oder Durchsagen am Bahnhof oder Flughafen.

Lasse dich nicht entmutigen, wenn du nicht sofort alles verstehst! Nicht jedes einzelne Wort ist wichtig. Konzentriere dich auf das, was du verstehst! ¡Ánimo!

1.1 Wie kann ich den Sinn verstehen (Globalverständnis)?

Höre konzentriert zu und versuche zunächst nur, ganz grundlegende Fragen zu beantworten. Achte beim Hören auch auf Hintergrundgeräusche und den Klang der Stimme. Sie verraten dir, wo die Personen sind, ob sie traurig, fröhlich, ängstlich oder wütend sind.

> Worum geht es?

> Wer spricht?

Wenn du ein Gespräch zwischen den Personen aus dem Lehrwerk bei geöffnetem Buch hörst, achte auf die Überschrift und schaue dir auch die Bilder zum Gespräch an. Hier findest du bereits Hinweise auf das Thema.

> Was macht / machen die Person/en?

Überlege dir dann, worum es in dem Gespräch gehen könnte, was du schon zu diesem Thema weißt und worüber du selbst sprechen würdest. Dann hast du vielleicht auch schon Ideen, welche neuen Wörter vorkommen könnten.

> Wo wird gesprochen?

1.2 Wie kann ich bestimmte Informationen heraushören (Selektivverständnis)?

Du weißt jetzt schon, worum es ungefähr in dem Gespräch geht. Im nächsten Schritt werden nun gezielt Informationen herausgehört. Dazu bekommst du im Buch oder von deinem Lehrer / deiner Lehrerin eine oder mehrere Fragen, auf die du antworten sollst.

Lies dir zunächst die Aufgabenstellung genau durch, damit du weißt, was du tun sollst. Überlege nun, welche Schlüsselwörter in dem Gespräch oder der mündlichen Information vorkommen könnten. Meistens findest du diese schon in der Fragestellung. Versuche herauszuhören, wann die für dich wichtigen Stellen im Text vorkommen. Konzentriere dich beim zweiten Hören besonders auf diese Aussagen.

1.3 Wie kann ich mir Notizen machen, während ich etwas höre?

Dir beim Hören Notizen zu machen ist nicht ganz einfach, weil du gleichzeitig hören und schreiben musst. Versuche deshalb nicht, alles mitzuschreiben. Notiere nur Stichwörter oder zeichne Symbole.

Lasse zwischen den einzelnen Stichwörtern ausreichend Platz, um etwas zu ergänzen.

Du kannst auch eine Tabelle vorbereiten, um deine Notizen zu strukturieren. Darin kannst du z. B. die Fragen zum Global- und Selektivverständnis eintragen.

I 2. Lesen

I 2.1 Wie kann ich mich auf das Lesen vorbereiten?

Schon vor dem Lesen kannst du etwas tun, um dir das Textverständnis zu erleichtern. Lies dir zunächst die Überschrift durch und schau dir die Bilder zum Text an. Vielleicht erkennst du auch schon die Textsorte, z. B. Dialog, E-Mail, Blogeintrag, Werbeprospekt …

Überlege dann, was das Thema sein könnte. Was weißt du schon darüber? Welche Wörter verbindest du mit diesem Thema?

I 2.2 Wie kann ich verstehen, worum es allgemein geht (Globalverständnis)?

Lies den Text anfangs nicht Wort für Wort und versuche nicht sofort, alles zu übersetzen! Dann konzentrierst du dich nämlich zu sehr auf das, was du nicht verstehst. Ganz sicher aber verstehst du viel mehr, als du denkst!

> Wovon handelt der Text im Allgemeinen?

Lies den Text oder den Abschnitt einmal ganz durch und konzentriere dich zunächst auf die Wörter, Sätze und Abschnitte, die du schon verstehst. Dann kannst du ganz grundlegende Fragen sicher auch beantworten.

> Wer sind die Personen?

Teile den Text oder den Dialog in Abschnitte ein (z. B. durch die Angabe von Zeilen) und überlege dir Überschriften zu den Abschnitten.

> Was machen die Personen und wo sind sie?

> Wann wird worüber gesprochen?

Tipp: Besprich mit deinem Nachbarn, was er / sie versteht, und ergänzt euer Wissen. Vielleicht habt ihr schon ein paar Ideen, was noch im Text passieren könnte?

I 2.3 Wie kann ich bestimmte Informationen herauslesen (Selektivverständnis)?

Wenn du nun weißt, worum es ganz allgemein geht, möchtest du sicher auch mehr Details verstehen. Wahrscheinlich gibt es auch eine oder mehrere konkrete Fragen, auf die du antworten sollst. Lies dir diese Fragen genau durch und überlege, auf welche Wörter du beim erneuten Lesen achten musst, um jede Frage beantworten zu können. Auch die Zwischenüberschriften können dir helfen, die Antwort auf deine Frage zu finden. Suche nun ganz gezielt beim Lesen die Stellen, die für die Beantwortung der Fragen wichtig sind, und versuche sie zu verstehen. Versuche, dir unbekannte Vokabeln zunächst selbst zu erschließen M I 2.4 , bevor du sie im Buch nachschlägst.

I 2.4 Wie kann ich mir unbekannte Wörter erschließen?

Um einen spanischen Text zu verstehen, musst du nicht jedes Wort sofort übersetzen können. Vieles kannst du dir selbst erschließen:

a. Manche Wörter kannst du dir aus dem Deutschen, Englischen oder **aus einer anderen Sprache herleiten**. Wenn du Italienisch, Französisch, Rumänisch oder Portugiesisch sprichst, fällt dir das besonders leicht, denn alle Sprachen stammen vom Lateinischen ab. Aber auch in anderen Sprachen gibt es viele Ähnlichkeiten und Übereinstimmungen, auch wenn man diese manchmal erst auf den zweiten Blick bemerkt.

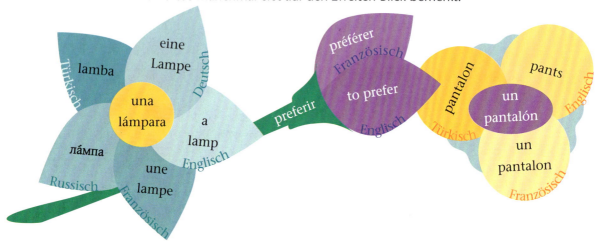

b. Wenn du ein Wort der gleichen **Wortfamilie** kennst, hilft dir diese Ähnlichkeit, um ein unbekanntes Wort zu verstehen.

Substantive	Verben	Adjektive
el / la cantante la canción	cantar	
el despertador	despertar(se)	despierto/a
la escritura	escribir	escrito/a

c. Sieh dir ein unbekanntes Wort im ganzen Satz an. Durch den Kontext (d.h. die Information um das Wort herum) kannst du oft erschließen, was es bedeutet.

Du kennst das Wort *cuesta* nicht? Du verstehst aber, dass es um eine *rote Bluse* und *15 Euro* geht, und dass das Gespräch auf dem Flohmarkt stattfindet. *Cuesta* könnte also *kosten* heißen: *Wie viel kostet die rote Bluse? – Sie kostet 15 Euro.*

Beispiel:
En el mercadillo:
– ¿Cuánto **cuesta** la blusa roja?
– La blusa **cuesta** 15 euros.

In diesem kurzen Text sind die unterschiedlichen Strategien zur Worterschließung farbig markiert:

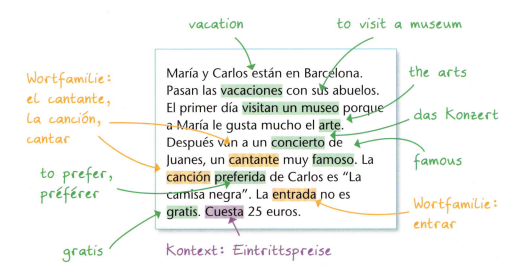

vacation

to visit a museum

the arts

das Konzert

famous

Wortfamilie:
entrar

Wortfamilie:
el cantante,
la canción,
cantar

to prefer,
préférer

gratis

Kontext: Eintrittspreise

María y Carlos están en Barcelona. Pasan las vacaciones con sus abuelos. El primer día visitan un museo porque a María le gusta mucho el arte. Después van a un concierto de Juanes, un cantante muy famoso. La canción preferida de Carlos es "La camisa negra". La entrada no es gratis. Cuesta 25 euros.

 I 3. Schreiben

I 3.1 Wie kann ich mich auf das Schreiben vorbereiten?

Schreibe nicht einfach drauflos!

1. Lies dir zuerst die Aufgabe durch und mache dir Stichpunkte zu den wichtigsten Inhalten. *(Was willst du schreiben? An / Für wen und warum?)*

2. Erstelle eine kleine Vokabel-Mindmap. *(Welche Wörter brauchst du?)*

3. Überlege dir zuletzt eine Struktur für deinen Text. *(Wie kannst du anfangen? Wie beendest du deinen Text?)*

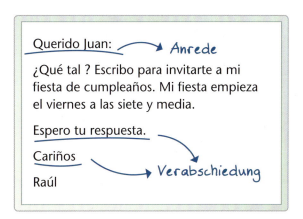

Querido Juan: → Anrede

¿Qué tal ? Escribo para invitarte a mi fiesta de cumpleaños. Mi fiesta empieza el viernes a las siete y media.

Espero tu respuesta.

Cariños

Raúl

→ Verabschiedung

I 3.2 Worauf muss ich beim Schreiben achten?

Bilde aus deinen Stichpunkten nun ganze Sätze, die du miteinander verbindest. Dafür brauchst du Verbindungswörter (dt. Konnektoren, sp. conectores) wie z. B.:

aufzählend	ergänzend	Beispiele gebend	begründend	entgegen- setzend	abschließend
primero luego al final	además y	es decir por ejemplo	por eso porque	sin embargo pero	al final

3.3 Wie kann ich meinen Text nach dem Schreiben noch verbessern?

Lies deinen Text noch einmal genau durch. Passt der Text zur Aufgabenstellung? Hast du alle wichtigen Informationen geschrieben? Hast du ihn mit Konnektoren gut strukturiert?

Überprüfe nun, ob du vielleicht Fehler gemacht hast, die du jetzt in Ruhe verbessern kannst. Dabei helfen dir diese Tabelle mit typischen Fehlerquellen **80021-06** und das Fehlerlineal, das du im Arbeitsheft findest.

Tipp: Meist fällt es schwer, die eigenen Fehler zu erkennen. Du kannst auch mit einem Mitschüler zusammenarbeiten. Tauscht eure Texte aus und macht euch gegenseitig Verbesserungsvorschläge. Du kannst Fehler, die du findest, mit einer anderen Farbe unterstreichen.

3.4 Wie fasse ich einen Text zusammen?

Ganz wichtig: Eine Zusammenfassung ist immer kürzer als der Ausgangstext, weil sie nur die wichtigsten Informationen enthält. Außerdem solltest du den Text oder das Gespräch in deinen eigenen Worten zusammenfassen. Du kannst hierzu den Ausgangstext zudecken, wenn du schreibst, und anschließend nochmal nachsehen, ob dein *resumen* alle wichtigen Informationen enthält.

Am Anfang schreibst du noch keine Zusammenfassung wie im Deutschunterricht, sondern stellst nur das, was passiert, in deinen Worten in der richtigen Reihenfolge dar. Damit kannst du auch überprüfen, ob du alles verstanden hast. Achte auf folgende Schritte:

1. Lies dir den Text ganz genau durch.
2. Teile den Text in Sinnabschnitte auf und finde für jeden Abschnitt eine Überschrift.
3. Bilde aus den Überschriften ganze Sätze und verwende Überleitungen **M I 3.2** .

4. Sprechen

4.1 Wie kann ich eine kurze Präsentation vorbereiten und halten?

Informationen suchen: Am Anfang hältst du vor allem Präsentationen über dich selbst und dein näheres Umfeld. Vielleicht sollst du aber auch schon etwas zu einem Thema präsentieren, über das du noch nicht alles weißt. Überlege dir dann zuerst, wie du an die benötigten Informationen kommst. Verlasse dich nicht nur auf eine Internetquelle und gib bei einer Suchmaschine die wichtigsten Stichworte deines Themas auf Spanisch und Deutsch ein. Es ist nämlich viel schwieriger, Informationen aus deutschen Texten ins Spanische zu übersetzen, als wichtige Informationen aus spanischen Texten zu entnehmen!

Deinen Vortrag gliedern: Überfliege die Texte und drucke das Wichtigste aus. Lies dir die ausgesuchten Texte dann genau durch und unterstreiche das Wichtigste farbig. Lege jetzt eine Gliederung mit den wichtigsten Punkten deines Vortrags fest und mache dir aus den Texten Stichpunkte.

Deinen Vortrag ausgestalten: Entscheide nun, wie du präsentieren möchtest. Du kannst Plakate, Folien, Karten oder eine Präsentation am Computer verwenden, um die wichtigsten Informationen festzuhalten. Deine Zuhörer können dir so besser folgen. Achte darauf, dass die Informationen gut strukturiert sind und alle sie gut lesen können! Verwende Bilder zur Veranschaulichung und teile Text und Bilder gleichmäßig auf die ganze Seite auf.

Deinen Vortrag üben: Mache dir einen Stichpunktzettel z. B. mit dem „Kniff mit dem Knick":

1. Nimm ein weißes Blatt und lege es quer vor dich. Falte das rechte Drittel nach hinten.
2. Schreibe deinen kompletten Text auf die linke Seite. **Tipp:** Lasse den Text von deinem Nachbarn korrigieren M II 2.1 .
3. Notiere die wichtigsten Stichwörter auf die rechte Seite.
4. Falte die linke Seite nach hinten und versuche deinen Text mithilfe der Stichpunkte vorzutragen. Wenn du nicht weiterkommst, knicke die linke Seite wieder vor und schau im Text nach.
5. Übe den Text erst für dich allein. Trage ihn dann deinen Mitschülern vor.

texto	chuleta
Mi pariente favorito es mi tía Julia. Tiene 38 años. Es de Göttingen pero ahora vive en Kassel. Tiene dos hijos, se llaman Max y Emma. Mi tía Julia es muy inteligente. Habla inglés y francés. Es muy alta y delgada. Es morena. Es mi pariente favorita porque es divertida y simpática.	pariente favorito = tía Julia 38 años Göttingen → Kassel 2 hijos : Max + Emma muy inteligente francés e inglés alta, delgada, morena porque : simpática, divertida

HIER KNICKEN

Im Unterricht vortragen: Nun geht es los! Versuche, möglichst frei zu sprechen und nicht nur abzulesen. Achte auch auf deine Bewegungen und deinen Gesichtsausdruck! Du bist gut vorbereitet, zeige dies auch und trage selbstbewusst vor! Du erleichterst deinen Mitschülern das Zuhören, wenn du unbekannte oder wichtige Vokabeln an der Tafel notierst. Achte darauf, dass es nicht zu viele sind! Zeige während deines Vortrags auf die Wörter. Die Konnektoren aus M I 3.2 helfen dir, deinen Vortrag zu strukturieren.

I 4.2 Wie kann ich Dialoge mit anderen einüben und vorspielen?

Zur Vorbereitung und Einübung der Dialoge lies deinen Dialogpart laut vor. Markiere die Wörter, die besonders betont oder ausgesprochen werden. Mache dir einen Zettel mit Stichpunkten, die dir beim Erinnern helfen M I 4.1 .

Spiele den Dialog mit den anderen unbedingt vorher mindestens einmal durch, bevor ihr ihn der Klasse vortragt! Tragt ihn nach eurer individuellen Vorbereitung möglichst frei vor, die auswendig gelernten Sätze helfen auch in anderen Situationen. Körpersprache, Gesichtsausdruck und auch Requisiten gestalten den Dialog lebendig.

I 5.   Sprachmittlung

I 5.1   Wie vermittele ich zwischen zwei Sprachen?

Wenn du mit deinen Eltern Urlaub in Spanien machst oder mit deiner Schule einen Austausch nach Spanien oder Lateinamerika unternimmst, kommst du bestimmt in die Situation, zwischen dem Deutschen und Spanischen zu „mitteln". Es ist auch möglich, dass du den Inhalt einer E-Mail oder die Informationen einer spanischen Internetseite an jemanden weitergeben musst, der kein Spanisch versteht. Hierfür gibt es eine goldene Regel:

> **sprachmitteln ≠ übersetzen**
> Übersetze nicht Wort für Wort, sondern gib den Sinn einer Aussage wieder!

Überlege dir genau, welche Informationen dein Gegenüber, das kein Spanisch oder kein Deutsch versteht, wissen muss, und welche Details nicht so wichtig sind. Die wichtigen Informationen musst du jetzt sinngemäß (!) mit deinen eigenen Worten wiedergeben.

¿Tenéis hambre? ¿Por qué no comemos algo en un restaurante?

Ich verstehe nicht. Kannst du mir sagen, was Luis gefragt hat?

Klar. Luis fragt, ob wir Hunger haben und etwas im Restaurant essen wollen.

II. Lernen

II 1.   Allein lernen

II 1.1   Wie lerne ich am besten Vokabeln?

¿Cuántas veces?

Versuche, möglichst regelmäßig zu lernen, nicht nur für Vokabeltests und Klassenarbeiten! Wie beim Sport benötigst du für das Lernen von Vokabeln ein regelmäßiges Training. Wörter müssen gelernt und wiederholt werden, damit du sie nicht vergisst. Nimm dir am besten jeden Tag einige Vokabeln vor, die du lernen oder wiederholen möchtest. Lerne die Vokabeln immer parallel zu den Lektionen, die du im Unterricht bearbeitest.

Wichtig: Lerne nicht nur die neuen Wörter, sondern wiederhole auch immer einige „alte" Vokabeln. Stelle dir das Sprachenlernen wir einen Hausbau vor: Wenn das Fundament nicht fest ist, wird das Haus schief und stürzt irgendwann zusammen!

¿Cuántas palabras?

Am besten lernt man Vokabeln, wenn man sich die Wörter einer Lektion aufteilt. Alle auf einmal zu lernen überfordert jeden! Deshalb ist es sinnvoll, ungefähr 10–15 Wörter auf einmal zu lernen.

¿Dónde?

Vokabeln lernen und gleichzeitig fernsehen oder mit Freunden chatten ist keine gute Idee. Da das Lernen neuer Wörter in einer Fremdsprache sehr anspruchsvoll ist, benötigst du eine ruhige Atmosphäre, in der du dich konzentrieren kannst. Lege das Handy oder dein Tablet also weg!

¿Cuándo?

Jeder hat seinen eigenen Tagesablauf und sollte deshalb ausprobieren, wann er am besten lernt. Du kannst aber auch die Zeit in Freistunden nutzen, um Vokabeln zu lernen.

¿Cómo?

Diese Frage ist wohl am schwersten zu beantworten. Um für dich die beste Methode zu finden, probiere am besten mehrere aus.

Wichtig: Egal, für welche Methode du dich entscheidest, lerne die Artikel und auch die Akzente immer gleich mit!

II 1.2 Wie arbeite ich mit dem (Online-)Wörterbuch?

Das zweisprachige Wörterbuch und natürlich auch die Onlinewörterbücher erleichtern die Arbeit mit einer Fremdsprache enorm – aber der Umgang muss geübt sein, sonst kann die Verwendung nicht nur zu einem großen Zeitaufwand, sondern auch zu Fehlern führen.

Noch bevor du überhaupt ein Wort nachschlägst, lies dir den Text gründlich durch und überprüfe, wie viel du *ohne* Hilfe verstehst M I 2.4 .

Wenn du ein Online-Nachschlagewerk verwendest, dann eines, das von einem der Wörterbuchverlage zur Verfügung gestellt wird. Bei den anderen werden oft Übersetzungen angeboten, die unpassend sind oder die nicht im gesamten spanischen Sprachraum verbreitet sind. Wundere dich dann nicht, wenn dein Lehrer oder deine Lehrerin das Wort nicht kennt!

Wenn du nach spanischen Verben suchst, denke an die unregelmäßigen Formen und leite die Grundform des Wortes ab (*juego* → *jugar*).

Wörterbücher sind alphabetisch geordnet. Wenn du ein Wort suchst, nimm nicht immer das erste, das angezeigt wird. Achte auf Hinweise, in welchem Zusammenhang das Wort verwendet wird.

II 2. Gemeinsam lernen

Ganz wichtig beim Lernen ist es, dass du nicht nur allein lernst. Nutze jede Möglichkeit, zu Hause und in der Schule mit anderen gemeinsam zu lernen. Sie können dich motivieren, korrigieren, konstruktiv kritisieren … Außerdem macht das gemeinsame Lernen auch Spaß!

II 2.1 Feedback geben

Nicht nur dein Lehrer / deine Lehrerin, auch deine Klassenkameraden und deine Familie können dich beim Lernen unterstützen, indem sie dir eine Rückmeldung geben.

Wenn du einem Klassenkameraden Feedback geben willst, solltest du einige Dinge beachten:
1. Bleibe sachlich und beleidige dein Gegenüber nicht.
2. Beginne immer mit dem Positiven. Wenn dein Partner / deine Partnerin zuerst erfährt, was gut gelungen ist, kann er / sie konstruktive Kritik besser aufnehmen.
3. Überlege dir genau, was du bewerten willst: die Vortragsweise, den Inhalt oder die sprachliche Richtigkeit. Schreibe vorher die Kriterien auf.
4. Überlege dir, welche Tipps du geben kannst, damit sich dein Gegenüber verbessern kann.

II 2.2 Partner- und Gruppenarbeit

Im Unterricht arbeitest du oft mit einem Partner / einer Partnerin zusammen, häufig auch mit mehreren Schülerinnen und Schülern. Das ist wichtig, weil ihr euch dann gegenseitig ein Feedback geben M II 2.1 und auch miteinander Spanisch sprechen üben könnt. Außerdem lernt ihr, zusammen an etwas zu arbeiten und euch dabei auf den anderen einzustellen. Damit das funktioniert, ist es wichtig, dass du jeden Partner / jede Partnerin respektvoll behandelst, auch wenn ihr nicht befreundet seid. Höre gut zu und lasse den anderen / die andere immer ausreden. Achte darauf, dass ihr Spanisch sprecht. Teilt auch jemanden ein, der die Uhr im Auge behält und Bescheid sagt, wenn die Zeit fast um ist.

II 2.3 Encuesta (Eine Klassenumfrage durchführen)

Bei einer Klassenumfrage können alle Schüler zur gleichen Zeit sprechen. Nimm ein weißes Blatt am besten quer und zeichne eine Tabelle wie im Beispiel. In die linke Spalte kommt die Frage, in Spalte 2 deine eigenen Antworten. Befrage nun deine Mitschüler und notiere deren Antworten in der dritten und den weiteren Spalten.

Frage:	eigene Antwort	Person 1	Person 2	...
¿Te gusta ...	yo			
... ir al colegio?				
... hacer deporte?				

Tipp: Notiert die Ergebnisse anschließend an der Tafel, um herauszufinden, welche Antworten am häufigsten in eurer Klasse vorkommen.

Vocabulario

1   ¡Bienvenidos a Sevilla!

¡Bienvenidos/as!   Willkommen!

A   Sevilla es …

en	in
el taxi	das Taxi
el/la taxista	der Taxifahrer/die Taxifahrerin
ya	*hier:* gleich
¡Hola!	Hallo!
el chico	der Junge
la chica	das Mädchen
Me llamo …	Ich heiße …
¡Buenos días!	Guten Tag!
yo	ich
Yo soy …	Ich bin …
y	und
tú	du
¿Cómo te llamas?	Wie heißt du?
¿Cómo?	Wie?
No entiendo.	Ich verstehe nicht.
¿Qué?	Was? Welche/r/s?
¿Qué tal?	Wie geht's?
muy	sehr
bien	gut
Vosotros sois …	Ihr seid …
el alemán	Deutsch, die deutsche Sprache
alemán/alemana	deutsch
¿verdad?	nicht wahr?
sí	ja
Somos de …	Wir sind aus …
Alemania	Deutschland
para, para mí, para ti	für, für mich, für dich
Él/Ella es …	Er/Sie ist …
el fútbol	der Fußball
España	Spanien
el sol	die Sonne
el helado	das Eis
la playa	der Strand
también	auch
claro	na klar

Im Spanischen haben die Nomen nicht immer das gleiche grammatische Geschlecht wie im Deutschen! **el** taxi – **das** Taxi

la chica ≠ el chico

¡Buenos días! Me llamo Sofia.

Y yo soy Daniel.

Wenn du schreibst ein Fragewort, setze den Akzent sofort!

–Él es Nicolás. Ella es Sofia.

 football

 sun

Para mí, España es la playa.

Para mí también.

Tú eres …	Du bist …
el/la turista	der Tourist/die Touristin
la familia	die Familie
la música	die Musik
el flamenco	der Flamenco
el amigo/la amiga	der Freund/die Freundin
el mar	das Meer
las tapas	die Häppchen, die Tapas
vale	okay, einverstanden
aquí	hier
¡Adiós!	Tschüss!
¡Hasta la vista!	Auf Wiedersehen!
2 así así	so lala
regular	mittelmäßig
mal	schlecht
3 ¿De dónde?	Woher?
8 el trabalenguas	der Zungenbrecher
9 ¡Hasta luego!	Bis später!
el abrazo	die Umarmung, *hier:* herzliche Grüße

Flamenco ist eine traditionelle spanische Musikrichtung. Flamenco besteht aus Gesang, meistens Gitarrenbegleitung und Tanz.

Die meisten spanischen Nomen, die auf O enden, sind männlich. Die meisten spanischen Nomen, die auf A enden, sind weiblich.

así así = regular

bien ≠ mal

¿De dónde sois?

Somos de Alemania.

B   Un paseo por Sevilla

un/una	ein/eine
el paseo	der Spaziergang
por	durch
T el centro	das Zentrum
con	mit
el abuelo	der Großvater, der Opa
la abuela	die Großmutter, die Oma
los abuelos	die Großeltern
este/esta	dieser/diese
la torre	der Turm
de	von, aus
árabe	arabisch
el bar	die Bar, das Café
¡Qué bonito/a!	Wie schön!
el restaurante	das Restaurant
la plaza	der Platz
¡Mira!	Schau mal!
el parque	der Park
el río	der Fluss

🇬🇧 centre 🇺🇸 center

el abuelo + la abuela = los abuelos

🇬🇧 tower

🇬🇧 river

el café	der Kaffee, das Café
la heladería	das Eiscafé
por favor	bitte
el chocolate	die Schokolade
la vainilla	die Vanille
dos	zwei
¡Vamos!	Los geht's!
2 ¡Ojo!	Vorsicht!, Aufgepasst!
la mascota	das Haustier
el libro	das Buch
la guitarra	die Gitarre
el museo	das Museum
la biblioteca	die Bibliothek

el helado

¡Abuela, un helado, **por favor**!

2 Los nuevos amigos

A Los nuevos chicos del barrio

nuevo/a	neu
el barrio	das Stadtviertel
T la calle	die Straße
hablar	sprechen, reden
el/la español/a, el español, español/a	der Spanier/die Spanierin, Spanisch, spanisch
pero	aber
mi	mein/e
el padre, el papá	der Vater, der Papa
el/la piloto	der Pilot/die Pilotin

das Verb hablar

yo hablo	nosotros/as hablamos
tú hablas	vosotros/as habláis
él/ella/usted habla	ellos/as/ustedes hablan

España

my · Este es **mi** amigo Pablo.

| 1 uno | 2 dos | 3 tres | 4 cuatro | 5 cinco | 6 seis | 7 siete | 8 ocho | 9 nueve | 10 diez |
| 11 once | 12 doce | 13 trece | 14 catorce | 15 quince | 16 dieciséis | 17 diecisiete | 18 dieciocho | 19 diecinueve | 20 veinte |

trabajar	arbeiten	Mi padre **trabaja** en Madrid.
ahora	jetzt, nun	**Ahora** hablamos español.
¡Qué + …!	Wie …!, Was für ein/e …!	¡**Qué** guay!, ¡**Qué** parque guay!
guay	toll, super	guay = genial
Es que …	Es ist so, dass …	
la madre, la mamá	die Mutter, die Mama	el padre + la madre = los padres

la casa	das Haus
en casa	zu Hause
chulo/a	cool, toll
gracias	danke
tener (e → ie)	haben
el año	das Jahr
¿Cuántos?/¿Cuántas?	Wie viele?
¿Cuántos años tienes?	Wie alt bist du?
el hermano	der Bruder
la hermana	die Schwester
los hermanos	die Geschwister
un/una	ein/eine
el/la mellizo/a, mellizo/a	der Zwilling, Zwillings-
un poco (de)	ein bisschen (von)
no	nein, nicht, kein/e
pues	also, nun ja
cenar	zu Abend essen
el momento	der Moment
¡Hasta mañana!	Bis morgen!
mañana	morgen
el colegio, el cole	die Schule
entonces	also, dann
2 ¡Buenas tardes!	Guten Abend!
¡Buenas noches!	Gute Nacht!
4 el perro	der Hund
él/ella se llama …	er/sie heißt …
5 usted/ustedes	Sie (Höflichkeitsform, Singular u. Plural)
nosotros/as	wir
6 el idioma	die Sprache
inglés	englisch
turco	türkisch
ruso	russisch
italiano	italienisch
francés	französisch
polaco	polnisch
checo	tschechisch
portugués	portugiesisch
porque	weil

En casa mi papá habla alemán.

guay = genial = chulo

–Aquí tienes un helado. –¡Gracias!

das Verb tener

yo tengo	nosotros/as tenemos
tú tienes	vosotros/as tenéis
él/ella /usted tiene	ellos/as/ustedes tienen

el hermano + la hermana = los hermanos

Sofia y yo somos **mellizos**. Hablamos **un poco de** español.

–¿Tienes hermanos? –**No**. (**Nein**.)
No trabajo. (Ich arbeite **nicht**.)
No hablo alemán. (Ich spreche **kein** Deutsch.)

college

El español es un **idioma**.

Ausnahme: el idioma ist männlich, endet aber trotzdem auf -a!

B   Nuestras mascotas

nuestro/a	unser/e
T Est**os**/Est**as** son …	Das hier sind …
ser	sein
el perro/la perra	der Hund/die Hündin
la mascota	das Haustier
Él/Ella se llama …	Er/Sie heißt …
el pez, los peces	der Fisch, die Fische
el gato/la gata	der Kater/die Katze
el periquito	der Wellensittich
4 Ellos/Ellas se llaman …	Sie heißen …

das Verb ser

yo soy	nosotros/as somos
tú eres	vosotros/as sois
él/ella/usted es	ellos/as/ustedes son

Mi **mascota** es un perro.

Él **se llama** Daniel. Ella **se llama** Sofia.

Mis gatos **se llaman** Leo y Lili.

3   ¡Vamos al cole!

la cosa	die Sache
la pluma	der Füller
el estuche	das Mäppchen
el lápiz, los lápices	der Bleistift, die Bleistifte

la cosa ≠ la persona

En mi **estuche** tengo una **pluma** y dos **lápices**.

a ver	mal sehen
mirar	schauen, sehen
la lista	die Liste
¡Bienvenidos/as!	Willkommen!
primer	der/die/das erste
el día	der Tag

Mi mamá **mira** la lista.

 list

bien · ¡**Bienvenidos** a Sevilla!

 day · 365 **días** = 1 año

> **Ausnahme:** el día ist männlich, endet aber trotzdem auf –a!

necesitar	benötigen, brauchen
la mochila	der Rucksack, der Schulranzen
el bolígrafo, el boli	der Kugelschreiber, der Kuli
el libro	das Buch
el cuaderno	das Heft
la goma de borrar	der Radiergummi
el borratintas	der Tintenkiller
¡Hasta pronto!	Bis bald!
pronto	bald, schnell

 necessary = notwendig

Necesito una **mochila** para el cole.

Mi **libro** de español se llama ¡Arriba!.

A   El primer día de clase

T hoy — heute — **Hoy** tenemos clase de español.

la clase — die Klasse, der Unterricht

> **das Verb hay**
> En la clase hay …
> … un profesor. (mit unbestimmtem Artikel)
> … alumnas. (ohne Artikel)
> … muchos libros. (mit Indefinitpronomen)
> … 10 alumnos. (mit Zahlen)

estar — sein, sich befinden

cerca de — in der Nähe von

hay — es gibt, es befindet/n sich

el alumno / la alumna — der Schüler / die Schülerin

> **Ausnahme:** el aula ist weiblich, trägt aber im Singular trotzdem den männlichen Artikel el!

ya — schon, gleich

el aula, las aulas — der Klassenraum, die Klassenräume

> **falsos amigos:**
> **el aula** = der Klassenraum
> el salón de actos = **die Aula**

el / la profesor/a, el / la profe — der Lehrer / die Lehrerin

entrar — eintreten, betreten

el silencio — die Stille, die Ruhe   🇬🇧 silence

¿Dónde? — Wo? — –¿**Dónde** vives? –**Vivo** en Madrid.

vivir — leben, wohnen

> **das Verb vivir**
> yo vivo   nosotros/as vivimos
> tú vives   vosotros/as vivís
> él/ella/usted vive   ellos/as/ustedes viven

¡Perdón! — Entschuldigung!

otra vez — noch einmal

más despacio — langsamer

la pregunta — die Frage

¿Cómo se dice …? — Wie sagt man …?, Was bedeutet …?

> Tengo una **pregunta**. ¿Cómo **se dice** "silencio" en alemán?

> **Se dice** "Ruhe".

escribir — schreiben — **Escribimos** la **palabra** en la **pizarra**.

la palabra — das Wort

la pizarra — die Tafel

leer — lesen

> **das Verb leer**
> yo leo   nosotros/as leemos
> tú lees   vosotros/as leéis
> él/ella /usted lee   ellos/as/ustedes leen

empezar (e → ie) — anfangen, beginnen — **Empiezo** con los deberes.

revisar — überprüfen, nachsehen — **Revisamos** el texto.

los deberes — die Hausaufgaben — Hoy tengo muchos **deberes**.

después, después de — danach, nach, nachdem — **Después de** los deberes cenamos.

el texto — der Text — En clase reviso mi **texto** con un amigo.

la página — die Seite — 🇬🇧 page

nunca — nie

tu — dein/e

¡Qué calor! — Was für eine Hitze!

beber — trinken — **Bebemos** un café.

abrir — öffnen — **Abrimos** la ventana.

la ventana — das Fenster — El aula tiene dos **ventanas**.

3	la puerta	die Tür	
	la esponja	der Schwamm	
	la tiza	die Kreide	
	el mapa	die (Land-)Karte	
	la silla	der Stuhl	
	la mesa	der Tisch	
	la papelera	der Papierkorb	
	la calculadora	der Taschenrechner	
	la carpeta	der Schnellhefter	
	el sacapuntas	der Anspitzer	
	el suelo	der Boden	
	la pared	die Wand	
	su	sein/e, ihr/e	
4	escuchar	hören, zuhören	En casa **escucho** música.
	en pareja	*hier:* in Partnerarbeit	
	preguntar (a alguien)	(jemanden) fragen	la pregunta
	con atención	aufmerksam	
	siempre	immer	
5	reaccionar	reagieren	
	Cerrad … .	Schließt …	
	Repetid … .	Wiederholt …	
	a coro	im Chor	
	la frase	der Satz	
	Sacad … .	Nehmt … heraus	
	Haced … .	Macht …	
	el ejercicio	die Übung, die Aufgabe	

B   En el recreo

T	el recreo	die Pause	
	dar una vuelta por	einen Rundgang machen durch	
	el instituto, el insti	die (weiterführende) Schule	🇬🇧 institute
	el/la compañero/a	der Mitschüler/die Mitschülerin	En mi clase hay un nuevo **compañero**.
	por fin	endlich	¡**Por fin** tenemos recreo!
	el hambre	der Hunger	Tengo hambre.
	el comedor	die Schulcafeteria	
	esperar a alguien	warten auf jemanden	**Esperamos a** Laura.
	estar	sein, sich befinden	

das Verb estar
yo **estoy**	nosotros/as **estamos**
tú **estás**	vosotros/as **estáis**
él/ella /usted **está**	ellos/as/ustedes **están**

comer	essen	el comedor · **¿Comemos** una pizza?
la izquierda, a la izquierda	die linke Seite, links	←
el grupo (musical)	die Gruppe, die Musikgruppe	group
cantar	singen	
mucho	viel, sehr	much
cada	jeder / jede / jedes	
grabar	aufnehmen, filmen	
el vídeo	das Video	
el blog	der Blog	Hoy escribo en mi **blog**.
la derecha, a la derecha	die rechte Seite, rechts	izquierda ≠ derecha →
el bocadillo	das belegte Brötchen	En el recreo como un **bocadillo**.
la tortilla	die Tortilla	

Die Tortilla ist ein spanisches Gericht aus Kartoffeln, Eiern und Zwiebeln, das in einer Pfanne zubereitet wird.

el bollo	das Gebäckstück	
el buñuelo	der Windbeutel	
¡Oye!	Hör mal!	
usar	benutzen	to use
el móvil	das Handy	 mobile phone
¡Qué va!	Ach was! Blödsinn!	
como	wie	
nuestro/a	unser/unsere	
el ordenador	der Computer	
la informática	die Informatik	En clase de **informática** trabajamos con el ordenador.

el laboratorio	das Labor	
el gimnasio	die Sporthalle, das Fitnessstudio	**falsos amigos:** **el gimnasio** = die Sporthalle el instituto = **das Gymnasium**
el patio	der Schulhof, der Innenhof	En el recreo estamos en el **patio**.
al final de	am Ende von	**Al final del** día cenamos.
¿Qué más?	Was noch?	
la biblioteca	die Bibliothek	En la **biblioteca** leemos libros.
al lado de	neben	El laboratorio está **al lado del** gimnasio.

buscar algo / a alguien	etwas / jemanden suchen	**Busco** mi libro. **Busco a** Sofia.
tener que ir al baño	auf Toilette gehen müssen	Perdón, profe, **tengo que ir al baño**.
el (cuarto de) baño	das WC, die Toilette	
1 la caja de herramientas	der Werkzeugkasten	
4 la persona	die Person	
la actividad	die Aktivität, die Tätigkeit	
6 el mensaje	die Nachricht	
¡cariño!	mein Schatz!, Liebes!	
todavía	(immer) noch	

7	faltar	fehlen
	el aula de música	Musikraum, Musiksaal
	la imagen	das Bild
10	la chuleta	der Spickzettel
	el empollón	der Streber
	la galleta	der Keks
	el yogur	der Joghurt
11	¡Qué lío!	Was für ein Durcheinander!
12	llevar	tragen

4   Hablamos de nuestra familia

el tío / la tía	der Onkel / die Tante	
el primo / la prima	der Cousin / die Cousine	
el novio / la novia	der feste Freund / die feste Freundin	el novio ≠ el amigo
el marido de la madre / la mujer del padre	der Stiefvater / die Stiefmutter	
el / la bisabuelo/a	der Uropa / die Uroma	
el / la hermano/a por parte de la madre / del padre	der Halbbruder / die Halbschwester	
el nieto / la nieta	der Enkel / die Enkelin	los abuelos ≠ los nietos
el hijo / la hija	der Sohn / die Tochter	La **hija** de mis tíos es mi prima.

A   Somos una familia

Die spanischen Possessivpronomen

	Singular		Plural	
	♂	♀	♂	♀
yo	mi primo/a		mis primos/as	
tú	tu abuelo/a		tus abuelos/as	
él/ella	su hermano/a		sus hermanos/as	
nosotros/as	nuestro padre	nuestra madre	nuestros padres	nuestras madres
vosotros/as	vuestro tío	vuestra tía	vuestros tíos	vuestras tías
ellos/as	su hijo/a		sus hijos/as	

Substantive auf
-ión schreiben
sich im Plural
ohne Akzent:
**la habitación –
las habitaciones**

T	la habitación	das Zimmer, der Raum	
	mucho/a/os/as	viel, viele	Tengo **muchos** amigos.
	grande	groß	

mucho und **poco** werden im Spanischen
wie Adjektive an das Substantiv angeglichen.

| bonito/a | schön, hübsch | Mi habitación no es **grande**, pero es **bonita**. |

| la fotografía, la foto | das Foto | 🇬🇧 photography |
| ¿Quién?/¿Quiénes? | Wer? | **¿Quién** es tu primo? **¿Quiénes** son tus primos? |

¿De quiénes son?	Von wem sind sie?	
la fiesta	das Fest, die Feier	¡Vamos a la **fiesta**!
el cumpleaños, el cumple	der Geburtstag	Hoy es mi **cumple**.
que	der, die, das (Relativpronomen)	
el pelo	das Haar, die Haare, das Fell	Mi abuela tiene el **pelo** gris.
gris	grau	
todo el/toda la	der ganze/die ganze	**la gente** sind zwar mehrere Personen, im Spanischen steht es jedoch im **Singular**, nicht im Plural!
poco, poco/a/os/as	kaum, wenig/e	
la gente	die Leute	En la fiesta hay mucha **gente**.
la persona	die Person	la gente = las personas
todos/as	alle	**Todos** están en mi fiesta.
solo	nur	
rubio/a	blond	Soy **rubia**. Tengo el pelo **rubio**.
gordito/a	mollig	gordito ≠ delgado
la mujer	die Frau	
delgado/a	schlank	
bajo/a	klein (Körpergröße)	
simpático/a	sympathisch, liebenswert, nett	Nuestro primo Raúl es **divertido** y muy **simpático**.
divertido/a	lustig	
tranquilo/a	ruhig	activo ≠ tranquilo
activo/a	aktiv	🇬🇧 active
moreno/a	braunhaarig	moreno ≠ rubio
favorito/a	Lieblings-	🇬🇧 favourite 🇺🇸 favorite · Paco es mi primo favorito.

genial	genial, toll	genial = guay = chulo
guapo/a	hübsch, gutaussehend	guapo = bonito
otro/a	ein anderer/anderes/eine andere	🇬🇧 other otra vez
el equipo	das Team, die Mannschaft	
alto/a	groß (Körpergröße)	alto ≠ bajo
dulce	süß	El helado es muy **dulce**.
como	wie	
cariñoso/a	herzlich, liebevoll	Mi madre es muy **cariñosa**.
por internet	im/über das Internet	Hablo con mi familia **por internet**.
pequeño/a	klein	pequeño ≠ grande
listo/a	schlau, klug	Speedy es muy **listo**.
4 el correo (electrónico)	die E-Mail	

nuevo/a	neu	new
pesado/a	nervig	A veces Speedy es un poco **pesado**.
6 castaño/a	braun (Haare)	
largo/a	lang	
corto/a	kurz	cortar
el pelo liso	glattes Haar	
el pelo rizado	krauses/lockiges Haar	
creo que …	ich glaube, (dass) …	
7 describir	beschreiben	
el aspecto físico	das Aussehen	
el carácter	der Charakter	
8 el/la familiar	der/die Verwandte	
llamar	*hier:* nennen	
el compadre	der Freund, der Kumpel	
10 la vida	das Leben	
celebrar	feiern	
la educación física	der Sport(-Unterricht)	
13 importante	wichtig	
14 el/la habitante	der Einwohner/die Einwohnerin	
tú ves	du siehst	

B   Un amigo para Speedy

1 el jardín zoológico	der Zoo	
el lugar	der Ort, der Platz	
aprender a reconocer semillas	lernen, Samen zu bestimmen	
la huerta	der Obst- und Gemüsegarten	
T pasar	verbringen, los sein, passieren	to pass · ¿Qué **pasa**?
la granja	der Bauernhof	En la **granja** hay muchos **animales**.
el animal	das Tier	animal
diferente	anders, verschieden	different
la gallina	das Huhn, die Henne	
la cabra	die Ziege	
el cerdo	das Schwein	
el pavo	der Truthahn	
la oveja	das Schaf	
ellos ven	sie sehen	
alegre	fröhlich	triste ≠ alegre 😊
gracioso/a	lustig	gracioso = divertido
loco/a	verrückt	**A veces** eres un poco **loco**.

a veces	manchmal	
solo/a	allein, einsam	
triste	traurig	¿Por qué estás **triste**? Estoy triste **porque** estoy **sola** en casa.
porque	weil	
pobre	arm	🇬🇧 poor
tener razón	Recht haben	Sí, así es. **Tienes razón**.
¿Por qué?	Warum?, Weshalb?	¿Por qué? ≠ porque
el campo	das Land, das Feld	
la ciudad	die Stadt	🇬🇧 city · el campo ≠ la ciudad
tal vez	vielleicht	
tampoco	auch nicht	tampoco ≠ también
el conejillo de Indias	das Meerschweinchen	
la idea	die Idee	Tengo una **idea**.
además	außerdem	
el trabajo	die Arbeit	trabajar
aburrido/a	langweilig (mit *ser*), gelangweilt (mit *estar*)	El día es **aburrido** … Estoy muy **aburrida**.
¿Qué tal …?	*hier:* Wie steht's/Wie wär's mit …?	
el conejo	das Kaninchen	
el ratón	die Maus	
la jaula	der Käfig	Esta es la **jaula** de mi ratón.
interesante	interessant	interesante ≠ aburrido
complicado/a	schwierig, kompliziert	🇬🇧 complicated
3 comprar	kaufen	
4 saber	wissen	
8 la ficha personal	der Steckbrief	
la edad	das Alter	
la dirección	die Adresse	
el dibujo	die Zeichnung	
11 el tiempo	die Zeit	
yo prefiero	ich bevorzuge/möchte lieber	
estudiar	lernen, studieren	
ellos hacen	sie machen	
13 el saludo	der Gruß	
desde	von, aus	
muchas veces	oft	
juntos/as	gemeinsam, zusammen	

5 Quedamos con los amigos

quedar (con alguien)	sich (mit jemandem) verabreden, treffen	**¿Quedamos** mañana en el parque?
gustarle a alguien	jemandem gefallen	A mí **me gusta** chatear.

(A **mí**) **me**		
(A **ti**) **te**		A ti te gusta jugar al tenis.
(A **él/ella/usted**) **le**	**gusta** + Verb im Infinitiv	
(A **nosotros/as**) **nos**	**gusta** + Sustantiv im Singular	A ellas les gusta hacer deporte.
(A **vosotros/as**) **os**	**gustan** + Substantiv im Plural	A mí me gustan las mascotas.
(A **ellos/as/ustedes**) **les**		

chatear	chatten	🇬🇧 to chat
bailar	tanzen	
ver	sehen	**Veo** la tele con mi amiga.
la televisión, **la** tele	das Fernsehen	🇬🇧 television
tocar	spielen (Instrument), anfassen	**¿Tocas** el piano?
la guitarra	die Gitarre	🇬🇧 guitar
jugar (u → ue)	spielen (Sport und Spiel)	**¿Juegas** al fútbol?
la consola	die Spielkonsole	
nadar	schwimmen	Me gusta mucho **nadar**.
el balonmano	Handball	
el baloncesto	Basketball	
el voleibol	Volleyball	
ir en monopatín, *auch:* montar skateboard	Skateboard fahren	
montar a caballo	reiten	
hacer	machen, tun	
el deporte	der Sport	Me gusta hacer **deporte**.
el ciclismo	der Radsport	
el instrumento	das Instrument	
hablar por teléfono	telefonieren	
el teléfono	das Telefon	
ir	gehen	
el cine	das Kino	
la bolera	die Bowlingbahn	
ir de compras	shoppen, einkaufen gehen	
descansar	sich ausruhen	

das Verb hacer	
yo **hago**	nosotros/as **hacemos**
tú **haces**	vosotros/as **hacéis**
él/ella /usted **hace**	ellos/as/ustedes **hacen**

das Verb ir	
yo **voy**	nosotros/as **vamos**
tú **vas**	vosotros/as **vais**
él/ella /usted **va**	ellos/as/ustedes **van**

A En el polideportivo

	el polideportivo	die Sportanlage	el deporte
T	charlar	reden, sich unterhalten	charlar = hablar

bastante	ziemlich	Me gusta **bastante** nadar.
siempre	immer	**Siempre** charlas con ella.
bueno	also gut, na ja	
bueno/a	gut, nett	Esta es una muy **buena** idea.
nunca	nie	nunca ≠ siempre
nada	nichts, gar nicht	
sobre todo	vor allem	Me gusta el deporte, **sobre todo** el **tenis**.
la pasada	der Hit, der Wahnsinn	¡La música rap es una **pasada**!
el violín	die Geige, die Violine	
a menudo	oft	**A menudo** chateo con Manuel.
la canción	das Lied	Esta es mi **canción** favorita.
encantarle a alguien	jemanden entzücken, jemandem sehr gefallen	encantar = gustar mucho
¡Cuidado!	Achtung!, Vorsicht!, Pass auf!	
Lo siento.	Tut mir leid.	¡Lo siento mucho! No pasa nada.
No pasa nada.	Das macht doch nichts.	
tener ganas de hacer algo	Lust haben, etwas zu tun	¿**Tienes ganas de** quedar para **ir** al polideportivo?
la broma	der Scherz	
2 la película, la peli	der Film	¿Te gustan las **películas** de Almodóvar?
5 mismo/a	gleich, identisch	
7 normalmente	normalerweise	normally
así que	also; sodass	
todos los días	jeden Tag	el día · Toco la guitarra **todos los días**.

Verben mit Vokalwechsel: jugar, querer, poder

yo	j**ue**go	qu**ie**ro	p**ue**do
tú	j**ue**gas	qu**ie**res	p**ue**des
él/ella /usted	j**ue**ga	qu**ie**re	p**ue**de
nosotros/as	jugamos	queremos	podemos
vosotros/as	jugáis	queréis	podéis
ellos/as/ustedes	j**ue**gan	qu**ie**ren	p**ue**den

B   ¿Quedamos el fin de semana?

el fin de semana	das Wochenende	
la semana	die Woche	
T la tarde	der Nachmittag	¿Vas a la bolera esta **tarde**?
por la tarde	nachmittags	
querer (e → ie)	wollen, lieben	**Quiero** hablar contigo.
llamar	rufen	**Llamo** a mi amiga por teléfono.
llamar por teléfono	anrufen	
¿Diga?	Ja, bitte?	

poner	verbinden; zeigen	¿Qué peli **ponen** esta tarde?
¿Me puede poner con …?	Könnte ich mit … sprechen?	
¿De parte de quién?	Wer spricht?	
conmigo, contigo	mit mir, mit dir	mí, ti · Sí, voy al cine **contigo**.
¿Cuándo?	Wann?	**¿Cuándo** llegas a casa?
y media	halb	14.30 = Son las dos **y media**.
poder (o → ue)	können	Lo siento, pero no **puedo**.
estar de visita	zu Besuch sein	to visit
la visita	der Besuch	
¿A qué hora?	Um wie viel Uhr?	
la hora	die Uhrzeit, die Stunde	la hora · ¿A qué hora quedamos?
menos cuarto	viertel vor	12.45 = Es la una **menos cuarto**.
si	wenn, falls, ob	**Si** quieres, voy.
y cuarto	viertel nach	13.15 = Es la una **y cuarto**.
¡Nos vemos!	Wir sehen uns!	ver
tocar el timbre	an der Tür klingeln, läuten	
entender (e → ie)	verstehen	No **entiendo** …
el nombre	der Name	
encontrar (o → ue)	finden	No **encuentro** mis cosas.
el portero automático	die Gegensprechanlage	

> **si** (wenn)
> ≠ **sí** (ja)

el lunes	(am) Montag
el martes	(am) Dienstag
el miércoles	(am) Mittwoch
el jueves	(am) Donnerstag
el viernes	(am) Freitag
el sábado	(am) Samstag
el domingo	(am) Sonntag

> **Los lunes** (siempre) toco la guitarra.
> **Montags** spiele ich (immer) Gitarre.
> → **immer, jeden Montag**
> **El lunes** descanso.
> Am (kommenden) **Montag** ruhe ich mich aus.
> → **einmal, an einem Montag**

2 primero	zuerst	
el mensaje	die Nachricht	message
4 ¿Qué hora es?	Wie spät ist es?	la hora
la mañana	der Morgen	la mañana ≠ la tarde · Por la **mañana** voy al cole.
la noche	die Nacht	
la cama	das Bett	
el concierto	das Konzert	El **concierto** es a las nueve de la noche.
la excursión	der Ausflug, die Exkursion	¿Vamos de **excursión** a Bilbao?
5 pasear	spazieren gehen	
pasear a alguien	jemanden spazieren führen, ausführen	
montar en bici	Rad fahren	
la compra	der Einkauf	

> Para mi habitación necesito una **cama**.

> **Vamos de compras.**

6	mola mucho	das ist total toll/super
7	por eso	deshalb, deswegen

6 Organizamos la casa

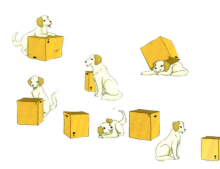

encima de	über, auf
debajo de	unter
delante de	vor
detrás de	hinter
entre	zwischen
enfrente de	gegenüber
propio/a	eigen
el lío	das Durcheinander
la caja	die Kiste, der Karton

el lío = el caos

A ¡Qué lío!

T todo el/toda la — der ganze/die ganze — Trabajo **todo el** día.

desayunar — frühstücken

llegar — ankommen — ¿Cuándo **llegas** a casa?

el mueble — das Möbelstück — ¿Dónde pones los **muebles**?

todos/as mis/tus — alle meine/alle deine — **Todos mis** libros están aquí.

organizar — organisieren, einrichten — to organize

el cuarto — das Zimmer, der Raum — mi cuarto = mi habitación

el lugar — der Ort, der Platz

hay lugar — es gibt Platz, da ist Platz — No **hay lugar** para mis cosas.

el escritorio — der Schreibtisch — escribir

poner — *hier:* setzen, stellen, legen

la estantería — das Regal — Pongo un libro en la **estantería**.

el videojuego — das Videospiel

tener que — müssen — **Tengo que** hacer mis deberes.

hasta — bis — ¡**Hasta** mañana!

ordenar — aufräumen, ordnen — ordenar = organizar

todo — alles

la lámpara — die Lampe — lamp

nada de eso — nichts davon; nichts da

el camión de la mudanza — der Umzugswagen

puntual — pünktlich

nervioso/a	nervös, aufgeregt	
la correa (del perro)	die Leine, die Hundeleine	
allí	dort, da drüben	allí ≠ aquí
el rato	die Weile	el rato = el momento
así	so	
bajar	abladen; herunterkommen	
la tienda	das Geschäft, der Laden	
por aquí cerca	hier in der Nähe	
cerca	nah	cerca ≠ lejos
2 el armario	der Schrank	
el cuadro	das Bild	
la mesilla de noche	der Nachttisch	la mesa, la noche
la vitrina	die Vitrine, der Glasschrank	
el sofá	das Sofa	
el televisor	der Fernseher	
el sillón	der Sessel	
4 el cajón	die Schublade	
la revista	die Zeitschrift	Me gusta leer **revistas**.
el póster	das Poster	
5 enseñar	zeigen	
7 ordenado/a	aufgeräumt	ordenar · Mi cuarto está muy ordenado.
el resto	der Rest	
el portalápices	der Stiftehalter	
8 el dormitorio	das Schlafzimmer	
la cocina	die Küche	
el salón	das Wohnzimmer	
el comedor	*hier:* das Esszimmer	
el recibidor	die Diele, der Eingangsbereich	
el cuarto de baño	das Badezimmer	
9 la terraza	die Terrasse	
el balcón	der Balkon	
el jardín	der Garten	
el garaje	die Garage	
10 el árbol	der Baum	
el pájaro	der Vogel	
el techo	das Dach	
lejos (de)	weit, weit weg (von)	

B Una fiesta en casa

1 presentar — präsentieren, vorstellen — 🇬🇧 to present

celebrar — feiern — 🇬🇧 to celebrate

invitar — einladen — 🇬🇧 to invite

la dirección — die Adresse — 🇬🇧 direction

venir (e → ie) — kommen

la invitación — die Einladung

el/la invitado/a — der Gast — invitar

¿**Vienes** a mi casa? — Sí, voy.

2 el mes — der Monat

la fecha — das Datum

un año = 365 días = 12 meses

el enero	der Januar	el mayo	der Mai	el septiembre	der September
el febrero	der Februar	el junio	der Juni	el octubre	der Oktober
el marzo	der März	el julio	der Juli	el noviembre	der November
el abril	der April	el agosto	der August	el diciembre	der Dezember

4 la batería — das Schlagzeug

5 seguro/a — sicher

¡Qué pena! — Wie schade!

¡Es una lástima! — Das ist wirklich schade!

T preparar — vorbereiten — 🇬🇧 to prepare

la lista de la compra — die Einkaufsliste — comprar

el globo — der (Luft-)Ballon

las palomitas — das Popcorn

las gomitas — die Gummibärchen

los gusanitos — die Erdnussflips

el vaso — das Glas

el plato — der Teller

el cartón — die Pappe, der Karton

la bebida — das Getränk — beber

el zumo — der Saft

faltar — fehlen

algo — etwas

¿Quieres beber un **zumo** de naranja?

¿Qué más necesitamos? ¿**Falta algo**?

la comida — das Essen — comer

la decoración — die Dekoration

picar — naschen

¡Qué emoción! — Wie schön!

¿Vienes a mi fiesta? ¡Qué emoción!

y eso que … — und dabei …, obwohl …

¡Qué casualidad! — Was für ein Zufall!

la suerte — das Glück

por suerte — zum Glück

¡Qué suerte! — Was für ein Glück!

subir	hochstellen, erhöhen
el volumen	die Lautstärke
a tope	maximal, komplett
la carta	der Brief
9 sacar	herausholen, -nehmen
creer que	glauben, dass
todavía	(immer) noch
poner la mesa	den Tisch decken

¡Me encanta esta canción! **Subo el volumen a tope**.

Escribo una carta a Pablo.

Sacamos los cuadernos de la mochila.

Creo que falta algo, ¿qué puede ser?

todavía ≠ ya no

7   Así pasamos nuestro día

visitar	besuchen
el foro	das Forum
el mundo	die Welt
la entrada	der Eintrag, der Eingang, die Eintrittskarte

to visit

Sofia chatea en un **foro**.

Quiero conocer todo el **mundo**.

entry, entrance · entrar

A   Un día normal en la vida de Sofia

la vida	das Leben	vivir
T normal	normal	normalmente
levantarse	aufstehen	
primero	zuerst, als erstes, erstens	
pelearse	sich streiten	¿Por qué siempre **os peleáis**?
ducharse	duschen	
antes, antes de	vorher, bevor, vor	Normalmente **me ducho antes de** desayunar.
dormir(se) (o → ue)	(ein)schlafen	**Me duermo** antes de las once.
cepillarse los dientes	sich die Zähne putzen	
el diente	der Zahn	
peinarse	sich kämmen	**Me peino** el pelo.
juntos/as	gemeinsam, zusammen	Todas las mañanas tomamos el **desayuno juntos**.
el desayuno	das Frühstück	desayunar
casi	fast	**Casi** nunca como chocolate.
el pan	das Brot	
la mermelada	die Marmelade	

> **reflexive Verben levantarse**
>
> yo **me** levanto   nosotros/as **nos** levantamos
> tú **te** levantas   vosotros/as **os** levantáis
> él/ella /usted **se** levanta   ellos/as/ustedes **se** levantan

las magdalenas	spanisches Gebäck	
el chocolate	die Schokolade, der Kakao	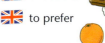 chocolate
preferir (e → ie)	lieber mögen, bevorzugen	to prefer
la naranja	die Apfelsine, die Orange	
la leche	die Milch	¿**Leche**? No, gracias, **prefiero** un zumo de **naranja**.
el plátano	die Banane	
salir	ausgehen, herauskommen	¿**Cuándo sales**? **Salgo** de casa en media hora.
lejos (de)	weit, weit weg (von)	lejos ≠ cerca
terminar	aufhören, beenden	terminar ≠ empezar
almorzar (o → ue)	zu Mittag essen	Mis padres **almuerzan** a la una.
el equipo	das Team, die Mannschaft	El **equipo** de fútbol de Madrid se llama Real Madrid.
la principal liga	die erste Liga	
profesional	professionell	
el partido	das Spiel, das Match	Vamos a ver el **partido** de fútbol.
importante	wichtig	important
el fin de semana	das Wochenende	¿Qué haces el **fin de semana**?
acostarse (o → ue)	sich hinlegen	¿A qué hora **te acuestas**?
1 el mediodía	der Mittag	
al mediodía	mittags	Almorzamos **al mediodía**.
3 despertarse (e → ie)	aufwachen	
bañarse	baden	Me despierto a las seis. Primero **me baño**, después **me pongo la ropa** y me voy al cole.
ponerse la ropa	sich anziehen	
la ropa	die Kleidung	
4 temprano	früh	Hoy me acuesto **temprano**.
6 subir	*hier:* hochladen	
el día laboral	der Werktag	
durante	während	**Durante las vacaciones** me acuesto tarde.
las vacaciones	die Ferien	
9 o	oder	
la encuesta	die Umfrage	

B   Un fin de semana en familia

T hay que	man muss	
aprovechar	nutzen, ausnutzen	**Ausnahme:** el agua und el hambre sind **weiblich**, tragen aber im Singular trotzdem den männlichen Artikel: el agua fría
tener hambre	Hunger haben	
el hambre f.	der Hunger	
libre	frei	En el bar no hay mesas **libres**.

sentarse (e → ie)	sich hinsetzen	**Me siento** cerca de la ventana.
querido/a	lieber/liebe (Anrede im Brief)	querer
volar	fliegen	
disfrutar	genießen	¿Qué te puedo **traer**? — Un café, por favor.
traer	bringen, hinbringen	
el queso	der Käse	cheese
el jamón	der Schinken	
el agua f.	das Wasser	
el agua mineral f.	das Mineralwasser	
los churros	spanisches frittiertes Spritzgebäck	
¿Qué lleva la tortilla?	Woraus besteht die Tortilla?	
tomar	bestellen, nehmen, essen	
probar (o → ue)	probieren, versuchen	¿Puedo **probar** un trozo de tu tortilla?
el trozo	das Stück	
el huevo	das Ei	
la patata	die Kartoffel	potato
la cebolla	die Zwiebel	
la sal	das Salz	salt
el aceite de oliva	das Olivenöl	
rico/a	lecker	La tortilla está muy **rica**.
hacer la(s) compra(s)	einkaufen gehen	**Hago la compra** en el **supermercado**.
el supermercado, el súper	der Supermarkt	
ir de tapas	Tapas essen gehen	¿**Vamos de tapas** esta tarde?
la película de animación	der Zeichentrickfilm	
cocinar	kochen	to cook · Al mediodía **cocinamos** juntos.
2 ¿Adónde?	Wohin?	¿**Adónde** vamos?
pedir (e → i)	bestellen, bitten	

Verben mit Vokalwechsel: pedir
yo p**i**do — nosotros/as pedimos
tú p**i**des — vosotros/as pedís
él/ella/usted p**i**de — ellos/as/ustedes p**i**den

3 el alimento	das Lebensmittel	
7 comprar	kaufen	la compra
8 perder	verlieren	
11 cortar	schneiden	to cut
el tomate	die Tomate	Cortamos los **tomates**.
batir (los huevos)	(die Eier) schlagen	
decir (e → i)	sagen	No entiendo, ¿qué **dices**?
alto/a	*hier:* laut	

ayudar	helfen
12 tostar	toasten
la mitad	die Hälfte
frotar	(ein)reiben
el ajo	der Knoblauch
el diente de ajo	die Knoblauchzehe

8 Recorremos nuestro barrio

el barrio	das Stadtviertel
el quiosco	der Kiosk
el mercado	der Markt
el monumento	das Denkmal
el puente	die Brücke
la iglesia	die Kirche

la ciudad = muchos barrios

Compro algo en el **quiosco**.

el supermercado

 monument

A Triana mola mucho

T molar mucho	total toll/super sein
antiguo/a	alt, antik
la verdad	die Wahrheit
encantador/a	entzückend, wunderschön

molar mucho = ser genial

El barrio es muy **antiguo**.

Siempre te digo la **verdad**.

encantar · encantador = muy bonito

el pueblo	das Dorf
dentro de	in, drinnen, innerhalb
por dentro	von innen
el sitio de interés turístico	die Sehenswürdigkeit
conocer	kennen, kennenlernen
pasar por	vorbeischauen in, vorbeigehen an
famoso/a	berühmt
(haber) de todo	alles Mögliche (geben)

el pueblo ≠ la ciudad

dentro de = en

Quiero conocer la iglesia **por dentro**.

¿**Conoces** a mi hermana?   Sí, **conozco** a Vero.

Tengo que **pasar por** unas tiendas antes de almorzar.

 famous

En los **puestos** del mercado hay **de todo**.

el puesto	der Stand
la fruta	das Obst
la verdura	das Gemüse
el pescado	der Fisch
la flor	die Blume

el pez ≠ el pescado

 fruit

 flower

la cerámica	die Keramik	
la cerveza	das Bier	
mientras	während, währenddessen	**Mientras** cenamos vemos la tele.
el teatro	das Theater	¿**Compramos** las entradas para ir al **teatro**?
el/la último/a	der/die/das letzte	
el pasillo	der Gang	
unir	verbinden	
encontrarse (en)	sein, sich befinden (in)	encontrarse en = estar en
el/la turista	der/die Tourist/in	**Ausnahme:** el turista ist männlich, endet aber trotzdem auf –a!
la orilla	das Ufer	
el color	die Farbe	🇬🇧 colour 🇺🇸 color · ¿De qué **color** es?
estrecho/a	eng, schmal	Esta calle es muy **estrecha**.
la marcha	das Nachtleben	En este barrio hay mucha **marcha**.
el/la sevillano/a	der Sevillaner/die Sevillanerin	
impresionante	beeindruckend	🇬🇧 impressive · Por dentro, la iglesia es impresionante.

2 el ayuntamiento	das Rathaus	
la ubicación	die Lage, der Standort	
a pocos metros de …	ein paar Meter entfernt von …	
alrededor de …	um … herum	
5 ¿Cuál/es?	Welche/r/s?	
6 la parte	der Teil	
el significado	die Bedeutung	
elaborar	erstellen, anfertigen	
la red	das Netz	
la posibilidad	die Möglichkeit	
sacar una foto	ein Foto machen	
7 el/la vecino/a	der Nachbar/die Nachbarin	
lamentablemente	bedauerlicherweise	
8 traer	*hier:* dabei haben	
preguntar por el camino	nach dem Weg fragen	
(seguir) todo recto	immer geradeaus (gehen)	
girar a la izquierda	nach links abbiegen/gehen	
continuar	*hier:* weitergehen	
el coche	das Auto	
el cruce	die Kreuzung	
cruzar	kreuzen, überqueren	
estar perdido/a	verloren sein, nicht mehr mitkommen	

el autobús	der Bus
la parada	die Haltestelle
¡de nada!	bitte sehr!, gern geschehen!
perfecto/a	perfekt
9 la Oficina de Correos	das Postamt, die Post
la estación	der Bahnhof

10

| el coche | el avión | el autobús | la bicicleta, la bici bicycle, bike | el metro | el tren train |

el pie	der Fuß
a pie	zu Fuß
el caballo	das Pferd

¿Vas al cole en **autobús**?

No, voy **a pie**.

Me encanta montar **a caballo**.

B ¿Qué me pongo?

1 el vestido	das Kleid
rojo/a	rot
las zapatillas	die Turnschuhe
la blusa	die Bluse
los vaqueros	die Jeans
blanco/a	weiß
la falda	der Rock
los pantalones	die Hose
el jersey	der Pullover, das Sweatshirt
la camiseta	das T-Shirt
la gorra	die Mütze
la chaqueta	die Jacke
negro/a	schwarz
la camisa	das Hemd
de deporte	Sport-
llevar	tragen, anhaben
cómodo/a	bequem
2 la maleta	der Koffer
3 por ejemplo	zum Beispiel
elegante	elegant
cómodo/a	bequem
deportivo/a	sportlich
formal	formell, schick
moderno/a	modern

¡Qué bonito es tu **vestido**!

Jeans und Hosen stehen im Spanischen wie im Englischen immer in der Mehrzahl. Du hast ja schließlich zwei Beine! 🙂
the pants – **los** pantalones
the jeans – **los** vaqueros

 jacket

 la camiseta

Me encanta **llevar** una falda corta y zapatillas **de deporte**.

feo/a	hässlich	
sencillo/a	einfach, schlicht	
4 oscuro/a	dunkel	Prefiero los colores **oscuros**.
un montón (de)	viele, eine Menge (von)	un montón de = mucho/a/os/as
claro/a	hell	oscuro ≠ claro

amarillo – gelb	verde – grün	naranja – orange
blanco – weiß	marrón – braun	violeta – violett
negro – schwarz	azul – blau	rosa – rosa
rojo – rot	gris – grau	lila – lila

Die Farben **naranja**, **lila**, **rosa** und
violeta besitzen nur eine Form:
el jersey **naranja** – los jerseys **naranja**
la falda **naranja** – las faldas **naranja**

T el mercadillo	der Flohmarkt	el mercado
aquel/aquella	jener dort/jene dort	este ≠ aquel
el vendedor/la vendedora	der Verkäufer/die Verkäuferin	
costar (o → ue)	kosten	¿Cuánto **cuesta** la gorra azul?
ese/esa	dieser da/diese da	este ≠ ese
probarse (o → ue)	anprobieren	probar
la talla	die Kleidergröße	¿Qué **talla** tienes?
el probador	die Umkleidekabine	probar
demasiado	zu, zu viel, zu sehr	La camisa es **demasiado** corta.
echarle la bronca a alguien	böse mit jemandem sein	
quedarle bien a alguien	jemandem gut stehen	Esta blusa **te queda súper bien**.
súper	sehr, total	súper = muy
ir bien con	gut passen zu	El jersey **va bien con** esa falda.
barato/a	billig, günstig	La falda es muy **barata**.
8 el/la cliente	der Kunde/die Kundin	
9 ancho/a	weit	
horrible	schrecklich	

9 Nos vamos de vacaciones `facultativo`

hacer buen/mal tiempo	gutes/schlechtes Wetter sein	
el calor	die Wärme, die Hitze	
el frío	die Kälte	
el viento	der Wind	
hacer … grados (bajo cero)	… Grad (unter Null) sein	
nublado/a	wolkig, bewölkt	Hoy está **nublado**.
la nube	die Wolke	nublado
nevar (e → ie)	schneien	**Nieva** mucho esta semana.
la nieve	der Schnee	nevar

Hace buen tiempo y **hace calor**, ¡vamos a la playa!

¿Qué dices? **Hace viento** y **hace frío**, no quiero salir.

llover (o → ue)	regnen	**Llueve** todo el día.
la lluvia	der Regen	llover
el hielo	das Eis, die Glätte	Cuidado, hay **hielo** en la calle.
la tormenta	der Sturm	Esta noche hay **tormenta**.

A   ¿Adónde ir el fin de semana?

T próximo/a	nächste/r/s	
sobre	über	
¡Qué mala suerte!	Was für ein Pech!	la suerte ≠ la mala suerte
parecer (que)	scheinen, erscheinen	**Parece que** va a nevar.
tomar el sol	sich sonnen	
ni loco	niemals, nicht im Traum	**Ni loco** voy al cole el domingo.
el vuelo	der Flug	
el clásico	Fußballspiel zwischen Real Madrid und FC Barcelona	
proponer	vorschlagen	poner · **Propongo** hacer una **caminata** juntos.
la caminata	die Wanderung	
el hostal	das Hostel, die Herberge	Dormimos en un **hostal**.
acampar	zelten	camping
contar (o → ue)	zählen, erzählen	to count · contar
el cuento (de terror)	die (Horror-)Geschichte	
la montaña	der Berg	mountain
la naturaleza	die Natur	Me encanta la **naturaleza**.
difícil	schwer, schwierig	difficult · difícil = complicado
el museo	das Museum	
el pronóstico (del tiempo)	die (Wetter-) Vorhersage	El **pronóstico del tiempo** dice que va a llover; ¿vamos al **museo**?
rápido/a	schnell	
llevar	*hier:* bringen	
el paisaje	die Landschaft	En tren llegamos **rápido** y podemos mirar el **paisaje**.
el hotel	das Hotel	
6 por lo menos	mindestens, wenigstens	

8

la primavera

el verano

el otoño
autumn

el invierno

la siesta	die Siesta, der Mittagsschlaf

viajar	reisen	
la estación	die Jahreszeit	

B Un fin de semana en Barcelona

T
ayer	gestern	ayer ≠ hoy ≠ mañana
caminar	laufen, spazieren	la caminata
espectacular	spektakulär, toll	espectacular = genial
más	mehr, noch	Necesito **más** tiempo para conocer la ciudad.
compartir	teilen	**Comparto** mi bocadillo contigo.
ganar	gewinnen, siegen	El equipo **gana** el partido.
meter	hineintun	**Meto** el libro en la mochila.
el gol	das Tor	goal
meter un gol	ein Tor schießen	
el minuto	die Minute	60 minutos = 1 hora
quedarse	bleiben	**Me quedo** unos minutos más.
a cántaros	wie aus Kübeln	
el recuerdo	Erinnerung, Andenken	Traigo muy bonitos **recuerdos** de mis vacaciones en Sevilla.
hace (… días / años)	vor (… Tagen / Jahren)	Estuve allí **hace** dos años.
roncar	schnarchen	
extrañar	vermissen	**Extraño a** mi mejor amiga.
el hombre	der Mann, der Mensch	
vender	verkaufen	vender ≠ comprar
el león	Löwe	

2
el viaje	die Reise
viejo/a	alt
el casco antiguo	die Altstadt
los dulces	die Süßigkeiten
por supuesto	selbstverständlich
el tipo	der Typ, die Art
el símbolo	das Symbol, das Wahrzeichen
inmenso/a	sehr groß, riesig
la obra	das (Bau-)Werk
construir	bauen, errichten

5
en general	im Allgemeinen, alles in allem

Diccionario español – alemán

A

a cántaros wie aus Kübeln (9.B-T)
a coro im Chor (3.A-5)
a la derecha rechts (3.B-T)
a la izquierda links (3.B-T)
a menudo oft (5.A-T)
a pie zu Fuß (8.A-10)
a pocos metros de … ein paar Meter entfernt von … (8.A-2)
¿A qué hora? Um wieviel Uhr? (5.B-T)
a tope maximal, komplett (6.B-T)
a veces manchmal (4.B-T)
a ver mal sehen (3.)
el abrazo Umarmung; herzliche Grüße (1.A-9)
el abril April (6.B-2)
abrir öffnen (3.A-T)
el/la abuelo/a Großvater/mutter, Opa/Oma (1.B-T)
los abuelos Großeltern (1.B-T)
aburrido/a langweilig, gelangweilt (4.B-T)
acampar zelten (9.A-T)
el aceite de oliva Olivenöl (7.B-T)
acostarse sich hinlegen (7.A-T)
la actividad Aktivität, Tätigkeit (3.B-4)
activo/a aktiv (4.A-T)
además außerdem (4.B-T)
¡Adiós! Tschüss! (1.A-T)
¿Adónde? Wohin? (7.B-2)
el agosto August (6.B-2)
el agua Wasser (7.B-T)
el agua mineral Mineralwasser (7.B-T)
ahora jetzt, nun (2.A-T)
el ajo Knoblauch (7.B-12)
al final de am Ende von (3.B-T)
al lado de neben (3.B-T)
al mediodía mittags (7.A-1)
alegre fröhlich (4.B-T)
el alemán Deutsch, die deutsche Sprache (1.A-T)
alemán/alemana deutsch (1.A-T)
Alemania Deutschland (1.A-T)
algo etwas (6.B-T)
el alimento Lebensmittel (7.B-3)
allí dort, da drüben (6.A-T)
almorzar zu Mittag essen (7.A-T)
alrededor de … um … herum (8.A-2)
alto/a groß (Körpergröße) (4.A-T)
laut (7.B-11)

el/la alumno/a Schüler/in (3.A-T)
amarillo gelb (8.B-4)
el/la amigo/a Freund/in (1.A-T)
ancho/a weit (8.B-9)
el animal Tier (4.B-T)
el año Jahr (2.A-T)
antes, antes de vorher, bevor, vor (7.A-T)
antiguo/a alt, antik (8.A-T)
aprender a reconocer semillas lernen, Samen zu bestimmen (4.B-1)
aprovechar nutzen, ausnutzen (7.B-T)
aquel/la jene/r dort (8.B-T)
aquí hier (1.A-T)
árabe arabisch (1.B-T)
el árbol Baum (6.A-10)
el armario Schrank (6.A-2)
así so (6.A-T)
así así so lala (1.A-2)
así que also; sodass (5.A-7)
el aspecto físico Aussehen (4.A-7)
el aula Klassenraum (3.A-T)
el aula de música Musikraum, Musiksaal (3.B-7)
el autobús Bus (8.A-8)
el avión Flugzeug (8.A-10)
ayer gestern (9.B-T)
ayudar helfen (7.B-11)
el ayuntamiento Rathaus (8.A-2)
azul blau (8.B-4)

B

bailar tanzen (5.)
bajar abladen; herunterkommen (6.A-T)
bajo/a klein (Körpergröße) (4.A-T)
bajo cero unter Null (9.)
el balcón Balkon (6.A-9)
el baloncesto Basketball (5.)
el balonmano Handball (5.)
bañarse baden (7.A-3)
el baño WC, Toilette (3.B-T)
el bar Bar (1.B-T)
barato/a billig, günstig (8.B-T)
el barrio Stadtviertel (8.) (2.A)
bastante ziemlich (5.A-T)
la batería Schlagzeug (6.B-4)
batir (los huevos) (die Eier) schlagen (7.B-11)
beber trinken (3.A-T)
la bebida Getränk (6.B-T)
la biblioteca Bibliothek (3.B-T) (1.B-2)

la bicicleta, la bici Fahrrad (8.A-10)
bien gut (1.A-T)
¡Bienvenidos/as! Willkommen! (3.)
el/la bisabuelo/a Uropa/Uroma (4.)
blanco/a weiß (8.B-1)
el blog Blog (3.B-T)
la blusa Bluse (8.B-1)
el bocadillo belegtes Brötchen (3.B-T)
la bolera Bowlingbahn (5.)
el boli Kuli (3.)
el bolígrafo Kugelschreiber, Kuli (3.)
el bollo Gebäckstück (3.B-T)
bonito/a schön, hübsch (4.A-T)
el borratintas Tintenkiller (3.)
la broma Scherz (5.A-T)
¡Buenas noches! Gute Nacht! (2.A-2)
¡Buenas tardes! Guten Abend! (2.A-2)
bueno also gut, na ja (5.A-T)
bueno/a gut, nett (5.A-T)
¡Buenos días! Guten Tag! (1.A-T)
el buñuelo Windbeutel (3.B-T)
buscar algo / a alguien etwas / jemanden suchen (3.B-T)

C

el caballo Pferd (8.A-10)
la cabra Ziege (4.B-T)
cada jede/r/s (3.B-T)
el café Kaffee, Café (1.B-T)
la caja Kiste, Karton (6.)
la caja de herramientas Werkzeugkasten (3.B-1)
el cajón Schublade (6.A-4)
la calculadora Taschenrechner (3.A-3)
la calle Straße (2.A-T)
el calor Wärme, Hitze (9.)
la cama Bett (5.B-4)
caminar laufen, spazieren (9.B-T)
la caminata Wanderung (9.A-T)
el camión de la mudanza Umzugswagen (6.A-T)
la camisa Hemd (8.B-1)
la camiseta T-Shirt (8.B-1)
el campo Land, Feld (4.B-T)
la canción Lied (5.A-T)
cantar singen (3.B-T)
el carácter Charakter (4.A-7)

¡cariño! mein Schatz!, Liebes! (3.B-6)

cariñoso/a herzlich, liebevoll (4.A-T)

la carpeta Schnellhefter (3.A-3)

la carta Brief (6.B-T)

el cartón Pappe, Karton (6.B-T)

la casa Haus (2.A-T)

el casco antiguo Altstadt (9.B-2)

casi fast (7.A-T)

castaño/a braun (Haare) (4.A-6)

catorce vierzehn (2.A-T)

la cebolla Zwiebel (7.B-T)

celebrar feiern (6.B-1) (4.A-10)

cenar zu Abend essen (2.A-T)

el centro Zentrum (1.B-T)

cepillarse los dientes sich die Zähne putzen (7.A-T)

la cerámica Keramik (8.A-T)

cerca nah (6.A-T)

cerca de in der Nähe von (3.A-T)

el cerdo Schwein (4.B-T)

Cerrad … Schließt … (3.A-5)

la cerveza Bier (8.A-T)

la chaqueta Jacke (8.B-1)

charlar reden, sich unterhalten (5.A-T)

chatear chatten (5.)

checo/a tschechisch (2.A-6)

el/la chico/a Junge/Mädchen (1.A-T)

el chocolate Schokolade, Kakao (7.A-T) (1.B-T)

la chuleta Spickzettel (3.B-10)

chulo/a cool, toll (2.A-T)

los churros spanisches frittiertes Spritzgebäck (7.B-T)

el ciclismo Radsport (5.)

cinco fünf (2.A-T)

el cine Kino (5.)

la ciudad Stadt (4.B-T)

claro na klar (1.A-T)

claro/a hell (8.B-4)

la clase Klasse, Unterricht (3.A-T)

el clásico Fußballspiel zwischen Real Madrid und FC Barcelona (9.A-T)

el/la cliente Kunde/Kundin (8.B-8)

el coche Auto (8.A-8)

la cocina Küche (6.A-8)

cocinar kochen (7.B-T)

el colegio, el cole Schule (2.A-T)

el color Farbe (8.A-T)

el comedor Schulcafeteria (3.B-T) Esszimmer (6.A-8)

comer essen (3.B-T)

la comida Essen (6.B-T)

¿Cómo? Wie? (1.A-T)

como wie (4.A-T) (3.B-T)

¿Cómo se dice …? Wie sagt man …? Was bedeutet …? (3.A-T)

¿Cómo te llamas? Wie heißt du? (1.A-T)

cómodo/a bequem (8.B-3) (8.B-1)

el/la compañero/a Mitschüler/in (3.B-T)

el compadre Freund, Kumpel (4.A-8)

compartir teilen (9.B-T)

complicado/a schwierig, kompliziert (4.B-T)

la compra Einkauf (5.B-5)

comprar kaufen (7.B-7) (4.B-3)

con mit (1.B-T)

con atención aufmerksam (3.A-4)

el concierto Konzert (5.B-4)

el conejillo de Indias Meerschweinchen (4.B-T)

el conejo Kaninchen (4.B-T)

conmigo mit mir (5.B-T)

conocer kennen, kennenlernen (8.A-T)

la consola Spielkonsole (5.)

construir bauen, errichten (9.B-2)

contar zählen, erzählen (9.A-T)

contigo mit dir (5.B-T)

continuar weitergehen (8.A-8)

la correa (del perro) Leine, Hundeleine (6.A-T)

el correo (electrónico) E-Mail (4.A-4)

cortar schneiden (7.B-11)

corto/a kurz (4.A-6)

la cosa Sache (3.)

costar kosten (8.B-T)

creer que glauben, dass (6.B-9)

creo que … ich glaube, (dass) … (4.A-6)

el cruce Kreuzung (8.A-8)

cruzar kreuzen, überqueren (8.A-8)

el cuaderno Heft (3.)

el cuadro Bild (6.A-2)

¿Cuál/es? Welche/r/s? (8.A-5)

¿Cuándo? Wann? (5.B-T)

¿Cuántos/as? Wie viele? (2.A-T)

¿Cuántos años tienes? Wie alt bist du? (2.A-T)

el cuarto Zimmer, Raum (6.A-T)

el cuarto de baño WC, Toilette (3.B-T) Badezimmer (6.A-8)

cuatro vier (2.A-T)

el cuento (de terror) (Horror-) Geschichte (9.A-T)

¡Cuidado! Achtung!, Vorsicht!, Pass auf! (5.A-T)

el cumpleaños, el cumple Geburtstag (4.A-T)

D

dar una vuelta por einen Rundgang machen durch (3.B-T)

de von, aus (1.B-T)

de deporte Sport- (8.B-1)

¿De dónde? Woher? (1.A-3)

¡de nada! bitte sehr!, gern geschehen! (8.A-8)

¿De parte de quién? Wer spricht? (5.B-T)

¿De quiénes son? Von wem sind sie? (4.A-T)

de todo alles Mögliche (8.A-T)

debajo de unter (6.)

los deberes Hausaufgaben (3.A-T)

decir sagen (7.B-11)

la decoración Dekoration (6.B-T)

delante de vor (6.)

delgado/a schlank (4.A-T)

demasiado zu, zu viel, zu sehr (8.B-T)

dentro de in, innen, innerhalb (8.A-T)

el deporte Sport (5.)

deportivo/a sportlich (8.B-3)

la derecha die rechte Seite (3.B-T)

desayunar frühstücken (6.A-T)

el desayuno Frühstück (7.A-T)

descansar sich ausruhen (5.)

describir beschreiben (4.A-7)

desde von, aus (4.B-13)

despertarse aufwachen (7.A-3)

después (de) danach, nach, nachdem (3.A-T)

detrás de hinter (6.)

el día Tag (3.)

el día laboral Werktag (7.A-6)

el dibujo Zeichnung (4.B-8)

el diciembre Dezember (6.B-2)

diecinueve neunzehn (2.A-T)

dieciocho achtzehn (2.A-T)

dieciséis sechzehn (2.A-T)

diecisiete siebzehn (2.A-T)

el diente Zahn (7.A-T)

el diente de ajo Knoblauchzehe (7.B-12)

diez zehn (2.A-T)

diferente anders, verschieden (4.B-T)

difícil schwer, schwierig (9.A-T)

¿Diga? Ja, bitte? (5.B-T)

la dirección Adresse (6.B-1) (4.B-8)

disfrutar genießen (7.B-T)

divertido/a lustig (4.A-T)

doce zwölf (2.A-T)

el domingo Sonntag (5.B-T)

¿Dónde? Wo? (3.A-T)

dormir(se) (ein)schlafen (7.A-T)
el dormitorio Schlafzimmer (6.A-8)
dos zwei (1.B-T)
ducharse duschen (7.A-T)
dulce süß (4.A-T)
los dulces Süßigkeiten (9.B-2)
durante während (7.A-6)

E

echarle la bronca a alguien böse
    mit jemandem sein (8.B-T)
la edad Alter (4.B-8)
la educación física
    Sport(-Unterricht) (4.A-10)
el ejercicio Übung, Aufgabe (3.A-5)
él/ella es er/sie ist (1.A-T)
él/ella se llama er/sie heißt
    (2.B-T) (2.A-4)
elaborar erstellen, anfertigen
    (8.A-6)
elegante elegant (8.B-3)
ellos hacen sie machen (4.B-11)
ellos/ellas se llaman sie heißen
    (2.B-4)
ellos ven sie sehen (4.B-T)
empezar anfangen, beginnen
    (3.A-T)
el empollón Streber (3.B-10)
en in (1.A-T)
en casa zu Hause (2.A-T)
en general im Allgemeinen, alles
    in allem (9.B-5)
encantador/a entzückend,
    wunderschön (8.A-T)
encantarle a alguien jemanden
    entzücken, jemandem sehr
    gefallen (5.A-T)
encima de über, auf (6.)
encontrar finden (5.B-T)
encontrarse (en) sein, sich
    befinden (in) (8.A-T)
la encuesta Umfrage (7.A-6)
el enero Januar (6.B-2)
enfrente de gegenüber (6.)
en pareja in Partnerarbeit (3.A-4)
enseñar zeigen (6.A-5)
entender verstehen (5.B-T)
entonces also, dann (2.A-T)
la entrada Eintrag, Eingang,
    Eintrittskarte (7.)
entrar eintreten, betreten (3.A-T)
entre zwischen (6.)
el equipo Team, Mannschaft
    (7.A-T) (4.A-T)
eres du bist (1.A-T)
es er/sie ist (1.A-T)

Es que … Es ist so, dass … (2.A-T)
¡Es una lástima! Das ist wirklich
    schade! (6.B-5)
escribir schreiben (3.A-T)
el escritorio Schreibtisch (6.A-T)
escuchar hören, zuhören (3.A-4)
ese/a diese/r da (8.B-T)
España Spanien (1.A-T)
el español Spanisch (2.A-T)
español/a spanisch (2.A-T)
el/la español/a Spanier/in (2.A-T)
espectacular spektakulär, toll
    (9.B-T)
esperar a alguien warten auf
    jemanden (3.B-T)
la esponja Schwamm (3.A-3)
la estación Jahreszeit (9.A-8)
    Bahnhof (8.A-9)
la estantería Regal (6.A-T)
estar sein, sich befinden (3.B-T)
    (3.A-T)
estar de visita zu Besuch sein (5.B-T)
estar perdido/a verloren sein,
    nicht mehr mitkommen (8.A-8)
este/a diese/r (1.B-T)
estos/as son … das hier sind …
    (2.B-T)
estrecho/a eng, schmal (8.A-T)
el estuche Mäppchen (3.)
estudiar lernen, studieren (4.B-11)
la excursión Ausflug, Exkursion
    (5.B-4)
extrañar vermissen (9.B-T)

F

la falda Rock (8.B-1)
faltar fehlen (6.B-T) (3.B-7)
la familia Familie (1.A-T)
el/la familiar der/die Verwandte
    (4.A-8)
famoso/a berühmt (8.A-T)
favorito/a Lieblings- (4.A-T)
el febrero Februar (6.B-2)
la fecha Datum (6.B-2)
feo/a hässlich (8.B-3)
la ficha personal Steckbrief (4.B-8)
la fiesta Fest, Feier (4.A-T)
el fin de semana Wochenende
    (7.A-T) (5.B)
el flamenco Flamenco (1.A-T)
la flor Blume (8.A-T)
formal formell, schick (8.B-3)
el foro Forum (7.)
la fotografía, la foto Foto (4.A-T)
francés französisch (2.A-6)
la frase Satz (3.A-5)

el frío Kälte (9.)
frotar (ein)reiben (7.B-12)
la fruta Obst (8.A-T)
el fútbol Fußball (1.A-T)

G

la galleta Keks (3.B-10)
la gallina Huhn, Henne (4.B-T)
ganar gewinnen, siegen (9.B-T)
el garaje Garage (6.A-9)
el/la gato/a Kater/Katze (2.B-T)
genial genial, toll (4.A-T)
la gente Leute (4.A-T)
el gimnasio Sporthalle,
    Fitnessstudio (3.B-T)
girar a la izquierda nach links
    abbiegen/gehen (8.A-8)
el globo (Luft-)Ballon (6.B-T)
el gol Tor (9.B-T)
la goma de borrar Radier-
    gummi (3.)
las gomitas Gummibärchen
    (6.B-T)
gordito/a mollig (4.A-T)
la gorra Mütze (8.B-1)
grabar aufnehmen, filmen (3.B-T)
gracias danke (2.A-T)
gracioso/a lustig (4.B-T)
grande groß (4.A-T)
la granja Bauernhof (4.B-T)
gris grau (8.B-4) (4.A-T)
el grupo Gruppe (3.B-T)
el grupo (musical) Gruppe,
    Musikgruppe (3.B-T)
guapo/a hübsch, gutaussehend
    (4.A-T)
guay toll, super (2.A-T)
la guitarra Gitarre (5.) (1.B-2)
los gusanitos Erdnussflips
    (6.B-T)
gustarle a alguien jemandem
    gefallen (5.)

H

(haber) de todo alles Mögliche
    (geben) (8.A-T)
haber lugar Platz haben (6.A-T)
la habitación Zimmer, Raum
    (4.A-T)
el/la habitante der/die
    Einwohner/in (4.A-14)
hablar sprechen, reden (2.A-T)
hablar por teléfono telefonieren
    (5.)
hace (… días/años) vor
    (… Tagen/Jahren) (9.B-T)

Haced … Macht … (3.A-5)

hacer machen, tun (5.)

hacer buen/mal tiempo gutes/ schlechtes Wetter sein (9.)

hacer … grados (bajo cero) … Grad (unter Null) sein (9.)

hacer la(s) compra(s) einkaufen gehen (7.B-T)

el hambre Hunger (7.B-T) (3.B-T)

hasta bis (6.A-T)

¡Hasta la vista! Auf Wiedersehen! (1.A-T)

¡Hasta luego! Bis später! (1.A-9)

¡Hasta mañana! Bis morgen! (2.A-T)

¡Hasta pronto! Bis bald! (3.)

hay es gibt, es befindet/n sich (3.A-T)

hay lugar es gibt Platz, da ist Platz (6.A-T)

hay que man muss (7.B-T)

la heladería Eiscafé (1.B-T)

el helado Eis (1.A-T)

el/la hermano/a Bruder/Schwester (2.A-T)

el/la hermano/a por parte de la madre/del padre Halbbruder/ Halbschwester (4.)

los hermanos Geschwister (2.A-T)

el hielo Eis, Glätte (9.)

el/la hijo/a Sohn/Tochter (4.)

¡Hola! Hallo! (1.A-T)

el hombre Mann, Mensch (9.B-T)

la hora Stunde, Uhrzeit (5.B-T)

horrible schrecklich (8.B-9)

el hostal Hostel, Herberge (9.A-T)

el hotel Hotel (9.A-T)

hoy heute (3.A-T)

la huerta Obst- und Gemüsegarten (4.B-1)

el huevo Ei (7.B-T)

I

la idea Idee (4.B-T)

el idioma Sprache (2.A-6)

la iglesia Kirche (8.)

la imagen Bild (3.B-7)

importante wichtig (7.A-T) (4.A-13)

impresionante beeindruckend (8.A-T)

la informática Informatik (3.B-T)

inglés englisch (2.A-6)

inmenso/a sehr groß, riesig (9.B-2)

el instituto, el insti (weiterführende) Schule (3.B-T)

el instrumento Instrument (5.)

interesante interessant (4.B-T)

el invierno Winter (9.A-8)

la invitación Einladung (6.B-1)

el/la invitado/a Gast (6.B-1)

invitar einladen (6.B-1)

ir gehen (5.)

ir bien con gut passen zu (8.B-T)

ir de compras shoppen/einkaufen gehen (5.)

ir de tapas Tapas essen gehen (7.B-T)

italiano/a italienisch (2.A-6)

ir en monopatín Skateboard fahren (5.)

la izquierda linke Seite (3.B-T)

J

el jamón Schinken (7.B-T)

el jardín Garten (6.A-9)

el jardín zoológico Zoo (4.B-1)

la jaula Käfig (4.B-T)

el jersey Pullover, Sweatshirt (8.B-1)

el jueves Donnerstag (5.B-T)

jugar spielen (Sport und Spiel) (5.)

el julio Juli (6.B-2)

el junio Juni (6.B-2)

juntos/as gemeinsam, zusammen (7.A-T) (4.B-13)

L

el laboratorio Labor (3.B-T)

lamentablemente bedauerlicherweise (8.A-7)

la lámpara Lampe (6.A-T)

el lápiz (Pl.: los lápices) Bleistift (3.)

largo/a lang (4.A-6)

la leche Milch (7.A-T)

leer lesen (3.A-T)

lejos (de) weit, weit weg (von) (7.A-T) (6.A-10)

el león Löwe (9.B-T)

levantarse aufstehen (7.A-T)

libre frei (7.B-T)

el libro Buch (3.) (1.B-2)

lila lila (8.B-4)

el lío Durcheinander (6.)

la lista Liste (3.)

la lista de la compra Einkaufsliste (6.B-T)

listo/a schlau, klug (4.A-T)

llamar rufen (5.B-T) nennen (4.A-8)

llamar por teléfono anrufen (5.B-T)

llegar ankommen (6.A-T)

llevar tragen, anhaben (8.B-1) (3.B-12) bringen (9.A-T)

llover regnen (9.)

la lluvia Regen (9.)

Lo siento. Tut mir leid. (5.A-T)

loco/a verrückt (4.B-T)

el lugar Ort, Platz (6.A-T) (4.B-1)

el lunes Montag (5.B-T)

M

la madre Mutter (2.A-T)

las magdalenas spanisches Gebäck (7.A-T)

mal schlecht (1.A-2)

la maleta Koffer (8.B-2)

la mamá Mama (2.A-T)

mañana morgen (2.A-T)

la mañana Morgen (5.B-4)

el mapa (Land-)Karte (3.A-3)

el mar Meer (1.A-T)

la marcha Nachtleben (8.A-T)

el marido de la madre Stiefvater (4.)

marrón braun (8.B-4)

el martes Dienstag (5.B-T)

el marzo März (6.B-2)

más mehr, noch (9.B-T)

más despacio langsamer (3.A-T)

la mascota Haustier (2.B-T) (1.B-2)

el mayo Mai (6.B-2)

me llamo ich heiße (1.A-T)

¿Me puede poner con …? Könnte ich mit … sprechen? (5.B-T)

el mediodía Mittag (7.A-1)

mellizo/a Zwillings- (2.A-T)

el/la mellizo/a Zwilling (2.A-T)

menos cuarto viertel vor (5.B-T)

el mensaje Nachricht (5.B-2) (3.B-6)

el mercadillo Flohmarkt (8.B-T)

el mercado Markt (8.)

la mermelada Marmelade (7.A-T)

el mes Monat (6.B-2)

la mesa Tisch (3.A-3)

la mesilla de noche Nachttisch (6.A-2)

meter hineintun (9.B-T)

meter un gol ein Tor schießen (9.B-T)

el metro S-Bahn (8.A-10)

mi mein/e (2.A-T)

mientras während, währenddessen (8.A-T)

el miércoles Mittwoch (5.B-T)

el minuto Minute (9.B-T)

¡Mira! Schau mal! (1.B-T)

mirar schauen, sehen (3.)

mismo/a gleich, identisch (5.A-5)

la mitad Hälfte (7.B-12)

la mochila Rucksack, Schulranzen (3.)

moderno/a modern (8.B-3)

mola mucho das ist total toll/ super (5.B-6)

molar mucho total toll/super sein (8.A-T)

el momento Moment (2.A-T)

la montaña Berg (9.A-T)

montar a caballo reiten (5.)

montar en bici Rad fahren (5.)

montar skateboard Skateboard fahren (5.)

el monumento Denkmal (8.)

moreno/a braunhaarig (4.A-T)

el móvil Handy (3.B-T)

muchas veces oft (4.B-13)

mucho viel, sehr (3.B-T)

mucho/a/os/as viel, viele (4.A-T)

el mueble Möbelstück (6.A-T)

la mujer Frau (4.A-T)

la mujer del padre Stiefmutter (4.)

el mundo Welt (7.)

el museo Museum (9.A-T) (1.B-2)

la música Musik (1.A-T)

muy sehr (1.A-T)

N

nada nichts, gar nicht (5.A-T)

nada de eso nichts davon; nichts da (6.A-T)

nadar schwimmen (5.)

la naranja Apfelsine, Orange (7.A-T)

naranja orange (8.B-4)

la naturaleza Natur (9.A-T)

necesitar benötigen, brauchen (3.)

negro/a schwarz (8.B-1)

nervioso/a nervös, aufgeregt (6.A-T)

nevar schneien (9.)

ni loco niemals, nicht im Traum (9.A-T)

el/la nieto/a Enkel/in (4.)

la nieve Schnee (9.)

no nein, nicht, kein/e (2.A-T)

No entiendo. Ich verstehe nicht. (1.A-T)

No pasa nada. Das macht doch nichts. (5.A-T)

la noche Nacht (5.B-4)

el nombre Name (5.B-T)

normal normal (7.A-T)

normalmente normalerweise (5.A-7)

¡Nos vemos! Wir sehen uns! (5.B-T)

nosotros/as wir (2.A-5)

el noviembre November (6.B-2)

el/la novio/a feste/r Freund/in (4.)

la nube Wolke (9.)

nublado/a wolkig, bewölkt (9.)

nuestro/a unser/e (3.B-T) (2.B)

nueve neun (2.A-T)

nuevo/a neu (4.A-4) (2.A)

nunca nie (5.A-T) (3.A-T)

O

o oder (7.A-6)

la obra (Bau-)Werk (9.B-2)

ocho acht (2.A-T)

el octubre Oktober (6.B-2)

la Oficina de Correos Postamt, Post (8.A-9)

¡Ojo! Vorsicht!, Aufgepasst! (1.B-2)

once elf (2.A-T)

ordenado/a aufgeräumt (6.A-7)

el ordenador Computer (3.B-T)

ordenar aufräumen, ordnen (6.A-T)

organizar organisieren, einrichten (6.A-T)

la orilla Ufer (8.A-T)

oscuro/a dunkel (8.B-4)

el otoño Herbst (9.A-8)

otra vez noch einmal (3.A-T)

otro/a ein/e andere/r/s (4.A-T)

la oveja Schaf (4.B-T)

¡Oye! Hör mal! (3.B-T)

P

el padre Vater (2.A-T)

los padres Eltern (2.A-T)

la página Seite (3.A-T)

el paisaje Landschaft (9.A-T)

el pájaro Vogel (6.A-10)

la palabra Wort (3.A-T)

las palomitas Popcorn (6.B-T)

el pan Brot (7.A-T)

los pantalones Hose (8.B-1)

el papá Papa (2.A-T)

la papelera Papierkorb (3.A-3)

para (mí/ti) für (mich/dich) (1.A-T)

la parada Haltestelle (8.A-8)

parecer (que) scheinen, erscheinen (9.A-T)

la pared Wand (3.A-3)

el parque Park (1.B-T)

la parte Teil (9.B-2) (8.B-6)

el partido Spiel, Match (7.A-T)

la pasada Hit, Wahnsinn (5.A-T)

pasar verbringen, los sein, passieren (4.B-T)

pasar por vorbeischauen in, vorbeigehen an (8.A-T)

pasear spazieren gehen (5.B-5)

pasear a alguien jemanden spazieren führen, ausführen (5.B-5)

el paseo Spaziergang (1.B)

el pasillo Gang (8.A-T)

la patata Kartoffel (7.B-T)

el patio Schulhof, Innenhof (3.B-T)

el pavo Truthahn (4.B-T)

pedir bestellen, bitten (7.B-2)

peinarse sich kämmen (7.A-T)

pelearse sich streiten (7.A-T)

la película, la peli Film (5.A-2)

la película de animación Zeichentrickfilm (7.B-T)

el pelo Haar/e, Fell (4.A-T)

el pelo liso/rizado glattes/krauses/ lockiges Haar (4.A-6)

pequeño/a klein (4.A-T)

perder verlieren (7.B-8)

¡Perdón! Entschuldigung! (3.A-T)

perfecto/a perfekt (8.A-8)

el periquito Wellensittich (2.B-T)

pero aber (2.A-T)

el/la perro/a Hund (2.A-T)/Hündin (2.B-T)

la persona Person (4.A-T) (3.B-4)

pesado/a nervig (4.A-4)

el pescado Fisch (8.A-T)

el pez (Pl: los peces) Fisch (2.B-T)

picar naschen (6.B-T)

el pie Fuß (8.A-10)

el/la piloto Pilot/in (2.A-T)

la pizarra Tafel (3.A-T)

el plátano Banane (7.A-T)

el plato Teller (6.B-T)

la playa Strand (1.A-T)

la plaza Platz (1.B-T)

la pluma Füller (3.)

pobre arm (4.B-T)

poco/a/os/as kaum, wenig/e (4.A-T)

poder können (5.B-T)

el polideportivo Sportanlage (5.)

polaco polnisch (2.A-6)

poner verbinden; zeigen (5.B-T) setzen, stellen, legen (6.A-T)

poner la mesa den Tisch decken (6.B-9)

ponerse la ropa sich anziehen (7.A-3)

por durch (1.B)

por aquí cerca hier in der Nähe (6.A-T)

por dentro von innen (8.A-T)

por ejemplo zum Beispiel (8.B-3)

por eso deshalb, deswegen (9.B-2)

por favor bitte (1.B-T)

por fin endlich (3.B-T)

por internet im/über das Internet (4.A-T)

por la tarde nachmittags (5.B-T)

por lo menos mindestens, wenigstens (9.A-6)

¿Por qué? Warum?, Weshalb? (4.B-T)

por suerte zum Glück (6.B-T)

por supuesto selbstverständlich (9.B-2)

porque weil (4.B-T) (2A-6)

el portalápices Stiftehalter (6.A-7)

el portero automático Gegensprechanlage (5.B-T)

portugués portugiesisch (2.A-6)

la posibilidad Möglichkeit (8.A-6)

el póster Poster (6.A-4)

preferir lieber mögen, bevorzugen (7.A-T)

la pregunta Frage (3.A-T)

preguntar fragen (3.A-4)

preguntar por el camino nach dem Weg fragen (8.A-8)

preparar vorbereiten (6.B-T)

presentar präsentieren, vorstellen (6.B-1)

la primavera Frühling (9.A-8)

primer/o/a der/die/das erste (3.)

primero zuerst, als erstes, erstens (7.A-T) (5.B-2)

el/la primo/a Cousin/e (4.)

la principal liga erste Liga (7.A-T)

el probador Umkleidekabine (8.B-T)

probar probieren, versuchen (7.B-T)

probarse anprobieren (8.B-T)

el/la profe Lehrer/in (3.A-T)

profesional professionell (7.A-T)

el/la profesor/a Lehrer/in (3.A-T)

el pronóstico (del tiempo) (Wetter-) Vorhersage (9.A-T)

pronto bald, schnell (3.)

propio/a eigen (6.)

proponer vorschlagen (9.A-T)

próximo/a nächste/r/s (9.A-T)

el pueblo Dorf (8.A-T)

el puente Brücke (8.)

la puerta Tür (3.A-3)

pues also, nun ja (2.A-T)

el puesto Stand (8.A-T)

puntual pünktlich (6.A-T)

Q

que der, die, das (Relativpronomen) (4.A-T)

¿Qué? Was? Welche/r/s? (1.A-T)

¡Qué + …! Wie …!, Was für ein/e …! (2.A-T)

¡Qué bonito/a! Wie schön! (1.B-T)

¡Qué calor! Was für eine Hitze! (3.A-T)

¡Qué casualidad! Was für ein Zufall! (6.B-T)

¡Qué emoción! Wie schön! (6.B-T)

¿Qué hora es? Wie spät ist es? (5.B-4)

¡Qué lío! Was für ein Durcheinander! (3.B-11)

¿Qué lleva la tortilla? Woraus besteht die Tortilla? (7.B-T)

¡Qué mala suerte! Was für ein Pech! (9.A-T)

¿Qué más? Was noch? (3.B-T)

¡Qué pena! Wie schade! (6.B-5)

¡Qué suerte! Was für ein Glück! (6.B-T)

¿Qué tal? Wie geht's? (1.A-T) Wie steht's/Wie wär's mit …? (4.B-T)

¡Qué va! Ach was!, Blödsinn! (3.B-T)

quedar (con alguien) sich (mit jemandem) verabreden/ treffen (5.)

quedarle bien a alguien jemandem gut stehen (8.B-T)

quedarse bleiben (9.B-T)

querer wollen, lieben (5.B-T)

querido/a liebe/r (7.B-T)

el queso Käse (7.B-T)

¿Quién/es? Wer? (4.A-T)

quince fünfzehn (2.A-T)

el quiosco Kiosk (8.)

R

rápido/a schnell (9.A-T)

el rato Weile (6.A-T)

el ratón Maus (4.B-T)

reaccionar reagieren (3.A-5)

el recibidor Diele, Eingangsbereich (6.A-8)

el recreo Pause (3.B-T)

el recuerdo Erinnerung, Andenken (9.B-T)

la red Netz (8.A-6)

regular mittelmäßig (1.A-2)

Repetid … Wiederholt … (3.A-5)

el restaurante Restaurant (1.B-T)

el resto Rest (6.A-7)

revisar überprüfen, nachsehen (3.A-T)

la revista Zeitschrift (6.A-4)

rico/a lecker (7.B-T)

el río Fluss (1.B-T)

rojo/a rot (8.B-1)

roncar schnarchen (9.B-T)

la ropa Kleidung (7.A-3)

rosa rosa (8.B-4)

rubio/a blond (4.A-T)

ruso russisch (2.A-6)

S

el sábado Samstag (5.B-T)

saber wissen (4.B-4)

Sacad … Nehmt … heraus (3.A-5)

el sacapuntas Anspitzer (3.A-3)

sacar herausholen, -nehmen (6.B-9)

sacar una foto ein Foto machen (8.A-6)

la sal Salz (7.B-T)

salir ausgehen, herauskommen (7.A-T)

el salón Wohnzimmer (6.A-8)

el saludo Gruß (4.B-13)

seguro/a sicher (6.B-5)

se llama er/sie heißt (2.B-T)

se llaman sie heißen (2.B-4)

seguir todo recto immer geradeaus gehen (8.A-8)

seis sechs (2.A-T)

la semana Woche (5.B)

sencillo/a einfach, schlicht (8.B-3)

sentarse sich hinsetzen (7.B-T)

el septiembre September (6.B-2)

ser sein (2.B-T)

el/la sevillano/a Sevillaner/in (8.A-T)

sí ja (1.A-T)

si wenn, falls, ob (5.B-T)

siempre immer (5.A-T) (3.A-4)

la siesta Siesta, Mittagsschlaf (9.A-8)

siete sieben (2.A-T)

el significado Bedeutung (8.A-6)

el silencio Stille, Ruhe (3.A-T)

la silla Stuhl (3.A-3)

el sillón Sessel (6.A-2)

el símbolo Symbol, Wahrzeichen (9.B-2)

simpático/a sympathisch, liebenswert, nett (4.A-T)

el sitio de interés turístico Sehenswürdigkeit (8.A-T)

sobre über (9.A-T)

sobre todo vor allem (5.A-T)

el sofá Sofa (6.A-2)

el sol Sonne (1.A-T)

solo nur (4.A-T)

solo/a allein, einsam (4.B-T)
somos de … wir sind aus … (1.A-T)
son sie sind (2.B-T)
su sein/e, ihr/e (3.A-3)
subir hochstellen, erhöhen (6.B-T), hochladen (7.A-6)
el suelo Boden (3.A-3)
la suerte Glück (6.B-T)
súper sehr, total (8.B-T)
el supermercado, el súper Supermarkt (7.B-T)

T

tal vez vielleicht (4.B-T)
la talla Kleidergröße (8.B-T)
también auch (1.A-T)
tampoco auch nicht (4.B-T)
las tapas Häppchen, Tapas (1.A-T)
la tarde Nachmittag (5.B-T)
el taxi Taxi (1.A-T)
el/la taxista Taxifahrer/in (1.A-T)
el teatro Theater (8.A-T)
el techo Dach (6.A-10)
el teléfono Telefon (5.)
la televisión, la tele Fernsehen (5.)
el televisor Fernseher (6.A-2)
temprano früh (7.A-4)
tener haben (2.A-T)
tener ganas de hacer algo Lust haben, etwas zu tun (5.A-T)
tener hambre Hunger haben (7.B-T)
tener que müssen (6.A-T)
tener que ir al baño auf Toilette gehen müssen (3.B-T)
tener razón Recht haben (4.B-T)
terminar aufhören, beenden (7.A-T)
la terraza Terrasse (6.A-9)
el texto Text (3.A-T)
el tiempo Zeit (4.B-11)
la tienda Geschäft, Laden (6.A-T)
el tipo Typ, Art (9.B-2)
la tiza Kreide (3.A-3)
tocar spielen (Instrument), anfassen (5.)
tocar el timbre an der Tür klingeln, läuten (5.B-T)
todavía (immer) noch (6.B-9) (3.B-6)
todo alles (6.A-T)
todo el/toda la der/die ganze (6.A-T) (4.A-T)
todo recto geradeaus (8.A-8)

todos alle (4.A-T)
todos/as mis/tus alle meine/deine (6.A-T)
todos los días jeden Tag (5.A-7)
tomar bestellen, nehmen, essen (7.B-T)
tomar el sol sich sonnen (9.A-T)
el tomate Tomate (7.B-11)
la tormenta Sturm (9.)
la torre Turm (1.B-T)
la tortilla Tortilla (3.B-T)
tostar toasten (7.B-12)
trabajar arbeiten (2.A-T)
el trabajo Arbeit (4.B-T)
el trabalenguas Zungenbrecher (1.A-8)
traer (hin)bringen (7.B-T), dabei haben (8.A-8)
tranquilo/a ruhig (4.A-T)
trece dreizehn (2.A-T)
el tren Zug (8.A-10)
tres drei (2.A-T)
triste traurig (4.B-T)
el trozo Stück (7.B-T)
tu dein/e (3.A-T)
tú du (1.A-T)
tú eres du bist (1.A-T)
tú ves du siehst (4.A-14)
turco türkisch (2.A-6)
el/la turista der/die Tourist/in (8.A-T) (1.A-T)

U

la ubicación Lage, Standort (8.A-2)
el/la último/a der/die/das letzte (8.A-T)
un/a ein/e (2.A-T) (1.B)
un montón (de) viele, eine Menge (von) (8.B-4)
un poco (de) ein bisschen (von) (2.A-T)
unir verbinden (8.A-T)
uno eins (2.A-T)
usar benutzen (3.B-T)
usted/es Sie (Höflichkeitsform) (2.A-5)

V

las vacaciones Ferien (7.A-6)
la vainilla Vanille (1.B-T)
vale okay, einverstanden (1.A-T)
¡Vamos! Los geht's! (1.B-T)
los vaqueros Jeans (8.B-1)
el vaso Glas (6.B-T)
el/la vecino/a Nachbar/in

(8.A-7)
veinte zwanzig (2.A-T)
el/la vendedor/a Verkäufer/in (8.B-T)
vender verkaufen (9.B-T)
venir kommen (6.B-1)
la ventana Fenster (3.A-T)
ver sehen (5.)
el verano Sommer (9.A-8)
la verdad Wahrheit (8.A-T)
¿verdad? nicht wahr? (1.A-T)
verde grün (8.B-4)
la verdura Gemüse (8.A-T)
el vestido Kleid (8.B-1)
viajar reisen (9.A-8)
el viaje Reise (9.B-2)
la vida Leben (7.A) (4.A-10)
el vídeo Video (3.B-T)
el videojuego Videospiel (6.A-T)
viejo/a alt (9.B-2)
el viento Wind (9.)
el viernes Freitag (5.B-T)
violeta violett (8.B-4)
el violín Geige, Violine (5.A-T)
la visita Besuch (5.B-T)
visitar besuchen (7.)
la vitrina Vitrine, Glasschrank (6.A-2)
vivir leben, wohnen (3.A-T)
volar fliegen (7.B-T)
el voleibol Volleyball (5.)
el volumen Lautstärke (6.B-T)
vosotros sois ihr seid (1.A-T)
el vuelo Flug (9.A-T)

Y

y und (1.A-T)
y cuarto viertel nach (5.B-T)
y eso que und dabei …, obwohl … (6.B-T)
y media halb (5.B-T)
ya schon (1.A-T), gleich (3.A-T)
yo ich (1.A-T)
yo prefiero ich bevorzuge/möchte lieber (4.B-11)
yo soy ich bin (1.A-T)
el yogur Joghurt (3.B-10)

Z

las zapatillas Turnschuhe (8.B-1)
el zumo Saft (6.B-T)

Diccionario alemán – español

A

aber pero (2.A-T)
abladen bajar (6.A-T)
Ach was! ¡Qué va! (3.B-T)
acht ocho (2.A-T)
Achtung! ¡Cuidado! (5.A-T)
achtzehn dieciocho (2.A-T)
Adresse la dirección (6.B-1) (4.B-8)
aktiv activo/a (4.A-T)
Aktivität la actividad (3.B-4)
alle todos (4.A-T)
alle meine / deine todos/as
    mis / tus (6.A-T)
allein solo/a (4.B-T)
alles todo (6.A-T)
alles in allem en general (9.B-5)
alles Mögliche de todo (8.A-T)
alles Mögliche geben haber de
    todo (8.A-T)
als erstes primero (7.A-T) (5.B-2)
also así que (5.A-7)
also entonces (2.A-T)
also pues (2.A-T)
also gut bueno (5.A-T)
alt antiguo/a (8.A-T)
alt viejo/a (9.B-2)
Alter la edad (4.B-8)
Altstadt el casco antiguo (9.B-2)
am Ende von al final de (3.B-T)
an der Tür klingeln tocar el
    timbre (5.B-T)
Andenken el recuerdo (9.B-T)
anders diferente (4.B-T)
anfangen empezar (3.A-T)
anfassen tocar (5.)
anhaben llevar (8.B-1)
ankommen llegar (6.A-T)
anprobieren probarse (8.B-T)
anrufen llamar por teléfono
    (5.B-T)
Anspitzer el sacapuntas (3.A-3)
antik antiguo/a (8.A-T)
Apfelsine la naranja (7.A-T)
April el abril (6.B-2)
arabisch árabe (1.B-T)
Arbeit el trabajo (4.B-T)
arbeiten trabajar (2.A-T)
arm pobre (4.B-T)
Art el tipo (9.B-2)
auch también (1.A-T)
auch nicht tampoco (4.B-T)
auf encima de (6.)
auf Toilette gehen müssen tener
    que ir al baño (3.B-T)
Auf Wiedersehen! ¡Hasta la vista!
    (1.A-T)

Aufgabe el ejercicio (3.A-5)
Aufgepasst! ¡Ojo! (1.B-2)
aufgeräumt ordenado/a (6.A-7)
aufgeregt nervioso/a (6.A-T)
aufhören terminar (7.A-T)
aufmerksam con atención (3.A-4)
aufnehmen grabar (3.B-T)
aufräumen ordenar (6.A-T)
aufstehen levantarse (7.A-T)
aufwachen despertarse (7.A-3)
August el agosto (6.B-2)
aus de (1.B-T)
aus desde (4.B-13)
Ausflug la excursión (5.B-4)
ausführen pasear a alguien (5.B-5)
ausgehen salir (7.A-T)
ausnutzen aprovechar (7.B-T)
Aussehen el aspecto físico (4.A-7)
außerdem además (4.B-T)
Auto el coche (8.A-8)

B

baden bañarse (7.A-3)
Badezimmer el cuarto de baño
    (6.A-8)
Bahnhof la estación (8.A-9)
bald pronto (3.)
Balkon el balcón (6.A-9)
Ballon el globo (6.B-T)
Banane el plátano (7.A-T)
Bar el bar (1.B-T)
Basketball el baloncesto (5.)
bauen construir (9.B-2)
Bauernhof la granja (4.B-T)
Baum el árbol (6.A-10)
Bauwerk la obra (9.B-2)
bedauerlicherweise
    lamentablemente (8.A-7)
Bedeutung el significado (8.A-6)
beeindruckend impresionante
    (8.A-T)
beenden terminar (7.A-T)
beginnen empezar (3.A-T)
belegtes Brötchen el bocadillo
    (3.B-T)
benötigen necesitar (3.)
benutzen usar (3.B-T)
bequem cómodo/a (8.B-3) (8.B-1)
Berg la montaña (9.A-T)
berühmt famoso/a (8.A-T)
beschreiben describir (4.A-7)
bestellen pedir (7.B-2)
bestellen tomar (7.B-T)
Besuch la visita (5.B-T)
besuchen visitar (7.)

betreten entrar (3.A-T)
Bett la cama (5.B-4)
bevor antes de (7.A-T)
bevorzugen preferir (7.A-T)
bewölkt nublado/a (9.)
Bibliothek la biblioteca (3.B-T)
    (1.B-2)
Bier la cerveza (8.A-T)
Bild el cuadro (6.A-2)
Bild la imagen (3.B-7)
billig barato/a (8.B-T)
Bis bald! ¡Hasta pronto! (3.)
bis hasta (6.A-T)
Bis morgen! ¡Hasta mañana!
    (2.A-T)
Bis später! ¡Hasta luego! (1.A-9)
bitte por favor (1.B-T)
bitte sehr! ¡de nada! (8.A-8)
bitten pedir (7.B-2)
blau azul (8.B-4)
bleiben quedarse (9.B-T)
Bleistift el lápiz (Pl.: los lápices)
    (3.)
Blödsinn! ¡Qué va! (3.B-T)
Blog el blog (3.B-T)
blond rubio/a (4.A-T)
Blume la flor (8.A-T)
Bluse la blusa (8.B-1)
Boden el suelo (3.A-3)
böse sein auf jemanden echarle
    la bronca a alguien (8.B-T)
Bowlingbahn la bolera (5.)
brauchen necesitar (3.)
braun (Haare) castaño/a (4.A-6)
braun marrón (8.B-4)
braunhaarig moreno/a (4.A-T)
Brief la carta (6.B-T)
bringen llevar (9.A-T)
bringen traer (7.B-T)
Brot el pan (7.A-T)
Brücke el puente (8.)
Bruder el hermano (2.A-T)
Buch el libro (3.) (1.B-2)
Bus el autobús (8.A-8)

C

Café el café (1.B-T)
Charakter el carácter (4.A-7)
chatten chatear (5.)
Computer el ordenador (3.B-T)
cool chulo/a (2.A-T)
Cousin/e el / la primo/a (4.)

D

da drüben allí (6.A-T)

da ist Platz hay lugar (6.A-T)

dabei haben traer (8.A-8)

Dach el techo (6.A-10)

danach después (3.A-T)

danke gracias (2.A-T)

dann entonces (2.A-T)

das hier sind … estos/as son … (2.B-T)

das ist total toll / super mola mucho (5.B-6)

Das ist wirklich schade! ¡Es una lástima! (6.B-5)

Das macht doch nichts. No pasa nada. (5.A-T)

Datum la fecha (6.B-2)

dein/e tu (3.A-T)

Dekoration la decoración (6.B-T)

Denkmal el monumento (8.)

der / die / das erste primer/o/a (3.)

der / die ganze todo el / toda la (6.A-T) (4.A-T)

der, die, das (Relativpronomen) que (4.A-T)

der/die/das letzte último/a (8.A-T)

deshalb por eso (9.B-2)

deswegen por eso (9.B-2)

deutsch alemán/alemana (1.A-T)

Deutsch el alemán (1.A-T)

deutsche Sprache el alemán (1.A-T)

Deutschland Alemania (1.A-T)

Dezember el diciembre (6.B-2)

Diele el recibidor (6.A-8)

Dienstag el martes (5.B-T)

diese/r da ese/a (8.B-T)

diese/r este/a (1.B-T)

Donnerstag el jueves (5.B-T)

Dorf el pueblo (8.A-T)

dort allí (6.A-T)

drei tres (2.A-T)

dreizehn trece (2.A-T)

du tú (1.A-T)

du bist eres (1.A-T)

du bist tú eres (1.A-T)

du siehst tú ves (4.A-14)

dunkel oscuro/a (8.B-4)

durch por (1.B)

Durcheinander el lío (6.)

duschen ducharse (7.A-T)

E

Ei el huevo (7.B-T)

Eier schlagen batir los huevos (7.B-11)

eigen propio/a (6.)

ein bisschen (von) un poco (de) (2.A-T)

ein paar Meter entfernt von … a pocos metros de … (8.A-2)

ein/e un/a (2.A-T) (1.B)

ein/e andere/r/s otro/a (4.A-T)

eine Menge (von) un montón (de) (8.B-4)

einen Rundgang machen durch dar una vuelta por (3.B-T)

einfach sencillo/a (8.B-3)

Eingang la entrada (7.)

Eingangsbereich el recibidor (6.A-8)

Einkauf la compra (5.B-5)

einkaufen gehen hacer la(s) compra(s) (7.B-T)

einkaufen gehen ir de compras (5.)

Einkaufsliste la lista de la compra (6.B-T)

einladen invitar (6.B-1)

Einladung la invitación (6.B-1)

einreiben frotar (7.B-12)

einrichten organizar (6.A-T)

eins uno (2.A-T)

einsam solo/a (4.B-T)

einschlafen dormirse (7.A-T)

Eintrag la entrada (7.)

eintreten entrar (3.A-T)

Eintrittskarte la entrada (7.)

einverstanden vale (1.A-T)

Einwohner/in el/la habitante (4.A-14)

Eis el helado (1.A-T)

Eis el hielo (9.)

Eiscafé la heladería (1.B-T)

elegant elegante (8.B-3)

elf once (2.A-T)

Eltern los padres (2.A-T)

E-Mail el correo (electrónico) (4.A-4)

endlich por fin (3.B-T)

eng estrecho/a (8.A-T)

englisch inglés (2.A-6)

Enkel/in el / la nieto/a (4.)

Entschuldigung! ¡Perdón! (3.A-T)

entzücken encantarle a alguien (5.A-T)

entzückend encantador/a (8.A-T)

er heißt (él) se llama (2.B-T) (2.A-4)

er ist (él) es (1.A-T)

Erdnussflips los gusanitos (6.B-T)

erhöhen subir (6.B-T)

Erinnerung el recuerdo (9.B-T)

errichten construir (9.B-2)

erscheinen parecer (que) (9.A-T)

erste Liga la principal liga (7.A-T)

erstellen, anfertigen elaborar (8.A-6)

erstens primero (7.A-T) (5.B-2)

erzählen contar (9.A-T)

es befindet/n sich hay (3.A-T)

es gibt hay (3.A-T)

es gibt Platz hay lugar (6.A-T)

Es ist so, dass … Es que … (2.A-T)

essen comer (3.B-T)

Essen la comida (6.B-T)

essen tomar (7.B-T)

Esszimmer el comedor (6.A-8)

etwas algo (6.B-T)

Exkursion la excursión (5.B-4)

F

Fahrrad la bicicleta, la bici (8.A-10)

falls si (5.B-T)

Familie la familia (1.A-T)

Farbe el color (8.A-T)

fast casi (7.A-T)

Februar el febrero (6.B-2)

fehlen faltar (6.B-T) (3.B-7)

Feier la fiesta (4.A-T)

feiern celebrar (6.B-1) (4.A-10)

Feld el campo (4.B-T)

Fell el pelo (4.A-T)

Fenster la ventana (3.A-T)

Ferien las vacaciones (7.A-6)

Fernsehen la televisión, la tele (5.)

Fernseher el televisor (6.A-2)

Fest la fiesta (4.A-T)

feste/r Freund/in el / la novio/a (4.)

Film la película, la peli (5.A-2)

filmen grabar (3.B-T)

finden encontrar (5.B-T)

Fisch el pescado (8.A-T)

Fisch el pez (Pl: los peces) (2.B-T)

Fitnessstudio el gimnasio (3.B-T)

Flamenco el flamenco (1.A-T)

fliegen volar (7.B-T)

Flohmarkt el mercadillo (8.B-T)

Flug el vuelo (9.A-T)

Flugzeug el avión (8.A-10)

Fluss el río (1.B-T)

formell formal (8.B-3)

Forum el foro (7.)

Foto la fotografía, la foto (4.A-T)

Foto machen sacar una foto (8.A-6)

Frage la pregunta (3.A-T)

fragen preguntar (3.A-4)

französisch francés (2.A-6)

Frau la mujer (4.A-T)
frei libre (7.B-T)
Freitag el viernes (5.B-T)
Freund el compadre (4.A-8)
Freund/in el / la amigo/a (1.A-T)
fröhlich alegre (4.B-T)
früh temprano (7.A-4)
Frühling la primavera (9.A-8)
Frühstück el desayuno (7.A-T)
frühstücken desayunar (6.A-T)
Füller la pluma (3.)
fünf cinco (2.A-T)
fünfzehn quince (2.A-T)
für (mich / dich) para (mí / ti)
    (1.A-T)
Fuß el pie (8.A-10)
Fußball el fútbol (1.A-T)
Fußballspiel zwischen Real
    Madrid und FC Barcelona el
    clásico (9.A-T)

G

Gang el pasillo (8.A-T)
gar nicht nada (5.A-T)
Garage el garaje (6.A-9)
Garten el jardín (6.A-9)
Gast el / la invitado/a (6.B-1)
Gebäck (spanisches) las
    magdalenas (7.A-T)
Gebäckstück el bollo (3.B-T)
Geburtstag el cumpleaños, el
    cumple (4.A-T)
gefallen (sehr gefallen)
    encantarle a alguien (5.A-T)
gefallen gustarle a alguien (5.)
Gegensprechanlage el portero
    automático (5.B-T)
gegenüber enfrente de (6.)
gehen ir (5.)
Geige el violín (5.A-T)
gelangweilt aburrido/a (4.B-T)
gelb amarillo (8.B-4)
gemeinsam juntos/as (4.B-13)
    (7.A-T)
Gemüse la verdura (8.A-T)
genial genial (4.A-T)
genießen disfrutar (7.B-T)
geradeaus todo recto (8.A-8)
gern geschehen! ¡de nada! (8.A-8)
Geschäft la tienda (6.A-T)
Geschichte el cuento (9.A-T)
Geschwister los hermanos (2.A-T)
gestern ayer (9.B-T)
Getränk la bebida (6.B-T)
gewinnen ganar (9.B-T)
Gitarre la guitarra (5.) (1.B-2)
Glas el vaso (6.B-T)

Glasschrank la vitrina (6.A-2)
Glätte el hielo (9.)
glattes Haar el pelo liso (4.A-6)
glauben, dass creer que (6.B-9)
gleich mismo/a (5.A-5)
gleich ya (1.A-T) (3.A-T)
Glück la suerte (6.B-T)
Grad (unter Null) sein hacer …
    grados (bajo cero) (9.)
gris grau (8.B-4) (4.A-T)
groß (Körpergröße) alto/a (4.A-T)
groß (sehr groß) inmenso/a
    (9.B-2)
groß grande (4.A-T)
Großeltern los abuelos (1.B-T)
Großvater/mutter el / la abuelo/a
    (1.B-T)
grün verde (8.B-4)
Gruppe el grupo (3.B-T)
Gruß el saludo (4.B-13)
Gummibärchen las gomitas (6.B-T)
günstig barato/a (8.B-T)
gut bien (1.A-T)
gut bueno/a (5.A-T)
gut passen zu ir bien con (8.B-T)
gut stehen quedarle bien a
    alguien (8.B-T)
gutaussehend guapo/a (4.A-T)
Gute Nacht! ¡Buenas noches!
    (2.A-2)
Guten Abend! ¡Buenas tardes!
    (2.A-2)
Guten Tag! ¡Buenos días! (1.A-T)

H

Haar/e el pelo (4.A-T)
haben tener (2.A-T)
hacer buen tiempo gutes Wetter
    sein (9.)
hacer mal tiempo schlechtes
    Wetter sein (9.)
halb y media (5.B-T)
Halbbruder el hermano por
    parte de la madre/del padre
    (4.)
Halbschwester la hermana por
    parte de la madre/del padre
    (4.)
Hälfte la mitad (7.B-12)
Hallo! ¡Hola! (1.A-T)
Haltestelle la parada (8.A-8)
Handball el balonmano (5.)
Handy el móvil (3.B-T)
Häppchen las tapas (1.A-T)
hässlich feo/a (8.B-3)
Haus la casa (2.A-T)
Hausaufgaben los deberes (3.A-T)

Haustier la mascota (2.B-T) (1.B-2)
Heft el cuaderno (3.)
helfen ayudar (7.B-11)
hell claro/a (8.B-4)
Hemd la camisa (8.B-1)
Henne la gallina (4.B-T)
herausholen sacar (6.B-9)
herauskommen salir (7.A-T)
herausnehmen sacar (6.B-9)
Herberge el hostal (9.A-T)
Herbst el otoño (9.A-8)
herunterkommen bajar (6.A-T)
herzlich cariñoso/a (4.A-T)
herzliche Grüße el abrazo (1.A-9)
heute hoy (3.A-T)
hier aquí (1.A-T)
hier in der Nähe por aquí cerca
    (6.A-T)
hinbringen traer (7.B-T)
hineintun meter (9.B-T)
hinter detrás de (6.)
Hit la pasada (5.A-T)
Hitze el calor (9.)
hochladen subir (7.A-6)
hochstellen subir (6.B-T)
Hör mal! ¡Oye! (3.B-T)
hören escuchar (3.A-4)
Horrorgeschichte el cuento de
    terror (9.A-T)
Hose los pantalones (8.B-1)
Hostel el hostal (9.A-T)
Hotel el hotel (9.A-T)
hübsch bonito/a (4.A-T)
hübsch guapo/a (4.A-T)
Huhn la gallina (4.B-T)
Hund el perro (2.B-T)
Hundeleine la correa del perro
    (6.A-T)
Hündin la perra (2.B-T)
Hunger el hambre (7.B-T) (3.B-T)
Hunger haben tener hambre
    (7.B-T)

I

ich bevorzuge yo prefiero (4.B-11)
ich bin yo soy (1.A-T)
ich glaube, (dass) … creo que
    … (4.A-6)
ich heiße me llamo (1.A-T)
ich möchte lieber yo prefiero
    (4.B-11)
Ich verstehe nicht. No entiendo.
    (1.A-T)
ich yo (1.A-T)
Idee la idea (4.B-T)
identisch mismo/a (5.A-5)
ihr seid vosotros sois (1.A-T)

ihr/e su (3.A-3)
im Allgemeinen en general (9.B-5)
im Chor a coro (3.A-5)
im Internet por internet (4.A-T)
immer geradeaus gehen seguir todo recto (8.A-8)
immer noch todavía (6.B-9) (3.B-6)
immer siempre (5.A-T) (3.A-4)
in dentro de (8.A-T)
in der Nähe von cerca de (3.A-T)
in en (1.A-T)
in Partnerarbeit en pareja (3.A-4)
Informatik la informática (3.B-T)
innen dentro de (8.A-T)
Innenhof el patio (3.B-T)
innerhalb dentro de (8.A-T)
Instrument el instrumento (5.)
interessant interesante (4.B-T)
italienisch italiano (2.A-6)

J

ja sí (1.A-T)
Ja, bitte? ¿Diga? (5.B-T)
Jacke la chaqueta (8.B-1)
Jahr el año (2.A-T)
Jahreszeit la estación (9.A-8)
Januar el enero (6.B-2)
Jeans los vaqueros (8.B-1)
jede/r/s cada (3.B-T)
jeden Tag todos los días (5.A-7)
jene/r dort aquel/la (8.B-T)
jetzt ahora (2.A-T)
Joghurt el yogur (3.B-10)
Juli el julio (6.B-2)
Junge el chico (1.A-T)
Juni el junio (6.B-2)

K

Kaffee el café (1.B-T)
Käfig la jaula (4.B-T)
Kakao el chocolate (7.A-T) (1.B-T)
Kälte el frío (9.)
Kaninchen el conejo (4.B-T)
Karte el mapa (3.A-3)
Kartoffel la patata (7.B-T)
Karton la caja (6.)
Karton el cartón (6.B-T)
Käse el queso (7.B-T)
Kater el gato (2.B-T)
Katze la gata (2.B-T)
kaufen comprar (7.B-7) (4.B-3)
kaum poco/a/os/as (4.A-T)
kein/e no (2.A-T)
Keks la galleta (3.B-10)
kennen conocer (8.A-T)
kennenlernen conocer (8.A-T)

Keramik la cerámica (8.A-T)
Kino el cine (5.)
Kiosk el quiosco (8.)
Kirche la iglesia (8.)
Kiste la caja (6.)
Klasse la clase (3.A-T)
Klassenraum el aula (3.A-T)
Kleid el vestido (8.B-1)
Kleidergröße la talla (8.B-T)
Kleidung la ropa (7.A-3)
klein (Körpergröße) bajo/a (4.A-T)
klein pequeño/a (4.A-T)
klug listo/a (4.A-T)
Knoblauch el ajo (7.B-12)
Knoblauchzehe el diente de ajo (7.B-12)
kochen cocinar (7.B-T)
Koffer la maleta (8.B-2)
kommen venir (6.B-1)
komplett a tope (6.B-T)
kompliziert complicado/a (4.B-T)
können poder (5.B-T)
Könnte ich mit … sprechen? ¿Me puede poner con …? (5.B-T)
Konzert el concierto (5.B-4)
kosten costar (8.B-T)
krauses Haar el pelo rizado (4.A-6)
Kreide la tiza (3.A-3)
kreuzen cruzar (8.A-8)
Kreuzung el cruce (8.A-8)
Küche la cocina (6.A-8)
Kugelschreiber el bolígrafo (3.)
Kuli el boli (3.)
Kumpel el compadre (4.A-8)
Kunde/Kundin el/la cliente (8.B-8)
kurz corto/a (4.A-6)

L

Labor el laboratorio (3.B-T)
Laden la tienda (6.A-T)
Lage la ubicación (8.A-2)
Lampe la lámpara (6.A-T)
Land el campo (4.B-T)
Landkarte el mapa (3.A-3)
Landschaft el paisaje (9.A-T)
lang largo/a (4.A-6)
langsamer más despacio (3.A-T)
langweilig aburrido/a (4.B-T)
laufen caminar (9.B-T)
laut alto/a (7.B-11)
läuten tocar el timbre (5.B-T)
Lautstärke el volumen (6.B-T)
Leben la vida (7.A) (4.A-10)
leben vivir (3.A-T)
Lebensmittel el alimento (7.B-3)

lecker rico/a (7.B-T)
legen poner (6.A-T)
Lehrer/in el/la profesor/a, el/la profe (3.A-T)
Leine la correa (6.A-T)
lernen estudiar (4.B-11)
lernen, Samen zu bestimmen aprender a reconocer semillas (4.B-1)
lesen leer (3.A-T)
Leute la gente (4.A-T)
liebe/r querido/a (7.B-T)
lieben querer (5.B-T)
liebenswert simpático/a (4.A-T)
lieber mögen preferir (7.A-T)
Liebes! ¡cariño! (3.B-6)
liebevoll cariñoso/a (4.A-T)
Lieblings- favorito/a (4.A-T)
Lied la canción (5.A-T)
lila lila (8.B-4)
linke Seite la izquierda (3.B-T)
links a la izquierda (3.B-T)
Liste la lista (3.)
lockiges Haar el pelo rizado (4.A-6)
Los geht's! ¡Vamos! (1.B-T)
los sein pasar (4.B-T)
Löwe el león (9.B-T)
Luftballon el globo (6.B-T)
Lust haben, etwas zu tun tener ganas de hacer algo (5.A-T)
lustig divertido/a (4.A-T)
lustig gracioso/a (4.B-T)

M

machen hacer (5.)
Macht … Haced … (3.A-5)
Mädchen la chica (1.A-T)
Mai el mayo (6.B-2)
mal sehen a ver (3.)
Mama la mamá (2.A-T)
man muss hay que (7.B-T)
manchmal a veces (4.B-T)
Mann el hombre (9.B-T)
Mannschaft el equipo (7.A-T) (4.A-T)
Mäppchen el estuche (3.)
Markt el mercado (8.)
Marmelade la mermelada (7.A-T)
März el marzo (6.B-2)
Match el partido (7.A-T)
Maus el ratón (4.B-T)
maximal a tope (6.B-T)
Meer el mar (1.A-T)
Meerschweinchen el conejillo de Indias (4.B-T)

mehr más (9.B-T)
mein Schatz! ¡cariño! (3.B-6)
mein/e mi (2.A-T)
Mensch el hombre (9.B-T)
Milch la leche (7.A-T)
mindestens por lo menos (9.A-6)
Mineralwasser el agua mineral
　　(7.B-T)
Minute el minuto (9.B-T)
mit con (1.B-T)
mit dir contigo (5.B-T)
mit mir conmigo (5.B-T)
Mitschüler/in el / la
　　compañero/a (3.B-T)
Mittag el mediodía (7.A-1)
mittags al mediodía (7.A-1)
Mittagsschlaf la siesta (9.A-8)
mittelmäßig regular (1.A-2)
Mittwoch el miércoles (5.B-T)
Möbelstück el mueble (6.A-T)
modern moderno/a (8.B-3)
Möglichkeit la posibilidad (8.A-6)
mollig gordito/a (4.A-T)
Moment el momento (2.A-T)
Monat el mes (6.B-2)
Montag el lunes (5.B-T)
Morgen la mañana (5.B-4)
morgen mañana (2.A-T)
Museum el museo (9.A-T) (1.B-2)
Musik la música (1.A-T)
Musikgruppe el grupo (musical)
　　(3.B-T)
Musikraum el aula de música
　　(3.B-7)
Musiksaal el aula de música
　　(3.B-7)
müssen tener que (6.A-T)
Mutter la madre (2.A-T)
Mütze la gorra (8.B-1)

N

na ja bueno (5.A-T)
na klar claro (1.A-T)
nach después de (3.A-T)
nach dem Weg fragen preguntar
　　por el camino (8.A-8)
nach links abbiegen/gehen girar
　　a la izquierda (8.A-8)
Nachbar/in el/la vecino/a (8.A-7)
nachdem después de (3.A-T)
Nachmittag la tarde (5.B-T)
nachmittags por la tarde (5.B-T)
Nachricht el mensaje (5.B-2) (3.B-6)
nachsehen revisar (3.A-T)
nächste/r/s próximo/a (9.A-T)
Nacht la noche (5.B-4)

Nachtleben la marcha (8.A-T)
Nachttisch la mesilla de noche
　　(6.A-2)
nah cerca (6.A-T)
Name el nombre (5.B-T)
naschen picar (6.B-T)
Natur la naturaleza (9.A-T)
neben al lado de (3.B-T)
nehmen tomar (7.B-T)
Nehmt … heraus Sacad … (3.A-5)
nein no (2.A-T)
nennen llamar (4.A-8)
nervig pesado/a (4.A-4)
nervös nervioso/a (6.A-T)
nett bueno/a (5.A-T)
nett simpático/a (4.A-T)
Netz la red (8.A-6)
neu nuevo/a (4.4-4) (2.A)
neun nueve (2.A-T)
neunzehn diecinueve (2.A-T)
nicht no (2.A-T)
nicht im Traum ni loco (9.A-T)
nicht mehr mitkommen estar
　　perdido/a (8.A-8)
nicht wahr? ¿verdad? (1.A-T)
nichts nada (5.A-T)
nichts da nada de eso (6.A-T)
nichts davon nada de eso (6.A-T)
nie nunca (5.A-T) (3.A-T)
niemals ni loco (9.A-T)
noch más (9.B-T)
noch todavía (6.B-9) (3.B-6)
noch einmal otra vez (3.A-T)
normal normal (7.A-T)
normalerweise normalmente
　　(5.A-7)
November el noviembre (6.B-2)
nun ahora (2.A-T)
nun ja pues (2.A-T)
nur solo (4.A-T)
nutzen aprovechar (7.B-T)

O

ob si (5.B-T)
Obst la fruta (8.A-T)
Obst- und Gemüsegarten la
　　huerta (4.B-1)
obwohl … y eso que (6.B-T)
oder o (7.A-6)
öffnen abrir (3.A-T)
oft a menudo (5.A-T)
oft muchas veces (4.B-13)
okay vale (1.A-T)
Oktober el octubre (6.B-2)
Olivenöl el aceite de oliva (7.B-T)
Oma la abuela (1.B-T)

Onkel el tío (4.)
Opa el abuelo (1.B-T)
Orange la naranja (7.A-T)
orange naranja (8.B-4)
ordnen ordenar (6.A-T)
organisieren organizar (6.A-T)
Ort el lugar (6.A-T) (4.B-1)

P

Papa el papá (2.A-T)
Papierkorb la papelera (3.A-3)
Pappe el cartón (6.B-T)
Park el parque (1.B-T)
Pass auf! ¡Cuidado! (5.A-T)
passieren pasar (4.B-T)
Pause el recreo (3.B-T)
perfekt perfecto/a (8.A-8)
Person la persona (4.A-T) (3.B-4)
Pferd el caballo (8.A-10)
Pilot/in el/la piloto (2.A-T)
Platz el lugar (6.A-T) (4.B-1)
Platz haben haber lugar (6.A-T)
Platz la plaza (1.B-T)
polnisch polaco (2.A-6)
Popcorn las palomitas (6.B-T)
portugiesisch portugués (2.A-6)
Post la Oficina de Correos (8.A-9)
Postamt la Oficina de Correos
　　(8.A-9)
Poster el póster (6.A-4)
präsentieren presentar (6.B-1)
probieren probar (7.B-T)
professionell profesional (7.A-T)
Pullover el jersey (8.B-1)
pünktlich puntual (6.A-T)

R

Rad fahren montar en bici (5.)
Radiergummi la goma de borrar
　　(3.)
Radsport el ciclismo (5.)
Rathaus el ayuntamiento (8.A-2)
Raum el cuarto (6.A-T)
Raum la habitación (4.A-T)
reagieren reaccionar (3.A-5)
Recht haben tener razón (4.B-T)
rechte Seite la derecha (3.B-T)
rechts a la derecha (3.B-T)
reden charlar (5.A-T)
reden hablar (2.A-T)
Regal la estantería (6.A-T)
Regen la lluvia (9.)
regnen llover (9.)
reiben frotar (7.B-12)
Reise el viaje (9.B-2)
reisen viajar (9.A-8)

reiten montar a caballo (5.)

Rest el resto (6.A-7)

Restaurant el restaurante (1.B-T)

riesig inmenso/a (9.B-2)

Rock la falda (8.B-1)

rosa rosa (8.B-4)

rot rojo/a (8.B-1)

Rucksack la mochila (3.)

rufen llamar (5.B-T)

Ruhe el silencio (3.A-T)

ruhig tranquilo/a (4.A-T)

russisch ruso (2.A-6)

S

Sache la cosa (3.)

Saft el zumo (6.B-T)

sagen decir (7.B-11)

Salz la sal (7.B-T)

Samstag el sábado (5.B-T)

Satz la frase (3.A-5)

S-Bahn el metro (8.A-10)

Schaf la oveja (4.B-T)

Schau mal! ¡Mira! (1.B-T)

schauen mirar (3.)

scheinen parecer (que) (9.A-T)

Scherz la broma (5.A-T)

schick formal (8.B-3)

Schinken el jamón (7.B-T)

schlafen dormir (7.A-T)

Schlafzimmer el dormitorio
    (6.A-8)

schlagen batir (7.B-11)

Schlagzeug la batería (6.B-4)

schlank delgado/a (4.A-T)

schlau listo/a (4.A-T)

schlecht mal (1.A-2)

schlicht sencillo/a (8.B-3)

Schließt … Cerrad … (3.A-5)

schmal estrecho/a (8.A-T)

schnarchen roncar (9.B-T)

Schnee la nieve (9.)

schneiden cortar (7.B-11)

schneien nevar (9.)

schnell pronto (3.)

schnell rápido/a (9.A-T)

Schnellhefter la carpeta (3.A-3)

Schokolade el chocolate (7.A-T)
    (1.B-T)

schön bonito/a (4.A-T)

schon ya (1.A-T) (3.A-T)

Schrank el armario (6.A-2)

schrecklich horrible (8.B-9)

schreiben escribir (3.A-T)

Schreibtisch el escritorio (6.A-T)

Schublade el cajón (6.A-4)

Schulcafeteria el comedor (3.B-T)

Schule (weiterführende) el
    instituto, el insti (3.B-T)

Schule el colegio, el cole (2.A-T)

Schüler/in el / la alumno/a (3.A-T)

Schulhof el patio (3.B-T)

Schulranzen la mochila (3.)

Schwamm la esponja (3.A-3)

schwarz negro/a (8.B-1)

Schwein el cerdo (4.B-T)

schwer difícil (9.A-T)

Schwester la hermana (2.A-T)

schwierig complicado/a (4.B-T)

schwierig difícil (9.A-T)

schwimmen nadar (5.)

sechs seis (2.A-T)

sechzehn dieciséis (2.A-T)

sehen mirar (3.)

sehen ver (5.)

Sehenwürdigkeit el sitio de
    interés turístico (8.A-T)

sehr mucho (3.B-T)

sehr muy (1.A-T)

sehr súper (8.B-T)

sein encontrarse (8.A-T)

sein estar (3.B-T) (3.A-T)

sein ser (2.B-T)

sein/e su (3.A-3)

Seite la página (3.A-T)

selbstverständlich por supuesto
    (9.B-2)

September el septiembre (6.B-2)

Sessel el sillón (6.A-2)

setzen poner (6.A-T)

Sevillaner/in el / la sevillano/a
    (8.A-T)

shoppen gehen ir de compras
    (5.)

sich anziehen ponerse la ropa
    (7.A-3)

sich ausruhen descansar (5.)

sich befinden (in) encontrarse
    (en) (8.A-T)

sich befinden estar (3.B-T) (3.A-T)

sich die Zähne putzen cepillarse
    los dientes (7.A-T)

sich hinlegen acostarse (7.A-T)

sich hinsetzen sentarse (7.B-T)

sich kämmen peinarse (7.A-T)

sich sonnen tomar el sol (9.A-T)

sich streiten pelearse (7.A-T)

sich treffen quedar (con alguien)
    (5.)

sich unterhalten charlar (5.A-T)

sich verabreden quedar (con
    alguien) (5.)

sicher seguro/a (6.B-5)

Sie (Höflichkeitsform) usted/es
    (2.A-5)

sie heißen ellos/ellas se llaman
    (2.B-4)

sie heißen se llaman (2.B-4)

sie heißt ella se llama (2.B-T) (2.A-4)

sie heißt se llama (2.B-T)

sie ist ella es (1.A-T)

sie ist es (1.A-T)

sie machen ellos hacen (4.B-11)

sie sehen ellos ven (4.B-T)

sie sind son (2.B-T)

sieben siete (2.A-T)

siebzehn diecisiete (2.A-T)

siegen ganar (9.B-T)

Siesta la siesta (9.A-8)

singen cantar (3.B-T)

Skateboard fahren ir en
    monopatín (5.)

Skateboard fahren montar
    skateboard (5.)

so así (6.A-T)

so lala así así (1.A-2)

sodass así que (5.A-7)

Sofa el sofá (6.A-2)

Sohn el hijo (4.)

Sommer el verano (9.A-8)

Sonne el sol (1.A-T)

Sonntag el domingo (5.B-T)

Spanien España (1.A-T)

Spanier/in el / la español/a (2.A-T)

Spanisch el español (2.A-T)

spanisch español/a (2.A-T)

spanisches frittiertes Spritzgebäck
    los churros (7.B-T)

spazieren caminar (9.B-T)

spazieren führen pasear a
    alguien (5.B-5)

spazieren gehen pasear (5.B-5)

Spaziergang el paseo (1.B)

spektakulär espectacular (9.B-T)

Spickzettel la chuleta (3.B-10)

Spiel el partido (7.A-T)

spielen (Instrument) tocar (5.)

spielen (Sport und Spiel) jugar
    (5.)

Spielkonsole la consola (5.)

Sport (Fach) la educación física
    (4.A-10)

Sport- de deporte (8.B-1)

Sport el deporte (5.)

Sportanlage el polideportivo (5.A)

Sporthalle el gimnasio (3.B-T)

sportlich deportivo/a (8.B-3)

Sportunterricht la educación
    física (4.A-10)

Sprache el idioma (2.A-6)
sprechen hablar (2.A-T)
Stadt la ciudad (4.B-T)
Stadtviertel el barrio (8.) (2.A)
Stand el puesto (8.A-T)
Standort la ubicación (8.A-2)
Steckbrief la ficha personal (4.B-8)
stellen poner (6.A-T)
Stiefmutter la mujer del padre (4.)
Stiefvater el marido de la madre (4.)
Stiftehalter el portalápices (6.A-7)
Stille el silencio (3.A-T)
Strand la playa (1.A-T)
Straße la calle (2.A-T)
Streber el empollón (3.B-10)
Stück el trozo (7.B-T)
studieren estudiar (4.B-11)
Stuhl la silla (3.A-3)
Stunde la hora (5.B-T)
Sturm la tormenta (9.)
suchen buscar (algo / a alguien) (3.B-T)
super guay (2.A-T)
Supermarkt el supermercado, el súper (7.B-T)
süß dulce (4.A-T)
Süßigkeiten los dulces (9.B-2)
Sweatshirt el jersey (8.B-1)
Symbol el símbolo (9.B-2)
sympathisch simpático/a (4.A-T)

T

Tafel la pizarra (3.A-T)
Tag el día (3.)
Tante la tía (4.)
tanzen bailar (5.)
Tapas las tapas (1.A-T)
Tapas essen gehen ir de tapas (7.B-T)
Taschenrechner la calculadora (3.A-3)
Tätigkeit la actividad (3.B-4)
Taxi el taxi (1.A-T)
Taxifahrer/in el/la taxista (1.A-T)
Team el equipo (7.A-T) (4.A-T)
Teil la parte (9.B-2) (8.B-6)
teilen compartir (9.B-T)
Telefon el teléfono (5.)
telefonieren hablar por teléfono (5.)
Teller el plato (6.B-T)
Terrasse la terraza (6.A-9)
Text el texto (3.A-T)
Theater el teatro (8.A-T)

Tier el animal (4.B-T)
Tintenkiller el borratintas (3.)
Tisch la mesa (3.A-3)
Tisch decken poner la mesa (6.B-9)
toasten tostar (7.B-12)
Tochter la hija (4.)
Toilette el (cuarto de) baño (3.B-T)
toll chulo/a (2.A-T)
toll espectacular (9.B-T)
toll genial (4.A-T)
toll guay (2.A-T)
Tomate el tomate (7.B-11)
Tor el gol (9.B-T)
Tor schießen meter un gol (9.B-T)
Tortilla la tortilla (3.B-T)
total súper (8.B-T)
total super sein molar mucho (8.A-T)
total toll sein molar mucho (8.A-T)
Tourist/in el/la turista (8.A-T) (1.A-T)
tragen llevar (8.B-1) (3.B-12)
traurig triste (4.B-T)
trinken beber (3.A-T)
Truthahn el pavo (4.B-T)
tschechisch checo (2.A-6)
Tschüss! ¡Adiós! (1.A-T)
T-Shirt la camiseta (8.B-1)
tun hacer (5.)
Tür la puerta (3.A-3)
türkisch turco (2.A-6)
Turm la torre (1.B-T)
Turnschuhe las zapatillas (8.B-1)
Tut mir leid. Lo siento. (5.A-T)
Typ el tipo (9.B-2)

U

über encima de (6.)
über sobre (9.A-T)
über das Internet por internet (4.A-T)
überprüfen revisar (3.A-T)
überqueren cruzar (8.A-8)
Übung el ejercicio (3.A-5)
Ufer la orilla (8.A-T)
Uhrzeit la hora (5.B-T)
um … herum alrededor de … (8.A-2)
Um wieviel Uhr? ¿A qué hora? (5.B-T)
Umarmung el abrazo (1.A-9)
Umfrage la encuesta (7.A-6)
Umkleidekabine el probador (8.B-T)

Umzugswagen el camión de la mudanza (6.A-T)
und dabei … y eso que (6.B-T)
und y (1.A-T)
unser/e nuestro/a (3.B-T) (2.B)
unter debajo de (6.)
unter Null bajo cero (9.)
Unterricht la clase (3.A-T)
Uroma la bisabuela (4.)
Uropa el bisabuelo (4.)

V

Vanille la vainilla (1.B-T)
Vater el padre (2.A-T)
verbinden poner (5.B-T)
verbinden unir (8.A-T)
verbringen pasar (4.B-T)
verkaufen vender (9.B-T)
Verkäufer/in el/la vendedor/a (8.B-T)
verlieren perder (7.B-8)
verloren sein estar perdido/a (8.A-8)
vermissen extrañar (9.B-T)
verrückt loco/a (4.B-T)
verschieden diferente (4.B-T)
verstehen entender (5.B-T)
versuchen probar (7.B-T)
Verwandte la familiar (4.A-8)
Verwandter el familiar (4.A-8)
Video el vídeo (3.B-T)
Videospiel el videojuego (6.A-T)
viel mucho (3.B-T)
viel/e mucho/a/os/as (4.A-T)
viele un montón (de) (8.B-4)
vielleicht tal vez (4.B-T)
vier cuatro (2.A-T)
viertel nach y cuarto (5.B-T)
viertel vor menos cuarto (5.B-T)
vierzehn catorce (2.A-T)
violett violeta (8.B-4)
Violine el violín (5.A-T)
Vitrine la vitrina (6.A-2)
Vogel el pájaro (6.A-10)
Volleyball el voleibol (5.)
von de (1.B-T)
von desde (4.B-13)
von innen por dentro (8.A-T)
Von wem sind sie? ¿De quiénes son? (4.A-T)
vor (… Tagen / Jahren) hace (… días / años) (9.B-T)
vor (örtlich) delante de (6.)
vor (zeitlich) antes de (7.A-T)
vor allem sobre todo (5.A-T)
vorbeigehen an pasar por (8.A-T)

vorbeischauen in pasar por (8.A-T)
vorbereiten preparar (6.B-T)
vorher antes (7.A-T)
Vorhersage el pronóstico (9.A-T)
vorschlagen proponer (9.A-T)
Vorsicht! ¡Cuidado! (5.A-T)
Vorsicht! ¡Ojo! (1.B-2)
vorstellen presentar (6.B-1)

W

Wahnsinn la pasada (5.A-T)
während durante (7.A-6)
während mientras (8.A-T)
währenddessen mientras (8.A-T)
Wahrheit la verdad (8.A-T)
Wahrzeichen el símbolo (9.B-2)
Wand la pared (3.A-3)
Wanderung la caminata (9.A-T)
Wann? ¿Cuándo? (5.B-T)
Wärme el calor (9.)
warten auf jemanden esperar a
    alguien (3.B-T)
Warum? ¿Por qué? (4.B-T)
Was? ¿Qué? (1.A-T)
Was bedeutet …? ¿Cómo se
    dice …? (3.A-T)
Was für ein Durcheinander! ¡Qué
    lío! (3.B-11)
Was für ein Glück! ¡Qué suerte!
    (6.B-T)
Was für ein Pech! ¡Qué mala
    suerte! (9.A-T)
Was für ein Zufall! ¡Qué
    casualidad! (6.B-T)
Was für ein/e …! ¡Qué + …!
    (2.A-T)
Was für eine Hitze! ¡Qué calor!
    (3.A-T)
Was noch? ¿Qué más? (3.B-T)
Wasser el agua (7.B-T)
WC el (cuarto de) baño (3.B-T)
weil porque (4.B-T) (2A-6)
Weile el rato (6.A-T)
weiß blanco/a (8.B-1)
weit ancho/a (8.B-9)
weit lejos (7.A-T) (6.A-10)
weit weg (von) lejos (de) (7.A-T)
    (6.A-10)
weitergehen continuar (8.A-8)
Welche/r/s? ¿Cuál/es? (8.A-5)
Welche/r/s? ¿Qué? (1.A-T)
Wellensittich el periquito (2.B-T)
Welt el mundo (7.)
wenig/e poco/a/os/as (4.A-T)
wenigstens por lo menos (9.A-6)
wenn si (5.B-T)

Wer? ¿Quién/es? (4.A-T)
Wer spricht? ¿De parte de
    quién? (5.B-T)
Werk la obra (9.B-2)
Werktag el día laboral (7.A-6)
Werkzeugkasten la caja de
    herramientas (3.B-1)
Weshalb? ¿Por qué? (4.B-T)
Wettervorhersage el pronóstico
    del tiempo (9.A-T)
wichtig importante (7.A-T) (4.A-13)
wie como (4.A-T) (3.B-T)
Wie? ¿Cómo? (1.A-T)
Wie …! ¡Qué + …! (2.A-T)
Wie alt bist du? ¿Cuántos años
    tienes? (2.A-T)
wie aus Kübeln a cántaros (9.B-T)
Wie geht's? ¿Qué tal? (1.A-T)
Wie heißt du? ¿Cómo te llamas?
    (1.A-T)
Wie sagt man …? ¿Cómo se
    dice …? (3.A-T)
Wie schade! ¡Qué pena! (6.B-5)
Wie schön! ¡Qué bonito/a! (1.B-T)
Wie schön! ¡Qué emoción! (6.B-T)
Wie spät ist es? ¿Qué hora es?
    (5.B-4)
Wie steht's mit …? ¿Qué tal …?
    (4.B-T)
Wie viele? ¿Cuántos/as? (2.A-T)
Wie wär's mit …? ¿Qué tal? …
    (4.B-T)
Wiederholt … Repetid … (3.A-5)
Willkommen! ¡Bienvenidos/as!
    (3.)
Wind el viento (9.)
Windbeutel el buñuelo (3.B-T)
Winter el invierno (9.A-8)
wir nosotros/as (2.A-5)
Wir sehen uns! ¡Nos vemos!
    (5.B-T)
wir sind aus … somos de …
    (1.A-T)
wissen saber (4.B-4)
Wo? ¿Dónde? (3.A-T)
Woche la semana (5.B)
Wochenende el fin de semana
    (7.A-T) (5.B)
Woher? ¿De dónde? (1.A-3)
Wohin? ¿Adónde? (7.B-2)
wohnen vivir (3.A-T)
Wohnzimmer el salón (6.A-8)
Wolke la nube (9.)
wolkig nublado/a (9.)
wollen querer (5.B-T)
Woraus besteht die Tortilla?

¿Qué lleva la tortilla? (7.B-T)
Wort la palabra (3.A-T)
wunderschön encantador/a
    (8.A-T)

Z

zählen contar (9.A-T)
Zahn el diente (7.A-T)
zehn diez (2.A-T)
Zeichentrickfilm la película de
    animación (7.B-T)
Zeichnung el dibujo (4.B-8)
zeigen enseñar (6.A-5)
zeigen poner (5.B-T)
Zeit el tiempo (4.B-11)
Zeitschrift la revista (6.A-4)
zelten acampar (9.A-T)
Zentrum el centro (1.B-T)
Ziege la cabra (4.B-T)
ziemlich bastante (5.A-T)
Zimmer el cuarto (6.A-T)
Zimmer la habitación (4.A-T)
Zoo el jardín zoológico (4.B-1)
zu demasiado (8.B-T)
zu Abend essen cenar (2.A-T)
zu Besuch sein estar de visita
    (5.B-T)
zu Fuß a pie (8.A-10)
zu Hause en casa (2.A-T)
zu Mittag essen almorzar (7.A-T)
zu sehr demasiado (8.B-T)
zu viel demasiado (8.B-T)
zuerst primero (7.A-T) (5.B-2)
Zug el tren (8.A-10)
zuhören escuchar (3.A-4)
zum Beispiel por ejemplo (8.B-3)
zum Glück por suerte (6.B-T)
Zungenbrecher el trabalenguas
    (1.A-8)
zusammen juntos/as (7.A-T)
    (4.B-13)
zwanzig veinte (2.A-T)
zwei dos (1.B-T)
Zwiebel la cebolla (7.B-T)
Zwilling el / la mellizo/a (2.A-T)
Zwillings- mellizo/a (2.A-T)
zwischen entre (6.)
zwölf doce (2.A-T)

Comunicarse en clase

Esto dice tu profe:

A ti	A la clase		
Saca	Sacad	el libro / la hoja de trabajo.	Hole / Holt das Buch / Arbeitsblatt heraus.
Escribe	Escribid	un texto.	Schreibe / Schreibt einen Text.
Lee	Leed	el texto de la página …	Lies / Lest den Text auf der Seite …
Trabaja	Trabajad	en pareja / en grupo.	Arbeite / Arbeitet zu zweit / in der Gruppe.
Repite	Repetid	la frase / el diálogo.	Wiederhole / Wiederholt den Satz / den Dialog.
Escucha	Escuchad	la canción.	Höre / Hört das Lied an.
Haz	Haced	el ejercicio / preguntas / frases.	Mache / Macht die Übung. Stelle / Stellt Fragen. Bilde / Bildet Sätze.
Busca	Buscad	en el texto / en internet.	Suche / Sucht im Text / im Internet.
Relaciona.	Relacionad.		Ordne / Ordnet zu.
Presenta	Presentad	el diálogo en clase.	Stelle / Stellt den Dialog der Klasse vor.
Rellena	Rellenad	los espacios vacíos.	Fülle / Füllt die Lücken aus.
Completa	Completad	las frases con los verbos / los adjetivos.	Vervollständige / Vervollständigt die Sätze mit den Verben / Adjektiven.
Ayuda	Ayudad	a tu / vuestro compañero.	Hilf / Helft deinem / eurem Mitschüler.
Dibuja.	Dibujad.		Zeichne / Zeichnet.

Esto dices o preguntas cuando …
Das kannst du sagen oder fragen, wenn …

… necesitas información sobre la tarea.
… du Informationen zu der Aufgabe brauchst.

¿En qué página estamos?	Auf welcher Seite sind wir?
¿Qué ejercicio / tarea tenemos que hacer?	Welche Aufgabe sollen wir machen?
¿Cuánto tiempo tenemos?	Wieviel Zeit haben wir?
¿Cuántas personas forman un grupo?	Wie viele sind in einer Gruppe?

… no entiendes bien.
… du etwas nicht gut verstehst.

Tengo una pregunta.	Ich habe eine Frage.
¿Cómo se dice … en español / en alemán?	Was heißt … auf Spanisch / Deutsch?
¿Cómo se escribe?	Wie schreibt man das?
¿Puede / Puedes escribir … en la pizarra?	Können Sie / Kannst du das an die Tafel schreiben?
Repite por favor y más despacio.	Wiederhole es bitte und langsamer.
¿Puedo hablar en alemán?	Kann ich es auf Deutsch sagen?
No entiendo la pregunta / la tarea.	Ich verstehe die Frage / die Aufgabe nicht.

… necesitas algo.
… du etwas brauchst.

Necesito una hoja / un lápiz.	Ich brauche ein Blatt / einen Stift.
Necesito ayuda con la tarea.	Ich brauche Hilfe bei der Aufgabe.

... quieres disculparte.

Perdón, no tengo mis deberes/mi libro.

Perdón, llego tarde …

… por un retraso del autobús.

… porque me he levantado tarde.

… porque he salido tarde de casa.

... quieres pedir algo.

¿Puedo ir al baño, por favor?

¿Puedo abrir/cerrar la ventana?

No me siento bien. ¿Puedo salir un momento?

... du dich für etwas entschuldigen möchtest.

Entschuldigung, ich habe meine Hausaufgabe/ mein Buch nicht (dabei).

Entschuldigung, ich komme zu spät, …

… weil mein Bus Verspätung hatte.

… weil ich zu spät aufgestanden bin.

… weil ich zu spät losgegangen bin.

... du um etwas bitten möchtest.

Kann ich auf Toilette gehen?

Kann ich das Fenster öffnen/schließen?

Mir geht es nicht so gut. Kann ich kurz rausgehen?

Trabajar en pareja/en grupo

Comunicarse durante el trabajo

Aclarar la tarea

¿Qué tenemos que hacer?

Tenemos que hacer el ejercicio … por la página …

¿Cuánto tiempo tenemos?

Tenemos … minutos.
Tenemos tiempo hasta las …

¿Hay preguntas?

Die Aufgabe klären

Was sollen wir machen?

Wir sollen die Aufgabe … auf der Seite … bearbeiten.

Wieviel Zeit haben wir?

Wir haben … Minuten Zeit.
Wir haben Zeit bis …

Gibt es noch Fragen?

Opinar y sugerir

Pienso que …

En mi opinión …

(No) Es verdad.

La idea (no) me gusta (mucho).

(No) Estoy de acuerdo.

Podemos …

¿Por qué no … ?

Eine Meinung äußern und Vorschläge machen

Ich denke, dass …

Meiner Meinung nach …

Das stimmt (nicht).

Die Idee gefällt mir (nicht).

Ich bin (nicht) einverstanden.

Wir können …

Warum … nicht?

Pedir algo

¿Tienes una hoja/una pluma para mi?

Etwas erbitten

Hast du einen Zettel/einen Stift für mich?

Continuar y terminar

¿A quién le toca?

Te toca a ti.

Contiuna/Continuad con …

¿Estás/estáis listo/-a/-os/-as?

Hay que terminar.

Ya tenemos prisa.

Solo nos quedan … minutos.

Weiterarbeiten und zum Ende kommen

Wer ist dran?

Du bist dran.

Mache /Macht mit … weiter.

Bist du/seid ihr fertig?

Wir müssen fertig werden.

Wir müssen uns beeilen.

Wir haben nur noch … Minuten.

Comparar

Qué tienes en …	Was hast du bei … ?
Yo tengo … ¿y tú?	Ich habe da … und du?
Sí, es correcto.	Ja, das ist richtig.
No, no es correcto.	Nein, das ist nicht richtig.

Vergleichen

Evaluar el trabajo de los demás · Den anderen ein Feedback geben

En general … • Im Allgemeinen …

El diálogo/ la presentación me gusta porque …		… no me gusta (mucho/nada) porque …	
es creativo/-a	kreativ	es aburrido/-a	langweilig
es comprensible	verständlich	es exagerado/-a	übertrieben
es auténtico/-a	authentisch	no es muy creativo/-a	nicht sehr kreativ
es realista	realistisch	no es lógico que …	es ist nicht logisch, dass …

La lengua • die Sprache

usa/usan muchas palabras nuevas/las herramientas	er/sie verwendet/ verwenden viele neue Redemittel	usa/usan pocas palabras nuevas/las herramientas	er/sie verwendet/ verwenden kaum neue Redemittel
usa/usan un vocabulario muy variado	er/sei verwendet/verwenden ein abwechslungsreiches Vokabular	el vocabulario es poco variado	das Vokabular ist nicht sehr abwechslungsreich
casi no hay faltas	er/sie ist fast fehlerfrei	hay bastantes/muchas faltas	es finden sich ziemlich viele Fehler
la pronunciación es auténtica	die Aussprache ist authentisch	la pronunciación me parece muy alemana	die Aussprache klingt ziemlich deutsch

La actuación • die Darbietung

la actuación – die Darbietung		vivo/-a – lebendig
	(no) es/son	exagerado/-a – übertrieben
los gestos – die Gestik		interesante ≠ aburrido/-a – interessant ≠ langweilig
	(no) me gusta/gustan porque es/son	auténtico/-a ≠ artificial – authentisch ≠ gekünstelt
la expresión de la cara – der Gesichtsausdruck		profesional – professionell
		creíble – glaubhaft
		divertido/-a – lustig
		realista ≠ poco realista – realistisch ≠ wenig realistisch

Bildnachweis